Roswitha Gruber
Landmädchen

Unglaubliches Schicksal einer Nonne
256 Seiten
ISBN 978-3-475-54853-6

Als Mitte des 19. Jahrhunderts die vier Kinder des Ehepaares Waldheim sterben, geben diese auf Anraten ihres Pfarrers das Versprechen ab, ihre nächsten Kinder in den Dienst der Kirche zu stellen. Anna, die sich auch nach sechs Jahren immer noch nicht mit ihrem Leben im Kloster abgefunden hat, lernt einen jungen Adeligen kennen. Sie verlieben sich ineinander, doch eines Nachts entführt er sie...

Das böse Weib vom Weiherhof
272 Seiten
ISBN 978-3-475-54837-6

Die kleine Vroni lebt auf einem Bauernhof, den ihr Vater aus einer Notlage heraus von einer alten Frau auf Rentenbasis erworben hat. Noch bekommt sie nicht mit, dass diese Frau ihren Eltern das Leben zur Hölle macht. Als Vroni fünf Jahre alt ist, greift das Schicksal nach der Familie. Durch einen landwirtschaftlichen Unfall wird der Vater querschnittsgelähmt, und wenig später stirbt die Mutter nach einem Autounfall. Nun kümmert sich die alte Frau liebevoll um die Halbwaisen. Erst Jahre später erfährt Vroni, dass diese Frau ursächlich am Tod der Mutter schuld ist.

**Informationen zu unserem Verlagsprogramm
finden Sie unter www.rosenheimer.com**

Roswitha Gruber

Landmädchen

Erinnerungen an das Pflichtjahr

rosenheimer

4. Auflage
© 2020 Rosenheimer Verlagshaus GmbH & Co. KG,
Rosenheim
www.rosenheimer.com

Titelbild: © Bundesarchiv, Bild 194-2995-37
Fotograf: Hans Lachmann
Lektorat und Bearbeitung: Christine Weber, Dresden
Satz: SATZstudio Josef Pieper, Bedburg-Hau
Druck und Bindung: GGP Media GmbH, Pößneck
Printed in Germany

ISBN 978-3-475-54612-9

Inhalt

Vorwort 7

Ein Jahr lang Prinzessin 11

Die »Försterliesel« 69

»Der gestiefelte Kater« 79

Ein Bubenstreich mit Folgen 109

Einmal geschenkt bleibt geschenkt 128

Die kleine Hilfslehrerin 140

Aufklärung im Schweinestall 150

Ausgebombt 177

Das Mädchen mit der Ziehharmonika ... 192

Eine Bergmannstochter 211

Das Milchmädchen 225

Alle meine Pflichtjahrmädchen 276

Vorwort

Kaum dass mein erstes Buch über Großmütter erschienen war, erhielt ich einen Brief von einer älteren Dame, die sich sehr begeistert darüber äußerte. Aber nicht nur das, es lag auch ein handgeschriebenes Manuskript bei mit der Überschrift »Mädchen im Pflichtjahr« und der Anmerkung: »Darüber sollten Sie mal schreiben.«

Das Wort »Pflichtjahr« war mir nicht neu. Bereits in meiner frühen Kindheit hatte ich es aufgeschnappt. Meiner Mutter war nämlich 1943, kurz nach der Geburt ihres vierten Kindes, ein Pflichtjahrmädchen zugeteilt worden. Genaueres darüber wusste ich jedoch nicht. Nachdem ich die interessante Geschichte über das Pflichtjahr der oben erwähnten Frau gelesen hatte, war ich neugierig geworden und machte mich im Internet schlau.

Das »Pflichtjahr für Mädchen« war 1938 durch den damaligen Ministerpräsidenten Hermann Göring eingeführt worden. Am 15. Februar hatte er eine entsprechende Anordnung erlassen. Demnach waren alle weiblichen Personen zwischen dreizehn und fünfundzwanzig Jahren verpflichtet, ein Jahr lang in der Landwirtschaft oder in einem kinderreichen Haushalt zu arbeiten.

Anfangs wurden auch junge Männer, die gerade der Schule entwachsen waren, auf Bauernhöfe geschickt, um ein Pflichtjahr abzuleisten. Bald schon aber besann man sich, dass diese dem Staat nützlicher sein könnten, wenn man ihnen gleich eine militärische Ausbildung angedeihen lasse. Also blieb es bei dem Pflichtjahr für Mädchen.

Die offizielle Version lautete, dass die Mädchen und Frauen dadurch auf ihre künftige Rolle als Hausfrau und Mutter vorbereitet werden sollten. In Wirklichkeit war ihr Einsatz vonnöten, um die fehlende Arbeitskraft der Männer zu ersetzen, die bald als Soldaten in den Krieg geschickt würden. Ausgenommen waren Frauen mit Kindern und solche, die ohnedies in den Bereichen Haus- oder Landwirtschaft tätig waren. Damit man eine Kontrolle darüber hatte, dass sich auch keine vor dieser Aufgabe drückte, war jede weibliche Person verpflichtet, ein Arbeitsbuch zu führen. In diesem musste die Gastfamilie eintragen, dass das Pflichtjahr ordnungsgemäß abgeleistet worden war. Wer diesen Nachweis nicht erbringen konnte, durfte weder eine Lehre noch ein Studium beginnen.

Als größte Arbeitseinsatzmaßnahme des Nationalsozialismus gehörte das »Pflichtjahr« schon unmittelbar zur Kriegsvorbereitung. Die Mädchen erhielten als billige Arbeitskräfte einen »Lohn« zwischen drei und fünfzehn Reichsmark im Monat, je nach Gutdünken ihrer »Arbeitgeber«.

Bei ihrem Einsatz waren die Jüngsten gerade dreizehn oder vierzehn Jahre alt und mussten arbeiten wie Erwachsene, was viele von ihnen körperlich und psychisch überforderte. Sich zu beschweren – bei wem auch? – nützte in der Regel nichts.

»Wie wir von unseren Soldaten erwarten, dass sie sich nicht vor Aufgaben drücken und fürchten, so können wir von jedem anständigen Pflichtjahrmädel erwarten, dass es sich nicht vor der Arbeit drückt, die das Vaterland von ihm fordert«, war eine der Parolen des Dritten Reiches.

Etwa 300.000 Mädchen kamen jährlich zum Einsatz. Natürlich sollte das Pflichtjahr auf sie auch erzieherisch im nationalsozialistischen Sinne wirken, was letztlich jedoch nur sehr begrenzt der Fall war. Da die Mädels sehr verstreut untergebracht waren, schien es kaum möglich, sie in Lagergemeinschaften zusammenzuführen, um sie ideologisch zu beeinflussen.

Um das Bewusstsein, Dienst für Deutschland zu leisten, auch ohne Lagergemeinschaft in den Mädchen wachzuhalten, gab es sogenannte Pflichtjahrestreffen, welche der BDM, der »Bund Deutscher Mädel« organisierte.

Der Reichsarbeitsdienst, kurz RAD genannt, war bereits 1935 eingeführt worden. Paragraf 1 des Gesetzes, das am 26. Juni 1935 erlassen wurde, lautete: »Alle jungen Deutschen beiderlei Geschlechts sind verpflichtet, ihrem Volk im Reichsarbeitsdienst zu dienen.«

Für die weiblichen Personen hatte der RAD bereits ähnliche Ziele verfolgt wie im »Pflichtjahr«. Die sogenannten »Arbeitsmaiden« waren ebenfalls als Hilfe für Frauen und Mütter im Hause, im Stall und auf dem Feld eingesetzt. Nach dem »Anschluss« Österreichs an das Deutsche Reich galt das Pflichtjahr auch für die dortigen Mädchen.

Ein weiterer Nebeneffekt, den man sich vom Pflichtjahr erhoffte, bestand darin, dass die Mädchen durch ihre Tätigkeit in den Haushalten dazu angeregt würden, bald selbst zu heiraten und fleißig Kinder zu kriegen, damit man möglichst viel »erbgesunden« Nachwuchs bekam – zum Ausgleich für die Verluste auf dem Schlachtfeld und den kriegsbedingten Geburtenrückgang. Doch diese Rechnung der Nationalsozialisten ging nicht auf. Viele der Mädchen setzten nach Ablauf ihres Pflichtjahres die vorher begonnene Ausbildung fort oder begannen wie vorher geplant eine solche.

Nun hatte ich nicht nur meine schöne Geschichte, ich wusste auch über das Pflichtjahr im Allgemeinen Bescheid. Aber was sollte ich damit anfangen? Vorerst verstaute ich sie also in der Schublade. Im Laufe der nächsten Jahre spielte mir das Schicksal weitere Pflichtjahrgeschichten in die Hand. Manche erreichten mich per Telefon, andere per E-Mail, durch Briefe oder wurden mir in persönlichen Begegnungen erzählt. Inzwischen hatte ich so viele beisammen, dass ich ein ganzes Buch daraus machen konnte.

Beim Lesen dieser Geschichten wünsche ich Ihnen ebenso viel Freude, wie ich sie beim Schreiben und Recherchieren erfahren habe.

Roswitha Gruber

Ein Jahr lang Prinzessin

*Erna, Jahrgang 1925, aus Schwientochlowitz/
Oberschlesien, Pflichtjahr 1940/41*

Als meine Eltern 1923 heirateten, gehörte Oberschlesien noch zu Deutschland; zwei Jahre später, als ich geboren wurde, zählte es bereits zu Polen. Darüber waren meine Eltern nicht sehr glücklich, bedeutete es doch, dass wir Kinder – 1927 war meine Schwester Christa geboren worden – die polnische Schule besuchen mussten und nur noch heimlich Deutsch reden durften.

Nach achtjähriger Schulzeit wurde ich im Juni 1939 aus der Volksschule entlassen. Ab September sollte ich dann eine höhere Schule besuchen, aber dazu kam es nicht mehr. Hitler war mit seinem Regiment am ersten September in Polen einmarschiert, womit der Zweite Weltkrieg seinen Anfang nahm. Dass es zum Krieg kommen würde, hatten wir längst vermutet.

Mein Papa hörte damals immer wieder heimlich den verbotenen deutschen Sender ab und unterhielt sich mit der Mama über die dort erfahrenen Neuigkeiten. So bekam ich einmal mit, wie er der Mama zuflüsterte: »Wenn es wirklich Krieg gibt, wird Oberschlesien wieder deutsch.«

Meiner Mutter sah ich an, dass sie sich darüber freute. Sie flüsterte zurück: »Das wäre gut, dann könnten die Kinder endlich in die deutsche Schule gehen, und wir brauchten nicht mehr heimlich Deutsch zu sprechen.«

Mit diesem Wissen im Hinterkopf bedeutete der Kriegsausbruch für mich kein Unglück. Im Gegenteil, ich dachte, nun würde alles besser werden. Ich ließ jedoch die Tatsache außer Acht, dass nach Beginn des Krieges erst mal alles drunter und drüber gehen und dass an den Besuch einer weiterführenden Schule nicht zu denken sein würde. Damit ich meine Zeit nicht nutzlos zu Hause vertrödelte, schickte meine Mutter mich zum nahe gelegenen Kloster, wo ich bei Ordensschwestern nähen lernte.

Im Juni des folgenden Jahres flatterte uns ein amtliches Schreiben ins Haus. Diesem war zu entnehmen, dass ab sofort alle Jugendlichen zwischen vierzehn und fünfundzwanzig Jahren ein Pflichtjahr absolvieren müssten. Da ich auch davon betroffen war, hieß es, ich solle mich zur angegebenen Zeit auf dem Bahnhof in Morgenrot einfinden. Von dort werde uns der Zug an unsere Zielorte bringen.

Warum nach Morgenrot?, fragten wir uns. Wir wohnten doch in Schwientochlowitz, das etwa fünfzehn Kilometer von Kattowitz entfernt lag und einen eigenen Bahnhof hatte. Morgenrot war etwa zwei Kilometer von unserem Dorf entfernt.

Meine Eltern reagierten bestürzt darauf, dass sie ihre Tochter schon so bald auf eine ungewisse, womöglich lange Reise gehen lassen mussten. Mich selbst beherrschten widersprüchliche Gefühle, die zwischen Ängstlichkeit und Neugier schwankten. Bis zu diesem Zeitpunkt war ich ja noch nie von zu

Hause weg gewesen. Was würde da wohl auf mich zukommen?

Am 30. Juli 1940, an einem strahlenden Dienstagmorgen, war es dann so weit. Mein Vater, der als Bergmann unter Tage arbeitete, hatte sich eigens für diesen Tag freigenommen, um seiner Ältesten den Koffer zum Bahnhof zu tragen. Ich erinnere mich noch so gut daran, als sei es gestern gewesen. Meine Mutter und meine Schwester begleiteten mich ebenfalls. Nun wurde uns klar, warum man für die Abreise den Bahnhof in Morgenrot gewählt hatte. Dort gab es kein Bahnhofsgebäude, sondern nur eine Haltestelle im Freien, wo wesentlich mehr Leute Platz fanden. Auf dem Platz in Morgenrot herrschte ein solches Gewimmel von Menschen jeden Alters, dass kaum ein Durchkommen war.

Erst allmählich konnte ich ausmachen, dass außer mir viele andere Mädchen und Jungen, die gleichfalls ihren »Gestellungsbefehl« bekommen hatten, zum Zug strebten. Hunderte mussten von allen umliegenden Orten »zusammengetrieben« worden sein. Da die meisten sich ebenfalls in Begleitung von Eltern, Geschwistern oder gar Großeltern befanden, gab es ein mächtiges Geschubse und Gedrängel.

Einige der Jugendlichen wirkten aufgeregt und klammerten sich ängstlich an ihre Eltern, andere weinten sogar. Selbst Jungs sah ich, die sich verstohlen die Tränen wegwischten. Es herrschte ein unheimliches Geschnatter. Deutsche, aber überwiegend polnische Wortfetzen drangen an mein Ohr, meist sogar im Dialekt. Kein Wunder, denn wir alle hatten polnische Schulen besucht, wo nur Polnisch gesprochen werden durfte. Das genügte vielen Schlesiern – sie bemühten sich nicht, zusätzlich Deutsch zu lernen, zumal das vor Kriegsbeginn streng verboten war. Meine Eltern hatten trotzdem zu Hause immer in der Heimatsprache mit uns geredet, daher konnte ich es ziemlich gut.

Mit lautem Quietschen lief der Zug ein, ein unvorstellbar langer. Dann ging das Schieben und Drängeln erst richtig los. Für eine Umarmung oder einen Händedruck blieb keine Zeit mehr, alles drängte in die Waggons. Die Eltern reichten das Gepäck hoch, schon stürmte jeder Jugendliche an ein offenes Fenster, um sich von dort aus von den Familienangehörigen verabschieden zu können. Trotz des allgemeinen Krachs verstand ich so die letzten Ermahnungen meiner Mutter: »Sei vorsichtig, pass auf! Lehn dich nicht aus dem Fenster! Schreib sofort, wenn du angekommen bist!«

Im nächsten Moment ruckte der Zug an. Ein letzter Händedruck, eine Kusshand, ein letztes Winken mit der Hand oder einem Taschentuch – und schon rollten wir davon, einer ungewissen Zukunft entgegen.

Erst jetzt verstauten wir das Gepäck, erst jetzt bemühten wir uns um einen Sitzplatz. Das Innere des Zuges war ganz einfach ausgestattet: die Bänke aus Holz, hart, nicht gepolstert. Jeweils vier saßen auf einer Bank, also acht Mädchen in unserem Abteil. Wir hatten Glück, wir kannten uns alle vom Sehen, alle stammten wir aus Schwientochlowitz.

Dennoch sprachen wir zunächst kein Wort miteinander. Jede war noch zu aufgewühlt, jede hing noch ihren Gedanken nach: Wohin geht die Reise? Was wird uns am Ziel erwarten?

Noch nie war ich von zu Hause weg gewesen, und nun sollte es irgendwohin, ins Ungewisse gehen. Ein ganzes Jahr lang würde ich fern von zu Hause verbringen müssen, fern von meinen Lieben daheim. Bei wildfremden Menschen sollte ich arbeiten. Was für Arbeiten würden wohl anfallen?

Von meinen Eltern liebevoll erzogen, war ich schüchtern und zurückhaltend und wurde deshalb oft »Mauerblümchen« genannt. Obwohl ich sehr ängstlich in meinem Abteil saß, war ich gespannt auf das, was kommen würde. Außer dem Rattern des Zuges und ab und zu einem Pfiff aus der Lokomotive hörte man lange Zeit nichts. Deshalb betrachtete ich die vorbeiziehende Landschaft: Bergwerke und Industrie, erkennbar an den Fördertürmen und hohen rauchenden Schornsteinen. Alle Häuser sahen grau aus, trotz der hell scheinenden Sonne. Selbst Bäume und Sträucher – alles grau vom Staub, die Luft sehr schwer und ungesund. Das war Oberschlesien.

Auf einmal fragte eine in unserem Abteil: »Was meint ihr, wie lange wir unterwegs sein werden?«

Durch diese Frage wandelte sich schlagartig die Stimmung, aus der trüben wurde eine heitere. Zunächst verrieten wir einander unsere Vornamen und wie alt wir waren. Es zeigte sich, dass ich mit meinen vierzehn Jahren die Jüngste war. Mir gegenüber saßen drei Schwestern: Lene, Dorothea und Magda. Daneben saß Lenes Freundin Adele. Neben mir plapperten Hilde, Ulla und Steffi. Die Mädchen waren zwischen 15 und 19 Jahren alt und damit älter als ich. Dann ging eine lebhafte Fragerei los, auf die es meist keine Antwort gab. Wir hatten weder eine Ahnung, wie lange die Fahrt dauern sollte, noch, ob es Zwischenstationen geben würde oder zu welchen Familien wir kommen sollten. Das Einzige, was wir vom Hörensagen wussten, war, dass wir auf Bauernhöfe verteilt werden sollten. Doch keine von uns hatte Erfahrung mit bäuerlichen Tätigkeiten, da wir alle in einem Industriegebiet aufgewachsen waren.

Auf einmal stand das Wort »Hunger« im Raum. Jede griff nach ihrem Täschchen mit der Verpflegung, die liebevoll von den Mamas eingepackt worden war. Bald kauten wir mit vollen Wangen an unseren belegten Broten, Äpfeln und Keksen.

Allmählich veränderte sich die Landschaft. Saftige grüne Wälder, saubere Dörfer mit weißen Häusern und Gärten voller Blumen zogen an uns vorüber. Kühe, Pferde und Ziegen grasten friedlich auf hügeligen Wiesen, zwischen denen sich silberne Bächlein hindurchschlängelten. Stundenlang waren wir schon unterwegs. Der Zug hielt immer nur dann, wenn die Lok Wasser brauchte.

Der Abend zog schon herauf, und wir konnten den Sonnenuntergang gleich mehrmals beobachten. Kaum war die Sonne hinter einem Hügel oder Wald verschwunden, tauchte sie auf dem nächsten flacheren Stück wieder auf. Das war sehr beeindruckend. Schließlich verschwand sie endgültig hinter einem hohen Berg, und die Wölkchen, die vorher am blauen Himmel weiß gewesen waren, färbten sich zartrosa, orange und hellgrau. In unserem Heimatort hatte ich ein solches Abendrot noch nie beobachten können, weil die Luft stets so staubhaltig war. Auch die Sterne erlebte ich hier ganz anders als daheim: Sie schienen zum Greifen nah und uns lustig zuzuzwinkern.

Mit der Zeit wurden wir müde, die Stimmen verebbten, und wir versuchten, im Sitzen auf den harten Bänken zu schlafen. Eine Qual! Die Nacht schien uns unendlich lang.

In der Frühe, als die Helligkeit ins Abteil fiel, taten uns alle Knochen weh. Zum Waschen gab es keine Gelegenheit, und an der Toilette herrschte verständlicherweise großer Andrang. Danach packte jede ihre übrig gebliebenen Vorräte aus und aß sie mit Heißhunger. Unaufhörlich holperte der Zug weiter, wir bekamen weder etwas zu essen noch zu trinken, und unsere Flaschen hatten wir längst geleert.

Draußen war es mittlerweile noch schöner geworden – für mich ein unbekanntes faszinierendes Bild. Vorbei ging es an hohen Bergen, dichten Wäldern, Steinbrüchen und Felsen. Dazwischen Schlösser und Burgen, Viadukte und Brücken. Wir kamen aus dem Staunen nicht mehr heraus. So etwas Schönes hatte von uns keine je gesehen! Wie war doch die Welt so schön, geradezu märchenhaft! Bei diesem Anblick war die unangenehme Nacht bald vergessen. Ja, für eine Weile verstummten sogar Hunger und Durst.

Der Zug ratterte unaufhörlich durch kleine und größere Ortschaften, hielt aber weiter nirgends an. So vergingen abermals viele Stunden, bis wir endlich am späten Nachmittag Wien erreichten. Die Überraschung stand uns ins Gesicht geschrieben, dass wir in der viel gepriesenen Stadt landeten. Vor lauter Freude stimmten wir das Lied an: »Wien, Wien, nur du allein sollst die Stadt meiner Träume sein.«

Aber was uns dann dort erwartete, kam uns vor wie ein böser Traum. Noch ehe die Türen geöffnet wurden, ruckte der Zug wieder an und zockelte zu einem Abstellgleis. Nun durften wir endlich aussteigen. Dort gab es natürlich keinen Bahnsteig. Das bedeutete, man musste mitsamt seinem Koffer ziemlich tief hinunterspringen. Gemeinsam mit Hunderten jungen Reisenden quollen wir aus dem Zug und stolperten über viele Schienen auf ein breites Tor zu, hinter dem wir lange Baracken erblickten.

Auf der ganzen Reise hatte sich niemand um uns gekümmert. Hier aber sahen wir endlich einige Personen auf uns zukommen, die uns anscheinend betreuen wollten. Noch bevor wir das Tor erreichten, teilten sie uns in zwei Gruppen auf: die Mädchen links, die Jungen rechts. Sehr gesittet in Zweierreihen durchschritten wir dann das Tor.

Kaum hatten es alle passiert, wurde es mit lautem Quietschen geschlossen. Erst danach erkannte ich, dass es sich bei den Personen, die uns Mädchen in Empfang genommen hatten, um weibliche Wesen handelte. Sie waren dermaßen in graue Anzüge verpackt – sogar Handschuhe trugen sie trotz der Sommerhitze –, dass nur das Gesicht herausschaute. Die erste von ihnen bedeutete uns, auf die zweite Baracke zuzugehen.

Als sie neben mir angelangt war, wagte ich trotz meiner anerzogenen Schüchternheit die Frage: »Warum tragt ihr diese Verkleidung?«

»Das geht dich eigentlich nichts an«, herrschte sie mich an. »Aber wenn du es genau wissen willst: Diese Schutzanzüge tragen wir, damit wir von euch keine Läuse bekommen. Ihr kommt doch aus der Ukraine und seid alle verlaust.«

Mein zaghafter Protest: »Das stimmt nicht. Wir kommen aus Schlesien und haben keine Läuse!« interessierte keine von ihnen.

Niemand war da, der uns in Schutz genommen oder nachgefragt hätte, ob wir hungrig oder durstig waren. Als erste »Amtshandlung« nahm man uns unsere Koffer ab. Auf die Frage einer Mitreisenden erhielten wir den Bescheid: »Die müssen zum Desinfizieren.« Sie wurden eine Leiter hochgetragen und auf den Dachboden geschubst.

Schon wurden wir aufgefordert, unsere Kleider abzulegen, und schließlich sogar die Unterwäsche. Alles müsse desinfiziert werden, hieß es. Nun standen wir da, nackt, wie uns der Herr erschaffen hatte, nur die Schuhe durften wir anbehalten. Wir schämten uns entsetzlich und versuchten, unsere Blöße mit den Händen zu bedecken. Der einzige Trost für uns Mädchen war, dass die Jungs weitab in einer anderen Baracke abgefertigt wurden.

Mittlerweile dunkelte es, aber noch immer fragte niemand, ob wir etwas essen oder trinken wollten. Stattdessen ging die Tortur weiter. Der Kopf jeder Einzelnen wurde mit einer abscheulich riechenden schwarzen Paste eingerieben, damit die nicht vorhandenen Läuse umkommen sollten. Nachdem das Zeug eine Weile eingewirkt hatte, wurden unsere Köpfe nacheinander in einen Eimer mit kaltem

Wasser getunkt, weil man die schwarze Schmiere wieder ausspülen wollte. Obwohl es sehr viele Mädchen waren, die diese Prozedur über sich ergehen lassen mussten, wurde das Wasser nicht ein einziges Mal gewechselt.

Danach scheuchte man uns hinaus in den Hof, wo wir mit einem Schlauch kalt abgespritzt wurden. Zum Abtrocknen gab es nichts. Nachdem jede von uns diese Folter hatte über sich ergehen lassen, führten uns die Aufseherinnen in eine andere ebenerdige Baracke. Sie bestand aus einer riesigen Halle, über die sich in nicht allzu großer Höhe das Dach spannte. Hier standen viele Metallpritschen ohne jegliche Auflage, nur die eisernen Gestelle, auf denen wir die Nacht verbringen sollten: nass, wie wir waren, mit tropfenden Haaren und nichts anderem als unseren Schuhen als Kopfkissen.

Wir konnten das erst gar nicht glauben. Als wir merkten, dass uns keine andere Wahl blieb, waren wir so verzweifelt, dass wir nur noch weinten. Uns war kalt – trotz des Hochsommers –, wir hatten Durst, wir hatten Hunger.

Vermutlich erging es den anderen wie mir, ich konnte lange nicht einschlafen. Immer wieder schaute ich hinauf zum Dachfenster und sah die Lichtstrahlen der Scheinwerfer kreuz und quer über den Himmel huschen. Wahrscheinlich suchten die Lageraufseher nach feindlichen Flugzeugen.

Diese Nacht war mit Abstand schlimmer als die vorherige, die wir sitzend auf den harten Bänken im Zug verbracht hatten. Irgendwann übermannte mich doch die Müdigkeit, und ich fiel in Tiefschlaf.

Gegen Morgen träumte ich von zu Hause und von meinem gemütlichen Bett. Doch als ich durch ein Geräusch geweckt wurde und die Augen aufschlug, holte mich die grausame Wirklichkeit wieder ein. Durch das Dachfenster fiel das Tageslicht in den furchtbaren Schlafsaal, an dessen Eingang zwei der vermummten Aufseherinnen standen wie die Erzengel, die den Zugang zum Paradies verwehren sollten.

Bei den beiden Frauen konnten wir später in der Baracke, in die wir nach unserer Ankunft geführt worden waren, unsere Kleider und Unterwäsche wieder abholen. Ob wirklich jede ihre eigene Wäsche zurückbekam, war nicht mehr feststellbar, weil die Sachen nun alle ähnlich aussahen. Die Oberbekleidung dagegen war etwas leichter zu identifizieren, trotzdem passte keine von uns mehr richtig hinein. Alle Stücke waren durch das Desinfizieren eingegangen. Obwohl wir in unserer Situation eigentlich keinen Grund dazu gehabt hätten, lachten wir alle plötzlich laut auf, als wir uns gegenseitig betrachteten. Wir sahen aber auch gar zu niedlich aus in unseren viel zu engen und zu kurzen Sachen!

Bald schon ging dieses Lachen aber in Heulen über, weil wir uns dessen bewusst wurden, dass unsere Kleidung auf Dauer verdorben war. Hinzu kam, dass unser Haar, das inzwischen zwar getrocknet war, fettig und zusammengeklebt in Strähnen von unseren Köpfen hing. Wir sahen also aus wie bessere Vogelscheuchen.

Unsere Koffer bekamen wir auch endlich wieder. Wie es schien, hatten sich die Leute im Lager nicht die Mühe gemacht, sie alle wieder die Leiter hinunterzutragen. Man musste sie einfach hinuntergeworfen haben, denn etliche Gepäckstücke hatten diese Behandlung nicht heil überstanden. Sie waren aufgeplatzt, und der Inhalt lag verstreut auf dem Boden herum. Weinend suchten deren Besitzerinnen ihr Zeug wieder zusammen. Die Koffer banden sie notdürftig mit einem Gürtel, einem Schal oder aneinandergeknoteten Strümpfen zusammen; vom Personal war nämlich niemand bereit, ihnen eine Schnur oder ein Seil zu geben.

Einige von uns hatten in ihrem Koffer noch etwas Essbares gehabt. Als wir uns hungrig draufstürzten, merkten wir, dass es durch das Desinfektionsmittel ungenießbar geworden war. Mit Tränen in den Augen warfen wir die Lebensmittel in die Mülltonne. Dann wurden wir erneut in den Hof geschickt, wo wir auch die Jungs wiedersahen und uns das Frühstück gereicht wurde: eine Scheibe trockenes Brot und ein Becher pechschwarzer, dickflüssiger und furchtbar süßer Kaffee. Nach dem ersten Schluck hatte ich genug, denn weiterzutrinken, hätte meinen Durst nur noch verschlimmert.

Dieses »fürstliche« Frühstück hätten wir im Stehen zu uns nehmen müssen, aber im Hof entdeckten wir ein Mäuerchen, Treppenstufen und dicke Steine, auf die wir uns setzten. Das Brot war so hart, dass man nicht davon abbeißen konnte. Da wir aber seit zwei Tagen nichts zu essen gehabt hatten und entsprechend ausgehungert waren, nagten wir wie Mäuse an den harten Kanten.

Währenddessen kamen wir auch dazu, die Jungs näher zu betrachten, die in ihren stark eingegangenen

Sachen ebenfalls komisch aussahen. Bei jedem lugte zwischen den Socken und den »dreiviertellangen« Hosen ein bisschen Bein hervor. Einige der jungen Burschen wurden ungeduldig und wollten möglichst schnell von diesem ungastlichen Ort weg, aber das Tor war abgeschlossen. Lauthals schimpften sie herum.

Kurz darauf ließen sich einige Wärter auf dem Hof blicken, da bekamen die Jungs Angst und hielten den Mund.

Es erschien uns wie eine Ewigkeit, bis das breite schwere Tor endlich geöffnet wurde. Wie ein Schwarm aufgescheuchter Hornissen drängten wir ins Freie. Aber die Freiheit war trügerisch. Abermals mussten wir über die Gleise zu unserem Zug stolpern, der noch kein Stück wegbewegt worden war. Das Herunterspringen aus den Waggons am Vortag kam uns ziemlich einfach vor im Vergleich zu dem, was uns nun bevorstand. Wie sollten wir in die hohen Wagen wieder hineinkommen? Noch dazu mit dem schweren Gepäck in der Hand!

Schnell hatten wir eine Idee. Behände kletterten einige Jungs hinauf, und wir anderen reichten die Koffer nach oben. Zum Schluss streckten uns die oben Stehenden die Hände entgegen und zogen uns hinauf.

Kaum waren alle eingestiegen, ertönte der Befehl, wir müssten uns an die geöffneten Fenster stellen, lächeln und freundlich winken. Da entdeckten wir, dass von außen gefilmt wurde. Später würden die Kinobesucher in ganz Deutschland in der Wochenschau sehen, wie glücklich wir waren, wenn wir auch wie Vogelscheuchen aussahen.

Die Lok pfiff, der Zug wurde wieder aufs normale Gleis rangiert, und schon ging die Fahrt weiter. Wir, die am Tag zuvor noch gejubelt hatten, als der Zug in Wien einfuhr, waren froh, dass wir diese Stadt, in der man uns so übel mitgespielt hatte, wieder verlassen konnten.

Still betete ich zu meinem Schutzengel, dass er mich vor weiteren unangenehmen Erlebnissen bewahren möge. Wie einige andere versuchte ich, mein Aussehen etwas zu verbessern. Ich kramte meinen Kamm aus dem Koffer und bemühte mich, mein schulterlanges, sehr dichtes Haar zu kämmen. Das war mit dem »Klebstoff« darin gar nicht so einfach, und es hat auch nicht viel geholfen.

Plötzlich wurde es stockfinster in dem Abteil. Schlagartig verstummten wir alle und lauschten auf das Rattern des Zuges, welches durch die Tunnelwände verstärkt wurde. Diese Dunkelfahrt kam mir ziemlich lang vor. Als es wieder hell wurde, erblickte ich durchs Fenster etwas, das ich nie vergessen werde. Soeben hatten wir den Semmering passiert. Da die Strecke eine Kurve beschrieb, ragte nun hinter uns der große Pass auf. Welch herrlicher Anblick!

Die Landschaft wurde zusehends schöner: hohe Berge, dichte Wälder, schneebedeckte Gipfel, Schlösser, Burgen, kleine und größere Ortschaften, die sich wie Schutz suchend um die jeweilige Kirche scharten. Ab und zu erblickten wir eine kleine Bergkapelle und staunten über blumenübersäte Wiesen. Doch immer wieder wurde das farbenfrohe Bild durch einen Tunnel unterbrochen.

In einigen Ortschaften hielt der Zug auch an. Einige Leute stiegen ein, vermutlich Bauern, und dann ging es zu wie auf dem Viehmarkt: Sie wanderten von Abteil zu Abteil und begutachteten die Mädchen und Jungs, bevor sie sich einen oder zwei Jugendliche auswählten, die sie mit sich nahmen. Wir kamen bald dahinter, dass sie diese »Erwählten« mitnehmen wollten auf ihren Hof, damit sie dort ein Jahr arbeiteten.

Wir Zurückbleibenden wünschten ihnen dafür alles Gute und winkten ihnen zum Abschied nach. Immer mehr von unseren Mitreisenden verließen den Zug. Nur bei mir und sieben anderen Kameradinnen änderte sich nichts. Manch ein Mann steckte den Kopf ins Abteil, schüttelte ihn nur und zog weiter. Alle acht Mädchen in unserem Waggon blieben auf den Holzbänken sitzen. War das nun ein gutes oder ein schlechtes Zeichen?

Mittlerweile war es Abend geworden, und seit dem »Frühstück« im Lager hatten wir weder etwas zu essen noch zu trinken bekommen. Letzteres hatte den Vorteil, dass man nicht so oft auf die Toilette musste, denn für jeden Waggon gab es jeweils nur eine, und diese sahen mittlerweile nicht mehr sehr appetitlich aus. Es war schon fast dunkel, als wir endlich Graz erreichten. Diesmal durften wir auf einem ganz normalen Bahnsteig aussteigen. Wir acht Mädchen und noch zwanzig verbliebene andere Jugendliche wurden mit einem Bus zu einer Jugendherberge gefahren. O weh, was wird uns dort erwarten?, fragten wir uns.

Wir waren völlig überrascht, als man uns in der Herberge freundlich aufnahm und uns Marmeladenbrote und Tee servierte. Anschließend konnten wir uns in einem sauberen Gruppenwaschraum waschen. Eine Wohltat! Schon führte man uns in einen Raum, in dem ordentliche Stockbetten mit Matratzen und Kissen, die mit rotweißen Bezügen versehen waren, standen. Das Personal der Jugendherberge gab sich äußerst nett und fürsorglich. Daher wagten wir es, ihnen zu erzählen, wie man uns in Wien behandelt hatte. Aufmerksam hörten sie zu und schüttelten erstaunt die Köpfe.

Nach zwei fast schlaflosen Nächten und zwei Tagen auf klapprigen Holzbänken fühlten wir uns hier wie im Paradies. Wir kuschelten uns in die bequemen Betten und schliefen tief und fest wie Babys, bis uns die Morgensonne weckte, als sie ihre Strahlen durchs Fenster warf. Ausgeschlafen und munter fanden wir uns im Aufenthaltsraum ein, wo auf sauberen Tischen bereits das Frühstück auf uns wartete: Brötchen, Margarine, Marmelade und Milchkaffee! Das hat vielleicht geschmeckt! Zufrieden, gut gelaunt und dankbar verabschiedeten wir uns von den freundlichen Frauen und hofften, dass dieser Tag weiterhin so angenehm verlaufen werde.

Die ganze Truppe wurde wieder per Bus zum Bahnhof gefahren. Erneut stiegen wir in den Zug. Nach anderthalbstündiger Fahrt landeten wir in Leibnitz, wo uns ein anderer Bus zum Arbeitsamt brachte. Eine kleine, vollschlanke Dame mit Namen Rollak empfing uns. Geduldig und neugierig warteten wir darauf, was mit uns geschehen werde.

Aufmerksam beobachtete ich ein Mädchen, das nicht viel älter zu sein schien als ich selbst und hier offensichtlich als Lehrling arbeitete. Sie war ausgesprochen hübsch mit ihren dunklen Augen und dem dunkelbraunen Haar, das sie sehr ordentlich zu einer Gretchenfrisur geflochten hatte. Wie ich bald vernahm, hieß sie Mimmerl. Zu einer weißen, am Halsausschnitt und an den Puffärmeln mit Spitzen besetzten Bluse trug sie ein geblümtes Dirndl mit einer unifarbenen blauen Schürze. Sie sah aus wie aus einem Modeheft entsprungen, im Vergleich zu ihr sahen wir anderen aus wie Schreckgespenster.

Mimmerl führte jeweils zwei von uns ins Büro zu Frau Rollak. Die beiden Schwestern Lene und Dorothea, die mir im Zug gegenüber gesessen hatten, kamen ganz glücklich heraus, sie waren beide zusammen einem Hof zugeteilt worden. Nun betraten deren fünfzehnjährige Schwester Magda und ich das Büro. Da wir uns mittlerweile angefreundet hatten und merkten, wie menschlich das hier zuging, wagten wir es, einen Wunsch zu äußern: »Haben Sie denn nicht eine Stelle, wo wir zwei zusammen hingehen können?«

Wir dachten nämlich, wenn wir schon ein ganzes Jahr lang bei fremden Menschen ausharren müssten, lebe es sich doch angenehmer, wenn man ein vertrautes Gesicht um sich habe.

Die nette Frau Rollak suchte in ihrer Kartei und fand tatsächlich noch einen Platz für zwei Mädchen auf einem Bauernhof, worüber wir beide sehr glücklich waren.

Endlich hatte sie uns dann alle eingeteilt. Ein junger Bursche, wir vier zu zweit zugeteilten Mädchen und Hilde, auch ein Mädel aus unserem Abteil, bestiegen einen Kleinbus. Der Fahrer kutschierte uns durch einige Dörfer. Die anderen waren mittlerweile alle ausgestiegen. Nur noch Magda und ich saßen im Bus. Schließlich ging es ziemlich steil bergauf, und der Bus schien ganz schön zu schnaufen. Endlich hielten wir an einem sehr abgelegenen Hof an.

»Hier wohnt die Frau Meier«, erklärte der Busfahrer und trug unsere Koffer flotten Schrittes über den Hof, der etwas anstieg, während Magda und ich zaghaft folgten. Das ganze Anwesen machte nämlich keinen vertrauenerweckenden Eindruck, ja, es wirkte ziemlich heruntergekommen. Kein Mensch war zu sehen. Deshalb rief der Fahrer lautstark nach Frau Meier.

Es vergingen lange Minuten, bis sich das Scheunentor knarrend auseinanderschob. Endlich wurde eine Frauengestalt sichtbar, die uns unheimlich vorkam. Wirr standen ihre grauen Haare um den Kopf, geschmückt mit Strohhalmen und Heu. Die schwarzen Fetzen, die sie am Leib trug, mussten vormals ein Kleid gewesen sein. In der Hand hielt sie einen knotigen Stock, auf den sie sich beim Gehen, das mehr ein Schlurfen in ausgelatschten Pantinen war, schwer stützte. Selbst wir unerfahrenen Kinder erkannten auf den ersten Blick, dass diese Person total betrunken war.

Nachdem sie etwas gesagt hatte, das wir nicht verstanden, verabschiedete sich unser Begleiter von uns mit den Worten: »Na dann – viel Glück, ihr beiden.« Er strebte wieder seinem Bus zu.

Wir Mädchen, blass vor Angst, rührten uns zunächst nicht vom Fleck. Da stieß uns die Alte grob mit ihrem Stock in Richtung Haustür, wobei sie laut schimpfte. Wir verstanden zwar kein Wort, aber dem Tonfall nach war sie aufgebracht.

Beim Betreten des Hauses bot sich uns ein ungewohntes Bild. Wir befanden uns nicht in einem Hausflur, sondern direkt in der Küche. Dort tummelten sich eine Ziege, einige Enten und mehrere Hühner. Alles war schmutzig von Kot, und es stank erbärmlich.

Ängstlich wagte ich zu fragen: »Wo sollen wir unseren Koffer auspacken? Und wo sollen wir hier denn schlafen?«

Obwohl wir ihre Sprache nicht verstanden, schien sie die meine doch zu verstehen. Sie deutete nämlich mit ihrem Stock auf die schmale Eckbank hinter dem Küchentisch und schrie etwas, wobei sie mit dem Stock über unseren Köpfen herumfuchtelte.

Entsetzt schauten wir Mädchen uns an, schnappten wortlos unsere Koffer und rannten, als ob wir das verabredet gehabt hätten, aus dem Haus. Frau Meier schimpfte unterdessen lautstark hinter uns her. Wir sahen, wie sich der Bus gerade in Bewegung setzte und rannten ihm nach. Voller Panik schrien wir aus vollem Halse.

Entweder hatte der Fahrer uns selbst gehört, oder einer der verbliebenen jungen Reisegäste machte ihn auf uns aufmerksam. Jedenfalls blieb der Bus – sehr zu unserer Erleichterung – mit einem Ruck stehen. Der Fahrer stieg aus und beruhigte uns heulende Wesen, indem er jeder von uns einen Arm auf die Schulter legte und begütigend auf uns einsprach.

Wir verstanden zwar nicht alles, aber es tat unendlich gut, dass da jemand war, der Anteil an uns nahm. So viel verstanden wir aber: dass wir an dieser Stelle auf ihn warten sollten, bis er die anderen auf den Höfen abgeliefert habe, denen sie zugeteilt worden waren.

Als er zurück war, brachte er uns tatsächlich wieder zum Arbeitsamt zurück. Mittlerweile hatte man dort bereits Feierabend. Also lieferte er uns bei Frau Rollak zu Hause ab.

Ungläubig staunend hörte sie sich unseren Bericht an. »Das tut mir leid, dass ihr ein solches Pech hattet. Dann wollen wir mal in meine Akten schauen, ob ich eine gute Familie für euch finde«, beschloss sie.

Der Kleinbus brachte uns umgehend mitsamt Frau Rollak wieder zum Arbeitsamt, wo sie eifrig ihre Kartei studierte. »Tut mir leid, ihr Mädchen, aber ich habe nichts mehr, wo man zwei von euch brauchen könnte. Ihr müsst euch leider trennen.«

Als sie unsere enttäuschten Gesichter sah, fügte sie hinzu: »Aber keine Angst, die beiden Stellen, die ich für euch gefunden habe, liegen nicht allzu weit auseinander. Gewiss habt ihr Gelegenheit, euch gegenseitig zu besuchen.«

Sie drückte dem Fahrer zwei Karten in die Hand, und er fuhr mit uns ins Ungewisse. Nachdem wir vielleicht zwanzig Minuten unterwegs waren, hielt er an und erklärte uns: »Die eine von euch soll in eine Gärtnerei, die andere zu einem Schuldirektor, der auf einem Gut wohnt.«

Da wir uns beide spontan für das Gut entschieden, machte der freundliche Mann folgenden Vorschlag: »Da ihr nicht beide auf das Gut könnt, soll das Los entscheiden.«

Er mischte zwei Kärtchen hinter seinem Rücken und hielt sie uns umgedreht vor die Nase. Ich hoffte so sehr, dass ich die Karte mit dem Gut ziehen würde, bekam jedoch die, auf der die Gärtnerei vermerkt war.

Nach kurzer Fahrt erreichten wir einen kleinen Ort, und der Fahrer bog gleich nach dem Ortseingang rechts ab. In langsamer Fahrt ging es nun bergauf, zwischen Feldern und Wiesen hindurch auf einem breiten, gut gepflegten Weg. An dessen Ende glaubte ich ein Schloss zu erkennen.

Auf einem der Felder zu unserer Rechten war ein Mann mit Hacken beschäftigt. Bei diesem hielt der Fahrer an und erkundigte sich, wie wir zum Haus des Gärtners Huber finden würden. »Der Gärtner bin ich«, antwortete der Fremde und deutete mit der Hand in Richtung Schloss.

»Fahren S' geradeaus, und liefern S' das Fräulein am linken Turm ab. Da ist's schon richtig.«

In dem Moment dachte ich, ich träume das bloß. Bald darauf hielten wir vor der prächtigen Residenz an. Unser Chauffeur zeigte auf den linken Turm und erklärte: »Da gehst hinein. Und viel Glück! Ich hoffe, hier gefällt es dir besser als bei Frau Meier.«

Bangen Herzens verabschiedete ich mich von dem freundlichen Mann und von meiner Freundin Magda, nahm meinen Koffer und stieg aus. Sogleich fuhr der Bus wieder den Berg hinab, um seinen letzten Fahrgast noch zum nächsten Ort, nämlich Burghausen, zu bringen.

Nun stand ich also an meinem Ziel, völlig allein, vor der Tür von unbekannten Leuten, hungrig und durstig und ganz erbärmlich aussehend mit meinen verklebten Haaren und dem eingegangenen Kleid. Wie ein Häufchen Elend dachte ich: Was werden die wohl von so einer Trauergestalt denken?

Zu allem Überfluss schauten vom Haupteingang des Schlosses auch noch drei junge Menschen neugierig zu mir herüber.

Äußerst zaghaft und den Tränen nahe, bewegte ich mich auf die Tür des Turmes zu. In dem Moment wurde diese von innen geöffnet, und es quollen einige Leute heraus, die mich herzlich begrüßten. Sie mussten meine Ankunft beobachtet haben. Das war freilich etwas ganz anderes als auf dem Hof von Frau Meier!

In diesem Teil des Schlosses wohnte wirklich der Gärtner mit seiner Familie. Sie enthoben mich jeder Peinlichkeit und führten mich wie selbstverständlich in ihre Küche. Hier war der Tisch bereits für das Abendessen gedeckt. Die Hausfrau legte sogleich noch ein Gedeck für mich auf. Kaum saß ich am Tisch, hagelten Fragen von allen Seiten nur so auf mich herab, in dieser mir fremden Sprache, von der ich nur einige Wörter verstand. Ich konnte nur erahnen, was die Fremden von mir wissen wollten, wahrscheinlich, wie ich hieß, woher ich kam, wie lange ich unterwegs gewesen sei und warum ich so zerrupft aussah.

In meinem Hochdeutsch beantwortete ich alles wahrheitsgemäß, war mir aber nicht sicher, ob sie alles verstanden. Dann stellte sich die Familie vor. Der Herr des Hauses, der Gärtner mit Namen Florian Huber, war inzwischen auch eingetroffen. Seine Frau hieß Christina, Tochter Herta war dreiundzwanzig Jahre alt, deren Schwester Gretl einundzwanzig und die Drittgeborene Traudl vierzehn. Dann gab es noch das Baby Gerald, den sechs Monate alten Sohn von Gretl.

Endlich kam auch ich dazu, eine Frage zu stellen: »Wo bin ich eigentlich gelandet?«, wollte ich wissen.

»In Schönburgen«, antwortete man mir.

»Und wo liegt das?«

»In der Steiermark«, gab man mir Bescheid.

Spätestens beim Essen, wo mich alle lieb anlächelten, erkannte ich, dass ich bei guten, freundlichen Menschen untergebracht sein musste, und dankte im Stillen meinem Schutzengel dafür. Es gab Kartoffeln mit Kräutern und grünem Salat. Nachdem ich vier Tage mit sehr wenig Nahrung hatte auskommen müssen, schmeckte mir das einfache Mahl ausgezeichnet, obwohl der Salat, der außer mit Salz und Pfeffer nur mit Essig und Kürbiskernöl angemacht war, auf mich fremdartig wirkte. Bei uns zu Hause gab man zum Salat auch immer etwas Zucker, man machte ihn also süßsauer an.

Am Tisch wurde viel geredet, in steirischem Dialekt, von dem ich fast nichts verstand. Obwohl ich sehr aufpasste, musste ich öfter nachfragen, was immer wieder zu komischen Situationen führte. Nach dem Essen bekam ich endlich Gelegenheit, mein Haar gründlich zu waschen. Danach fühlte ich mich wie neugeboren. Traudl, die Jüngste, begleitete mich ins obere Turmzimmer, wo wir gemeinsam meinen Koffer auspackten und die Sachen im Schrank verstauten, den sie »Kasten« nannte.

Da ich ihr erklärte, wodurch alle meine Kleider eingegangen seien, lieh sie mir eines von ihren Kleidern. Nun hatte ich keine Ähnlichkeit mehr mit einer Vogelscheuche. Da es immer noch hell genug war, machte mich Traudl mit der Umgebung vertraut. Zunächst wanderten wir einmal um das Schloss herum, das einem Grafen gehörte. Von diesem Anwesen war ich total begeistert. Es kam mir vor wie im Traum, wie ein schönes Märchen, dass ich nun ein ganzes Jahr lang hier leben sollte. Auch stellte mich Traudl bald den dreien vor, die mich bei meiner Ankunft so aufmerksam beobachtet hatten – den Grafenkindern: dem sechzehnjährigen Komtesserl Juliette und ihren Brüdern Ferdi, vierzehn Jahre alt, und Philipp, der sechs Lenze zählte.

Aus dem Schloss schossen bellend drei Hunde auf uns zu: ein schwarzweißer Cockerspaniel und ein grauer, der dritte im Bunde war eine Wald- und Wiesenmischung mit Namen Lidi. Sie beschnupperten mich alle drei und wedelten zufrieden mit dem Schwänzchen. Damit schien unsere Freundschaft besiegelt.

Obwohl der Abend schon ein wenig fortgeschritten war, herrschte noch eine angenehme Temperatur. Als die Dämmerung einsetzte, wünschten Traudl und ich allen gute Nacht, und ich bedankte mich für die freundliche Aufnahme. Dann verzogen wir uns nach oben.

Mein Bett stand in Traudls Kammer. Obwohl ich hundemüde war, konnte ich lange nicht einschlafen. Zu vieles spukte mir noch im Kopf herum, vor allem die schlimmen Erlebnisse der letzten Tage. Mit

Schrecken dachte ich auch daran, dass sich meine Eltern wohl Sorgen machten, weil sie so lange nichts von mir hörten. Mittlerweile war es nämlich schon Freitag geworden, der zweite August. Niemand von uns hatte ahnen können, dass ich vier Tage unterwegs sein würde. Gleich morgen werde ich ihnen von meiner glücklichen Ankunft im Schloss berichten, nahm ich mir noch vor, bevor ich endlich einschlief.

Am nächsten Morgen erwachte ich erst, als die Sonne schon voll ins Zimmer schien. Obwohl Traudl schon fertig angezogen war, wartete sie so lange auf mich, bis ich eine kurze Nachricht nach Hause geschrieben hatte. Von meinem abenteuerlichen Aufenthalt in Wien, von der schrecklichen Bahnfahrt und meinem Erlebnis mit Frau Meier erwähnte ich keine Silbe, um meine Eltern nicht zu beunruhigen. Ich schrieb nur, dass ich es auf dem Schloss gut getroffen hatte, und legte zum Beweis eine Ansichtskarte bei, die mir Traudl zugesteckt hatte.

Als wir gemeinsam die Küche betraten, hatte die Hausfrau das Frühstück schon fast fertig. Sie zeigte mir, wo Besteck und Geschirr aufbewahrt wurden, und hieß mich, für sieben Personen den Tisch zu decken. Es sollte nämlich noch jemand dazukommen: der Franz.

Er war ein junger Mann, der eine Sprachbehinderung hatte, aber sonst über beachtliche Körperkräfte verfügte und dem Gärtner tatkräftig unter die Arme griff.

Auf den Tisch kam eine große Kanne mit Milchkaffee, von dem sich jeder etwas in seine Tasse goss. Dann stellte Frau Huber eine riesige Schüssel voll mit etwas, das wie Rührei aussah, in die Mitte des Tisches. Sogleich bekam ich Appetit. Jeder schöpfte sich eine Portion auf seinen Teller. Vorsichtshalber nahm ich mir zuerst nur wenig, um zu probieren. Es war kein Rührei, sondern Sterz, eine gestürzte traditionelle, fast bröckelige Speise aus derbem Maisgrieß, der mit Wasser und etwas Salz gekocht worden war. Damit das etwas fade Zeug Geschmack bekam, gab man knusprig gebratene Grieben darüber. Das erste Mal in meinem Leben aß ich so etwas. Es schmeckte mir aber so gut, dass ich Frau Huber bat, mir zu zeigen, wie man das zubereitet.

Am folgenden Morgen war ich früh genug unten, um von der Hausfrau zu lernen, wie man Sterz macht. Sie stellte einen großen Topf aus Gusseisen auf die offene Flamme, nachdem sie einige Ringe aus der Kochfläche des Herdes entfernt hatte. Ich merkte mir genau, in welcher Reihenfolge und in welcher Menge sie die Zutaten in den Topf gab. Zur Sicherheit schrieb ich mir später alles auf. Die Grieben wurden in einer kleineren Pfanne gebraten, ebenfalls auf offenem Feuer. Diese Art des Kochens war für mich insofern interessant, als wir zu Hause bereits einen Elektroherd hatten. In den nächsten Tagen lernte ich aber, im Herd Feuer zu machen und darauf zu kochen. Das war dreimal am Tag nötig – trotz der Sommerhitze musste man den Herd einheizen –, weil es keine andere Möglichkeit gab, warme Speisen zuzubereiten.

Das beschriebene Frühstück gab es jeden Tag außer sonntags. Am siebten Tag der Woche wurden Tee und belegte Brote aufgetischt, meist mit Butter und Marmelade bestrichen. Manchmal aber gab es statt der Marmelade Wurst; der Bräutigam von Fräulein Gretl war Metzger und steckte der Familie schon mal etwas ohne die sonst vorzuzeigenden Lebensmittelkarten zu.

Nach dem Frühstück musste ich abspülen. Das sollte künftig nach jeder Mahlzeit eine meiner Aufgaben sein, während Traudl ihren kleinen Neffen versorgte. Danach gingen meine neue Gefährtin und ich mit Klein-Gerald im Wagen in den Ort, um Einkäufe zu erledigen. Bei dieser Gelegenheit konnte ich auch gleich den Brief an meine Eltern aufgeben. Der Rest der Familie, inklusive Franz, arbeitete unterdessen in der Gärtnerei und dem großen Gemüsegarten, der ebenfalls zum Schloss gehörte.

Unterwegs trafen wir mehrere Leute. Egal ob Jung oder Alt, die Traudl grüßte alle freundlich mit den Worten: »Griaß di.« oder »Habe die Ehre.« oder »Servus.«

Das Wort »Servus« kannte ich aus dem Lied »Sag beim Abschied leise Servus«, doch die anderen Grußworte waren neu für mich. Einige von denen, die uns begegneten, fragten neugierig: »Wer is denn dös?«, schon stellte meine Begleiterin mich als »die Erna aus Deutschland« vor.

Die Leute waren alle ausnahmslos freundlich zu mir. Manche redeten auf mich ein, aber ich hatte Schwierigkeiten, sie zu verstehen. Wenn ich dann etwas antwortete, was vielleicht passte, vielleicht auch nicht, stellten sie erstaunt fest: »Ah, die Erna redet nach der Schrift.«

Der schöne Ort mit dem Namen Schönburgen trägt diesen zu Recht. Er schmiegt sich malerisch zwischen zwei Hügel, auf denen je eine Burg prangt. Auf dem einen befindet sich das Schloss St. Florian, wo wir wohnten, und auf dem anderen, dem Schlossberg, steht eine große alte Burg, die schon seit Langem unbewohnt ist. Nur einen Verwalter, der nach dem Rechten sieht, soll es dort noch geben, wurde mir erklärt.

Mitten durch das Dorf rauscht der Fluss Mur. Über diesen spannt sich eine weite Brücke, welche die beiden Ortsteile miteinander verbindet. In der Mitte des Dorfes steht die schöne alte Kirche und nicht weit davon das Rathaus. Sogar einen Bahnhof gibt es, der ziemlich zentral liegt, und gleich daneben das Postamt.

Dort konnte ich meinen Brief aufgeben. Von uns aus gesehen am anderen Ende des Dorfes, also in Richtung Burghausen, wo Magda untergekommen war, dehnte sich der Friedhof aus.

Um wieder zu Schloss St. Florian zurückzugelangen, wählte Traudl einen anderen Weg, damit ich den auch kennenlernte. Als ich mich auf dem Rückweg umwandte und einen Rundum-Blick ins Tal warf, stellte ich begeistert fest: »Das Schicksal hat es gut mit mir gemeint und mich auf ein schönes Plätzchen Erde verschlagen.«

Gerald in seinem Kinderwagen war die ganze Zeit friedlich gewesen – ein süßes, ruhiges Baby!

Zu Hause angekommen, rechneten wir mit der Hausherrin ab, die bereits von ihrer Arbeit im Freien zurückgekehrt war. Inzwischen war es Zeit geworden, das Mittagessen aufzusetzen. Dabei sollte ich helfen.

Als Erstes drückte mir Frau Huber einen Korb in die Hand, mit den Worten: »Geh mal in den Gemüseschuppen und hole Erdäpfel.«
Verdutzt fragte ich: »Erdäpfel? Was ist das?«
Traudl und ihre Mutter lachten. Dann erklärte mir die Frau: »Bei euch nennt man die wohl Kartoffeln.«
Diese fand ich dann mühelos im Schuppen und brachte sie in der gewünschten Menge in die Küche. Nach dem Essen, an dem wieder sieben Personen teilnahmen, gab es eine kurze Ruhezeit. Anschließend zeigte mir meine neue Freundin noch vieles, was ich bewundern und kennenlernen sollte. Von dem riesigen Gemüsegarten war ich beeindruckt, weil dort so viele verschiedene Sorten Gemüse prächtig gediehen, zum Beispiel auch Tomaten, die man hierzulande »Paradeiser« nannte.
Oberhalb des Gartens erstreckten sich die Weinberge des Grafen. Am Ende des Hauptgartenweges stand eine kleine Holzhütte, das »Bienenhäuschen«. Bienen seien aber keine mehr darin, versicherte man mir, sonst hätte ich mich nicht hineingetraut. Innen war die Hütte allerliebst eingerichtet, mit einem länglichen Tisch und je einer Bank an seinen Längsseiten. An einer der kurzen Wände lehnte ein Wandregal, auf dem außer Geschirr und Gläsern allerlei nette dekorative Kleinigkeiten standen. Ein kleines Fenster mit weißen Scheibengardinen und bunten Vorhängen, die sich zuziehen ließen, lag an der gegenüberliegenden Seite.
In der Hütte trafen sich manchmal die Grafenkinder zu unterschiedlichen Anlässen, zu denen sie Traudl und fortan auch mich einluden, manchmal

ebenfalls einige Jugendliche aus dem Dorf. Nicht weit entfernt gab es einen Hügel, unter dem sich der Wein- und Mostkeller des Schlosses befand.

Zur Gärtnerei gehörten natürlich auch ein Glashaus von großem Ausmaß und zahlreiche Frühbeete, die man mit Glasscheiben abdecken konnte. Diese Gärtnerei lieferte nicht nur das Gemüse für die Küche von Schloss und Turm, es wurde auch ins Dorf geliefert und verkauft. Oft kamen Frauen aus dem Ort zu uns herauf, um Gemüse- und Blumenpflanzen zu kaufen.

Die drei gräflichen Katzen lernte ich auf meinem ersten Rundgang ebenfalls kennen. Ich schloss den schwarzen Kater Pudli, die schöne, getigerte Minka und die kleine, grauweiße Miki ins Herz. Weil ich sehr katzenlieb bin, kamen die Tierchen in Zukunft oft zu mir zum Schmusen.

Natürlich bekam ich in den folgenden Tagen immer wieder mal Sprachunterricht von meiner Freundin. Es fing damit an, dass die Hausfrau zu mir sagte: »Erna, geh 'aufi, Zwiebeln holen.«

»Was heißt 'aufi?«, wollte ich wissen.

Nachdem alle herzhaft gelacht hatten, erklärte Traudl: »Das ist eine Abkürzung für ›hinaufgehen‹.« In diesem Fall bedeutete es, ich solle in die oberste Turmkammer gehen, wo die Zwiebeln lagerten.

»Geh obi!« hieß folglich, ich sollte hinuntergehen, »I mog net!«, bedeutete: »Das mag ich nicht.«, »Naa« war ein Nein, »Joo« ein Ja. »Tummel dich« war die Bitte, mich zu beeilen.

Sehr schnell begriff ich, dass, wenn etwas mit einem »O« ausgesprochen wurde, ich dafür nur ein »A«

einzusetzen brauchte. So verstand ich von Tag zu Tag mehr, und nach einer Woche war ich bereits in der Lage, selbst im Dialekt zu reden.

An meinem ersten Sonntag im neuen Zuhause durfte ich mit Traudl – nachdem ich das Frühstücksgeschirr abgespült hatte – zur Kirche gehen. Da mein Sonntagskleid durch die Behandlung in Wien auch erheblich gelitten hatte, wählte ich für den Kirchgang einen Rock mit Bluse aus, die etwas glimpflicher davongekommen waren. Den Gottesdienst fand ich sehr schön, und ich dankte dem lieben Gott, der Gottesmutter und meinem Schutzengel dafür, dass ich in eine so gute Familie geraten war.

Nach dem Mittagessen, es gab Rindssuppe mit Grießnockerln – auch neu für mich –, die wunderbar schmeckte, durfte ich mit »meiner« Traudl nach Burghausen wandern, um Magda zu besuchen. Ferdi, der ältere Grafensohn, begleitete uns.

Nach etwa einer Stunde Fußmarsch kamen wir auf dem Gut an, auf dem die Freundin ihr Pflichtjahr ableisten sollte. Die machte vielleicht erstaunte Augen, als sie mich sah! Aber nicht nur sie, auch ihre Gastfamilie begrüßte uns freundlich. Auf den ersten Blick konnte ich feststellen – und Magda bestätigte mir das später auch –, dass sie mit ihrer Ersatzfamilie ebenfalls großes Glück gehabt hatte. Darüber freute sie sich sehr.

Nun konnten wir herzlich lachen über unsere abenteuerliche Bahnfahrt, über den Schreckensaufenthalt in Wien und das Intermezzo bei Frau Meier. Leider konnten Traudl, Ferdi und ich nicht allzu lange bleiben. Magdas Leute aber versicherten mir, dass sie es erlauben würden, dass meine Freundin mich an einem der nächsten Sonntage in Schönburgen besuchen dürfe.

Auf dem Rückweg machten wir einen Abstecher auf den Schlossberg, um die alte Burg zu besichtigen. Sie sah ganz anders als das Schloss St. Florian aus. Der ausladende Bau bestand aus ungeheuer dicken Mauern. An jeder Ecke befand sich eine Säule, auf der je ein eiserner Ritter stand. Zwischen vielen Bäumen und Sträuchern versteckt, entdeckten wir eine Kapelle.

»Das ist das Mausoleum«, erklärte mir Ferdi. »Dort sind alle ehemaligen Burgbewohner beigesetzt worden.«

Dieser Bau war ebenfalls äußerst beeindruckend, denn die Fassade war mit vielen Balken verziert, die zahlreiche Schnitzereien aufwiesen, überwiegend Weinblätter und Trauben. Durch die kunstvoll geschmiedete Pforte konnte man einen Blick ins Innere werfen, wo ein Sarkophag neben dem anderen stand.

Auf dem Heimweg überboten Traudl und Ferdi sich gegenseitig, mir Gruselgeschichten zu erzählen, die sich um diese Burg und ihre einstigen Bewohner rankten. Der Sonntagnachmittag war leider viel zu schnell vergangen.

Bei unserer Heimkehr traf ich zum ersten Mal den Herrn Grafen und seine Frau, die sich gerade mit ihren beiden anderen Kindern auf der großen Wiese vor dem Schloss aufhielten. Schüchtern grüßte ich und machte sogar einen Knicks, wie ich das zu Hause gelernt hatte.

»Sieh da, das kleine deutsche Fräulein weiß, was sich gehört«, lobte mich die Gräfin, und auch der Graf sagte etwas Nettes zu mir.

Am Abend lernte ich von Fräulein Gretl, wie man Baby Gerald wickelte, fütterte und schlafen legte. Danach versammelte sich die ganze Gärtnersfamilie draußen um einen großen Tisch, der unter einem mächtigen Baum stand. Der Abend war warm und angenehm. Die Dämmerung legte sich allmählich über das Land, aber oben leuchtete immer heller der Mond. Meine Gastgeber unterhielten sich angeregt, und ich bekam so viel mit, dass Fräulein Herta, die älteste der drei Töchter, in sechs Wochen einen Herrn Hans aus Graz zu heiraten gedenke. Dieser hatte vor einigen Jahren hier seine Lehre als Gärtner gemacht und besaß nun in Graz eine eigene Gärtnerei, die er von seinem Vater geerbt hatte.

Die Neuigkeit von der bevorstehenden Hochzeit erfüllte mich mit Aufregung, denn so etwas hatte ich noch nie miterlebt. Die zweite Neuigkeit, die ich an diesem Abend aufschnappte, war weniger angenehm, ja, sie stimmte mich geradezu traurig: Meine Freundin Traudl, die mich hier so liebevoll über alles unterrichtet und mich mit allem bekannt gemacht hatte, sollte in einer Woche ihr Pflichtjahr auf einem fernen Bauernhof beginnen.

Mir war es unverständlich, dass man mich hierhergeschickt hatte und die Tochter des Hauses nun die Stelle räumen musste, die ich eingenommen hatte. Sie schien mir aber nicht böse zu sein.

In den folgenden Tagen machten wir noch alles gemeinsam. Traudl war mein guter Geist, der mir mit Rat und Tat zur Seite stand. Ohne sie wäre ich mir sehr verlassen vorgekommen. An einem ihrer letzten Abende gingen wir zwei mit Komtess Juliette und Ferdi hinunter ins Dorf zu einem Liederabend. Dort versammelten sich – so kam es mir vor – alle Jugendlichen des Dorfes. Zwei Buben spielten Akkordeon, einer Gitarre. Es wurde dazu gesungen und getanzt.

Ferdi tanzte mit mir, und – obwohl ich nie tanzen gelernt hatte – es klappte ganz gut. Danach kam ein Bursche auf mich zu, der O-Beine hatte und eine kurze Lederhose trug. O weh, dachte ich, was soll das werden? Er reichte mir die Hand, und bevor er sich mit mir zu drehen begann, stellte er sich als »Pepperl« vor. Auch ich nannte meinen Namen. Zu meiner Überraschung tanzte Pepperl so leicht mit mir, dass ich das Gefühl hatte, zu schweben.

Bald entdeckte ich ein bekanntes Gesicht. Es war niemand anderes als Mimmerl, das Lehrlingsmädchen vom Arbeitsamt in Leibnitz. Sie war also in Schönburgen zu Hause. Auch sie erkannte mich wieder, lächelte und winkte mir beim Tanzen zu. Später wechselten wir dann auch noch ein paar Worte miteinander.

Nach einem sehr angenehmen und lustigen Abend strebten wir zufrieden »unserem« Schloss zu. Draußen vor dem Turm saß meine Gastfamilie, die jüngste Tochter des Hauses und ich gesellten uns dazu.

In den folgenden Tagen durften Traudl und ich noch viel Zeit miteinander verbringen, damit ich vor ihrer Abreise noch einiges von ihr lernen konnte. Sie brachte mir bei, wie die verschiedenen Blumen- und

Gemüsepflanzen hießen und wie man sie unterscheiden konnte. Sie leitete mich auch an, wie man die Kunden der Gärtnerei bediente.

Jedes Wochenende kam Fräulein Gretls Verlobter, Herr Willi, zu Besuch, um nach seiner Braut und natürlich nach seinem kleinen Sohn zu sehen. Herr Willi war ein netter junger Mann, der im nächsten Ort wohnte, wo sein Vater eine Metzgerei betrieb, in der auch Willi arbeitete.

Einmal, als ich mich gerade im Gemüsegarten daran machte, die reifen Paradeiser zu pflücken, rief Fräulein Gretl: »Erna, komm zum Jausen!«

O je, schon wieder ein Fremdwort! »Was soll ich machen?«, fragte ich deshalb unsicher.

Lachend erklärte sie mir: »Mit ›Jause‹ meint man eine kleine Mahlzeit am Nachmittag!«

Also schon wieder etwas dazugelernt. Die Jause bestand aus Butterbrot und kühlem Apfelmost.

Am nächsten Tag kam Mizzerl, eine Nichte von Frau Huber, für einige Tage auf Besuch. Das Mädel war ebenfalls vierzehn Jahre alt, aber ein gutes Stück größer als Traudl oder ich. Rasch freundeten wir uns an. Der Tag von Traudls Abschied rückte immer näher, also musste ein richtiges Abschiedsfest gefeiert werden. Wo hätte man das besser machen können als im »Bienenhäuschen«?

Am Vorabend trafen sich alle jungen Leute des Schlosses dort: Mizzerl, Traudl und die drei Grafenkinder. Fräulein Gretl versorgte uns mit selbst gebackenen Platzerln und Apfelmost. Trotzdem waren alle traurig, aber Traudl hielt sich erstaunlich tapfer. Wir sangen alle Abendlieder, die wir kannten, und beim Auseinandergehen drückte jeder der Traudl die Hand und wünschte ihr alles Gute für den neuen Lebensabschnitt. Dann gingen wir 'aufi in unser Zimmer, wo ich meiner Freundin beim Kofferpacken half.

Lange noch lagen wir wach in unseren Betten und sprachen über unsere kurze gemeinsam verbrachte Zeit. Von Herzen wünschte ich ihr, dass sie ihr Pflichtjahr bei genauso netten Menschen verbringen dürfe wie ich.

Um ihrer Tochter den Abschied zu versüßen, kochte die Mutter am folgenden Tag zu Mittag Traudls Lieblingsessen: Zwetschgenknödel mit Kompott. Mizzerl und ich halfen dabei. So lernte ich auch gleich, wie man dieses Gericht zubereitete.

Es duftete nicht nur herrlich, sondern schmeckte auch wunderbar. So langte ich einige Male nach, sodass ich es auf sechs Knödel brachte. Dessen wäre ich mir gar nicht bewusst gewesen, denn ich hatte nicht mitgezählt. Das hatte statt meiner der Franz getan, der Gärtnergehilfe.

Er funkelte mich böse an, und er muss auch eine böse Äußerung diesbezüglich gemacht haben, die ich aber nicht verstand. Ich weiß gar nicht, warum er so böse auf mich war, es waren doch wirklich genug Knödel da, sodass alle satt werden konnten. Dennoch schämte ich mich nach dieser Attacke über meinen gesegneten Appetit.

Nach dem Essen verabschiedete sich die Jüngste des Hauses von allen per Handschlag. Ihre Mutter begleitete sie zum Bahnhof, um sie an ihrem neuen Arbeitsplatz abzuliefern. Wir Zurückbleibenden überließen uns unserer Trauer über den Abschied, während wir unseren gewohnten Arbeiten nachgingen. Ich war besonders bedrückt, weil ich mich schuldig fühlte, dass Traudl hatte gehen müssen.

Bevor Franz an seine Arbeit zurückkehrte, hatte er mir noch mal einen bitterbösen Blick zugeworfen, wegen der Knödel. Meinen gesunden Appetit wollte er mir lange nicht verzeihen, das belastete mich zusätzlich. Bis dahin war der Franz immer freundlich zu mir gewesen und hatte mich bei jeder Begegnung angelächelt. Ja, in seiner fast sprachlosen Art hatte er mir sogar angedeutet, dass er mich später heiraten wolle. Also hatte ich mir durch meine »Gefräßigkeit« einen potenziellen Hochzeiter vergrault.

Noch am selben Abend kehrte die Gärtnersfrau zurück und berichtete, dass Traudl es auf »ihrem« Hof nicht leicht haben werde, das Mädel müsse nämlich auch im Stall und auf dem Feld arbeiten. Erneut fühlte ich mich schuldig, weil ich der Freundin ihren bequemen Platz daheim weggenommen hatte. Aber niemand machte mir Vorwürfe, im Gegenteil, man behandelte mich so, als sei ich ein Familienmitglied. Daher verspürte ich auch keinerlei Heimweh.

Trotzdem freute ich mich riesig, als der Postbote nach Tagen endlich den lang erwarteten Brief von meinen Eltern brachte. Die Post brauchte in dieser Zeit außergewöhnlich lang, schließlich war ja Krieg und viel Feldpost unterwegs.

Meine Eltern brachten ihre Freude darüber zum Ausdruck, dass ich es so gut getroffen hatte, und baten mich, meiner Gastfamilie ihren Dank auszusprechen. Zusätzlich übermittelte mir meine Mutter Anweisungen, wie ich mich benehmen sollte.

In den folgenden Tagen nahm uns Fräulein Hertas bevorstehende Hochzeit voll in Anspruch. Zu meinen Aufgaben gehörte es auch, Monogramme in ihre Bettwäsche zu sticken. Nun war ich besonders froh, dass ich im letzten Winter einen Nähkurs absolviert hatte. Ich durfte sogar beim Nähen des Brautkleides mithelfen, weil sich schnell herausstellte, wie geschickt ich in solchen Dingen war.

Zu meiner Freude kam kurz vor der Hochzeit ein Paket von zu Hause an, in dem sich mein kornblumenblaues, in der Brustpartie besticktes Sonntagskleid befand. So würde ich zum Fest doch etwas Ordentliches zum Anziehen haben!

Noch bevor die Hochzeit stattfand, besuchte mich Magda überraschend eines Sonntagnachmittags. Darüber freute ich mich riesig. Mit Gerald im Wagen, führte ich sie stolz in meiner neuen Heimat herum.

Am Hochzeitsmorgen erlebten wir eine freudige Überraschung. Nach dem Frühstück stand ganz plötzlich Traudl in der Küche. Sie sah gut aus, war braun gebrannt und hatte wohl etwas zugenommen. Doch als ich ihre rauen, rissigen Hände sah, meldete sich wieder mein schlechtes Gewissen. Dennoch bemühte ich mich an diesem Tag um einen freundlichen Umgang mit allen Hochzeitsgästen.

Noch am selben Nachmittag gingen Traudl und ich mit dem Baby im Wagen spazieren. Dabei erzählte sie mir, dass sie viel und schwer arbeiten müsse und dass die Bauersleute nicht besonders nett zu ihr seien. Das bedrückte mich sehr, obwohl ich ja eigentlich nichts für diese Situation konnte.

Nachdem der Bräutigam seine Braut am Abend in ihr neues Heim nach Graz entführt hatte und die auswärtigen Gäste wieder abgereist waren, saß der Rest der Familie fröhlich vereint unter dem großen Baum vor dem Schlossturm. Für Mitte September war es noch ausgesprochen mild. Traudl war allerdings traurig, weil sie am nächsten Tag schon wieder fortmusste.

Frau Huber ging der Anblick ihrer niedergeschlagenen Tochter sehr zu Herzen. Deshalb reifte in ihr ein Entschluss, über den sie jedoch nicht sprach.

Diesmal begleiteten Ferdi und ich am anderen Morgen nach dem Frühstück die Traudl zum Bahnhof. Auf dem Wege wusste keiner so recht, was er sagen sollte. Auf dem Bahnsteig rechts ein Küsschen und links eins, ein letztes Winken, und schon trug der Zug meine lieb gewordene Freundin in die Ferne.

Der Alltag ging wie gewohnt weiter: ein bisschen Hausarbeit für mich, ein bisschen auf Gerald aufpassen, ein bisschen Pflanzen setzen und auch Blumen und Gemüse verkaufen. Jeden Freitagmorgen kam eine Frau zu uns, um in der Waschküche die ganze Wäsche zu waschen. Da dampfte es mächtig, und es roch nach Waschpulver und Seife. Zu ihrem Frühstück bekam die Frau einen Krug Wein, und sie aß auch bei uns zu Mittag. Nachdem die Wäsche auf der Leine flatterte, erhielt sie ihren Lohn und machte sich von dannen. Die Hausfrau bügelte später höchstpersönlich die Wäsche, lediglich beim Zusammenlegen durfte ich helfen.

Eines Morgens fuhr Frau Huber, ohne einen Grund anzugeben, nach Leibnitz und kam erst spät zurück. Drei Tage danach, gegen Abend, stand urplötzlich Traudl mit ihrem Koffer auf der Matte. Welch eine Freude! Von allen Seiten wurde sie stürmisch umarmt und gedrückt. Selbst die drei gräflichen Hunde sprangen mit freudigem Gebell an ihr hoch.

Mit den beiden älteren Kindern des Grafen wurde dann im Bienenhäuschen Traudls Heimkehr gebührend gefeiert. Über ihre Rückkehr in den Schoß der Familie konnte niemand glücklicher sein als ich. Endlich war ich das drückende Schuldgefühl los, die Ursache dafür zu sein, dass sie zu fremden Leuten geschickt worden war. Trotz der allseitigen Wiedersehensfreude rätselten wir alle darüber, wieso meine Gefährtin ihr Pflichtjahr bereits nach einigen Wochen hatte beenden dürfen.

Eines Abends dann rückte Mutter Huber mit der Wahrheit heraus: »Es brach mir fast das Herz, als ich die Traudl am Abend nach der Hochzeit mit ihrem tieftraurigen Gesicht sah. Deshalb entschloss ich mich, in Leibnitz auf dem Arbeitsamt vorzusprechen. Denen erklärte ich, dass wir das Dirndl dringend brauchen, weil ihre Schwester aus dem Haus geheiratet hat.«

Nun, da alle Schuldgefühle von mir abgefallen waren und ich in Traudl meine Freundin und Lehrmeisterin wieder zur Seite hatte, blühte ich erst recht auf. Weil ich nur relativ wenig arbeiten musste, alles nur leichte Tätigkeiten waren und ich nun in einem richtigen Schloss wohnen durfte, wenn auch nur in einem Turm, kam ich mir vor wie eine Prinzessin. Dieses Gefühl wurde noch dadurch verstärkt, dass sich die Grafenkinder mir gegenüber verhielten, als sei ich ihresgleichen. Und auch die gräflichen Eltern, denen ich ziemlich oft begegnete, trugen mit zu diesem Gefühl bei, hatten sie doch immer ein Lächeln und ein paar nette Worte für mich übrig.

Traudl und ich durften auch immer wieder mal ins Schloss, wo wir mit der Komtess eifrig über Handarbeiten saßen. Auch in der Schlossküche, wo die Haushälterin regierte, hielten wir uns oft auf. Dort bot man uns immer wieder mal eine Leckerei an.

Als Ferdi, des Grafen Ältester, uns einmal in sein Zimmer bat, war mir etwas gruselig zumute. Auf seinem Schreibtisch stand doch tatsächlich ein echter Totenschädel! So etwas hatte ich noch nie gesehen. Wie froh war ich, dass wir das Zimmer bald wieder verlassen konnten!

An einem Sonntag belohnte uns Traudls Mutter mit einem ganz besonderen Erlebnis für unseren Fleiß, den wir die ganze Woche über an den Tag gelegt hatten. Wir durften nach Leibnitz ins Kino. Es gab den Film »Heimatland« mit Johanna »Hansi« Knotek und Wolf Albach-Retty, wir waren ganz begeistert!

Wieder zurück in der Gärtnerwohnung, berichteten wir nach dem Abendessen dem Rest der Familie, worum es bei der Großstadt-Romanze gegangen war. Alle hörten aufmerksam zu.

Allmählich war der Herbst ins Land gezogen. Die Tage wurden kürzer und kühler, und im Freien gab es nicht mehr viel zu tun. Da wollte man der Jugend etwas Besonderes bieten und lud alle ein, zu einem Dorfabend. Die Buben kamen in Lederhosen und Karohemden und die Mädels in bunten Dirndln. Zu meinem größten Bedauern besaß ich kein solches Kleidungsstück, mit meiner weißen Bluse und meinem blauen Glockenrock kam ich mir vor wie eine Außenseiterin.

Die anderen sahen das aber nicht so. Sie integrierten mich in ihre Gemeinschaft, und wir sangen und tanzten, dass es eine Freude war. So lernte ich einige steierische Volkslieder, die ich später zu Hause immer wieder meiner Schwester vorsang, bis sie diese auch konnte. Dann sangen wir sie gemeinsam.

Der Herbst bot eine weitere Attraktion. Unweit des Hügels, unter dem sich der gräfliche Weinkeller befand, wuchsen Pilze, die hier aber »Schwammerl« hießen. Traudl und ich sammelten sie eifrig, und Gretl prüfte, ob sie wirklich essbar waren. Aus unseren Fundstücken kochte Mutter Huber dann eine köstliche Schwammerlsuppe.

Dass Traudl ein tierliebes Mädchen war, hatte ich schon daran erkannt, wie sie mit den Katzen und Hunden umging. Eines Tages nun, als ich mal wieder 'aufi in unsere Kammer stieg, kniete die Freundin auf dem Boden vor dem offenen Kasten, also dem Kleiderschrank. In den Händen hielt sie einen kleinen Karton, der mit Watte ausgelegt war. Darauf zappelte und fiepte etwas kleines undefinierbares Graues. Beim näheren Betrachten erkannte ich ganz junge Mäuse. Traudl hatte sie im Gemüseschuppen gefunden und wollte die armen Tierchen, damit sie dort draußen nicht erfroren, in diesem Karton überwintern lassen.

»Aber das geht nicht!«, rief ich. »Sie werden hier oben verhungern, sie brauchen doch Muttermilch. Und erfrieren würden sie hier oben auch. Die Turmkammer wird ja nicht beheizt.«

Das leuchtete der tierlieben Freundin ein. Also schafften wir die Mäuslein am Abend wieder heimlich zu der Stelle zurück, wo das Mädchen sie gefunden hatte.

Ein anderes Mal wurde meine Vertraute für ihre Tierliebe schmerzlich bestraft. An einem kühlen, regnerischen Tag fand sie auf dem steinigen Weg eine Biene, die sich kaum mehr bewegte. Mit zwei Fingern hob sie das Tier vorsichtig auf und legte es sich auf die offene Handfläche. »Armes Bienchen«, flüsterte sie. »Du bist ja ganz nass, und dir ist sicher kalt.« Mit ihrem Atem versuchte sie, das halb erstarrte Tierchen aufzuwärmen.

Das ließ sich die Biene einige Zeit gefallen. Dann stach sie zu.

Die Tierfreundin brach in lautes Jammern aus. »Du Dummchen, du undankbares Tier!«, schimpfte sie. »Ich wollte dir doch nur helfen!«

Sie warf die tote Biene weg, und ich zog der Leichtsinnigen den Stachel aus der Hand.

Am 19. November feierte Traudl ihren fünfzehnten Geburtstag. Nicht nur ihre Familie gratulierte, sondern auch alle Mitglieder der Grafenfamilie und das Personal. Einige Tage später, am 24. November, wurde ich fünfzehn. An diesem Tag, welch Zufall, hatte

Fräulein Gretl ebenfalls Geburtstag, nur war sie sieben Jahre älter als ich. Auch wir bekamen Blumen und Geschenke von allen. Von meinen Eltern kam pünktlich ein Päckchen an, mit Butterplätzchen und einem kleinen rosaroten Marzipanschweinchen, wie ich es jedes Jahr zum Geburtstag bekam. Auch für die beiden anderen Geburtstagskinder hatte meine liebe Mutter kleine Geschenke beigelegt.

Am anderen Tag erlebten wir eine weitere Überraschung: Über Nacht war der Winter eingekehrt. Eine weiße Decke überzog das ganze Land. Eine so weiße Schneedecke hatte ich noch nie gesehen, war doch unser Schnee in Oberschlesien schon von einem dunkleren Weiß, noch ehe er den Boden erreichte.

Der Winter 1940/41 wurde ein sehr strenger. Immer wieder mussten die Wege freigeschaufelt werden, sodass sich zu beiden Seiten hohe Schneewände auftürmten. Die kalte Jahreszeit hatte aber auch ihre guten Seiten. In unserer Freizeit fuhren wir mit den Kindern des Grafen vom Hügel hinunter Schlitten oder Ski auf der großen Wiese vorm Schloss, die genügend Gefälle hatte. Fräulein Gretl lieh mir ihre Skihose und ihre Bretter und unterrichtete mich. Was für eine Gaudi für uns alle, wenn ich hingefallen und auf dem Po weitergerutscht bin, bis mich die Sträucher aufhielten!

Am Nikolaustag versammelten Traudl und ich uns mit Juliette, Ferdi und Philipp im Schloss. Und schon bald erschien der Krampus mit einer Rute, mit der jeder von uns einige sanfte Schläge bekam. Dann teilte er frische Äpfel, Hasel- und Walnüsse aus, die aus eigenen »Plantagen« stammten. Süßigkeiten hatte er keine für uns. Diese durfte man nämlich nur kaufen, wenn es eine Sonderzuteilung auf die sogenannten Lebensmittelmarken gab. Diese Karten, die man für alles und jedes brauchte, was man erwerben wollte, waren das Einzige, was man in diesem gesegneten Land als direkte Auswirkung vom Krieg mitbekam.

Zum Nikolausfest gab es also auf diese Karten nichts Zusätzliches, aber immerhin eine Weihnachtszuteilung, das bedeutete mehr Zucker, Mehl und Butter oder Margarine als üblicherweise. Auch Rosinen, Mandeln und Blockschokolade sowie Kunsthonig und Gewürze wurden in kleinen Mengen zugeteilt. Frau Huber zauberte daraus mindestens zehn Sorten Platzerl, bei deren Herstellung ich helfen durfte, sodass ich lernte, sie später selbstständig zu backen. Die abgekühlten Plätzchen wurden vorsichtig in Dosen gelegt und jede Schicht mit Pergamentpapier abgedeckt. Die Dosen kamen in einen Koffer, und dieser wurde in der Schlafkammer der Eltern auf den Kasten gelegt, damit das Gebäck dort bis Weihnachten ruhe und vor Mäusen sicher sei.

Als die Hausfrau am Heiligen Abend die Teller füllen wollte, ließ sie sich von mir den Koffer aus der Kammer bringen. Dann kam die böse Überraschung: In jeder Dose fehlten einige Plätzchen. Die Hausherrin, die ich bis dahin noch nicht so erlebt hatte, bekam einen richtigen Wutanfall und schimpfte aus voller Kehle.

Der Hausherr jedoch sagte keinen Ton, zog nur den Kopf ein und schlich wie ein geprügelter Hund aus der Küche.

»Er nascht halt gern«, stellte seine Frau fest, nachdem sie sich ein bisschen beruhigt hatte.

Als die Stunde der Bescherung nahte, war ihre Wut schon wieder verflogen. Für mich gab es an diesem Heiligen Abend eine Riesenüberraschung: Unter dem geschmückten Baum lag ein ziemlich großes Päckchen für mich. Und was kam daraus zum Vorschein? – Ein echtes steierisches Dirndl! Meine Freude war unbeschreiblich. Mit einem solchen Geschenk hatte ich selbst im Traum nicht gerechnet. Die weiße Bluse hatte man am Halsausschnitt und an den Puffärmeln mit Spitzen verziert, das Oberteil des rotweißen Kleides war kleinkariert und mit bildschönen Edelweißknöpfen versehen, der Rock blau mit weißen Punkten. Eine weiße Schürze mit einem zarten hellblauen Muster vervollständigte das traumhafte Bild.

Sogleich wurde anprobiert, und was soll ich sagen? Es passte, als sei es mir auf den Leib geschneidert worden. Vor lauter Freude und Rührung kamen mir die Tränen. »Nun bin ich ein echtes Steirermadel«, sagte ich, als ich mich stolz wie ein Pfau vor allen Mitgliedern meiner Gastfamilie drehte. Diese freuten sich, weil ich mich so freute und weil ihnen die Überraschung gelungen war. Ich umarmte alle der Reihe nach, bedankte mich und verteilte Busserl.

Ein bisschen musste ich an diesem Abend auch an meine Lieben zu Hause denken, aber ohne Wehmut, denn ich fühlte mich in meiner Ersatzfamilie geborgen und war zufrieden.

Am ersten Weihnachtstag stapfte ich mit Traudl, Juliette und Ferdi durch den hohen Neuschnee zur

Kirche. Dort dankte ich dem lieben Gott aus vollem Herzen, weil er mich zu so lieben Menschen geschickt hatte, und auch für den wunderschönen Weihnachtsabend.

Nach dem Gottesdienst gab es ein festliches Mittagessen. Nachdem abgespült war, hatten wir Mädchen für diesen Nachmittag keine Pflichten mehr zu erfüllen, deshalb tollten wir wieder mit den Grafenkindern im Schnee herum, bis wir total erschöpft waren.

Da machte die Komtesse der Traudl und mir einen Vorschlag: »Wollt ihr nicht mit uns ins Schloss kommen und euch unseren Weihnachtsbaum anschauen?«

Und ob wir wollten! Während wir uns am Portal noch gegenseitig den Schnee abklopften, rannten die Hunde schon hinein. Kurze Zeit später folgten wir ihnen gesittet, begrüßten Herrn und Frau Gräfin und wünschten alles Gute zum Fest. Dann bewunderten wir den Christbaum, der wirklich riesige Ausmaße hatte und überreich geschmückt war. Das Lametta hing so dicht, dass es wie ein Wasserfall wirkte. Hiermit konnte der des Gärtners nicht konkurrieren, obwohl ich dessen Baum auch wunderschön fand.

Unter dem Prachtbaum lagen sogar kleine Geschenke für Traudl und mich. Nach dem Auspacken bedankten wir uns artig und verabschiedeten uns.

Silvester war eigentlich ein Tag wie jeder andere, es wurde normal gearbeitet. Nach dem Nachtessen gab es jedoch einen Punsch, von dem sogar wir Fünfzehnjährigen trinken durften. Man blieb gemütlich um den Küchentisch sitzen und unterhielt sich sehr angeregt. Kurz vor Mitternacht kam jedoch Bewegung in die Familie. In der Küche nahm man alle Sachen, ob Kleidungsstücke, Handtücher oder Topflappen von ihren Haken und legte sie auf einen Hocker.

»Um Mitternacht darf nichts herumhängen«, belehrte man mich. Warum das so war, konnte mir allerdings kein Mensch erklären. Für das kommende Jahr – 1941 – wünschte man sich gegenseitig alles Gute, und manch einer fügte hinzu: »Hoffentlich geht dieser unselige Krieg im neuen Jahr zu Ende.«

Der 14. Januar war der Geburtstag unseres Bübchens: Gerald wurde ein Jahr alt. Die kleine Torte mit der Kerze gefiel ihm so gut, dass er gleich mit beiden Händen hineingriff. Dann leckte er sich genüsslich die Fingerchen ab. Zu dieser Zeit machte er erste selbstständige Gehversuche und bemühte sich, erste Wörter zu sprechen. Mit »Mami«, »Papi« und »Eili«, womit er Eier meinte, die er für sein Leben gern aß, klappte es schon ganz gut.

Knapp drei Wochen später, am 4. Februar, ging ich mit Traudl ins Glashaus, wo wir den ganzen Nachmittag arbeiten sollten. Gretl, die normalerweise mit von der Partie gewesen wäre, war im Haus geblieben, weil sie sich nicht wohlfühlte.

Als wir zum Abendessen ins Haus zurückkehrten, blieb Gretls Platz leer. Sie wird doch nicht ernstlich krank sein?, dachte ich.

In diesem Augenblick sprach Traudl auch schon aus, was mir durch den Kopf ging.

»Nein«, ihre Mutter lachte. »Krank ist sie nicht. Aber sie kann zum Essen nicht herunterkommen. Nach dem Abspülen dürft ihr sie besuchen.«

So ganz beruhigten uns die Worte nicht. Noch nie hatten wir uns mit dem Nachtessen und dem Geschirrspülen so beeilt wie an diesem Abend. Mit besorgten Gesichtern gingen wir 'aufi zu Gretls Schlafkammer.

Traudls Schwester lag im Bett und lächelte uns an. Nein, krank sah sie wirklich nicht aus. Dann deutete sie auf das Fußende ihres Bettes. Da erst entdeckten wir die Wiege, in der bis vor Kurzem noch Gerald geschlafen hatte. Überrascht schauten wir hinein und entdeckten ein rosiges schlafendes Gesichtchen. Da dieser Anblick uns beiden die Sprache verschlug, erklärte Traudls Schwester von sich aus: »Unser Gerald hat ein Brüderchen bekommen. Das ist unser Reiner.«

»Ach ja«, brachte ich nur heraus.

»Süß schaut er aus«, war Traudls magerer Kommentar.

Sonst fiel uns nichts ein, was wir hätten sagen können. Bei mir lag das daran, dass mir einige Fragen im Kopf herumschwirrten, die ich aber nicht zu stellen wagte. Zum Beispiel: Wo kam so plötzlich das Baby her? Warum musste Gretl im Bett liegen? Wieso bekam sie Kinder, wo sie doch gar nicht verheiratet war?

Meiner Freundin müssen ähnliche Gedanken durch den Kopf gegangen sein, denn zu meiner Erleichterung verabschiedete sie sich schnell von ihrer Schwester und stieg mit mir eine Etage höher zu unserer Kammer.

Dort angekommen, platzte sie heraus: »Ich hab mir schon gedacht, dass die Gretl wieder was Kleines erwartet.«

»Wie konntest du dir so was denken?«, fragte ich völlig unbedarft.

»Ist dir nicht auch aufgefallen, dass ihr Bauch in den letzten Wochen immer dicker geworden ist? Selbst ihre weiten Kittelschürzen konnten das nicht mehr verbergen.«

»Ja, schon«, antwortete ich gedehnt. »Sie hat ja auch entsprechend gefuttert. Aber was hat das damit zu tun?«, fragte ich in meiner Naivität.

»Babys wachsen doch im Bauch der Mutter.«

»Nein, wirklich? Woher weißt du das?«

»Voriges Jahr war es genau das Gleiche: Die Gretl wurde rund und runder, und auf einmal war der Gerald da. Bald danach war meine Schwester fast wieder so schlank wie zuvor.«

»Das beweist noch gar nichts.«

»Doch. Als unsere Katze Minki einen dicken Bauch bekam, da hieß es, sie sei trächtig. Und wenig später hat sie Junge geworfen.«

Mit Staunen vernahm ich das. »Und du meinst, bei Menschen ist das auch so?«

»Klar! Woher sollten die kleinen Kinder sonst kommen? Und warum müsste eine Mutter immer gerade dann im Bett liegen, wenn sie ein Baby bekommen hat?«

Das leuchtete mir irgendwie ein. Und plötzlich stieg eine Erinnerung aus meiner Schulzeit in mir auf: Da hatte es einige Mädchen gegeben, die hatten miteinander getuschelt, nachdem eine von ihnen ein Schwesterchen bekommen hatte. Von diesem Gespräch waren nur Wortfetzen an mein Ohr gedrungen: Von Wehen, einer Hebamme und einem dicken

Bauch war die Rede gewesen, etwas war gerissen und genäht worden.

Weil ich mir daraus nichts zurechtreimen konnte, hatte ich das alles verdrängt. Nun aber gewannen diese Wörter für mich eine Bedeutung. »Da kannst du recht haben, Traudl«, sinnierte ich. »Wenn das Kind, an welcher Stelle auch immer, aus dem Bauch kommt, wird bei der Mutter etwas verletzt. Deshalb muss sie so lange liegen, bis das wieder verheilt ist.«

In diesem Zusammenhang fiel mir ein, dass meine Mutter mich in dieser Hinsicht zwar nicht aufgeklärt hatte, sie hatte mir aber eine Information gegeben, die damit zu tun haben könnte. Einige Monate nach meinem vierzehnten Geburtstag hatte ich einen Blutfleck in meinem Höschen entdeckt. Aufgeregt war ich zur Mutter gelaufen. Ohne viel Aufhebens darum zu machen, hatte sie mir selbst gestrickte Baumwollbinden gegeben, mit dem Hinweis: »Da, leg das in deinen Schlüpfer und wechsle sie alle paar Stunden, bis das in vier, fünf Tagen aufhört.«

Weil sie ohne große Emotionen reagiert hatte, dachte ich mir: *Das wird nichts Schlimmes sein.*

Wenig später fügte die Mutter noch hinzu: »Das kommt jetzt alle vier Wochen, man sagt dann, Frauen haben ihre ›Tage‹.«

Mehr Information hatte sie wirklich nicht für mich, und ich gab mich damit zufrieden. Jetzt sah ich das auf einmal in einem neuen Licht. »Traudl, meinst du, dass es irgendetwas mit dem Kinderkriegen zu tun hat, wenn man seine Tage bekommt?«

»Das vermute ich stark. Zufällig habe ich vor Monaten nämlich mitbekommen, wie die Gretl der

Herta zuflüsterte, dass ihre Tage schon zum zweiten Mal ausgeblieben sind.

Herta schlug sich die Hand vor den Mund und hat geantwortet: ›Um Gottes willen, du wirst doch nicht schon wieder ...‹!«

»Was wird sie nicht schon wieder?«, wollte ich von Traudl wissen.

»Das hat sie leider nicht gesagt. Nur ganz entsetzt geschaut hat sie. Deshalb denke ich mir, das muss wohl irgendwie mit dem Kinderkriegen zusammenhängen.«

Mich durchfuhr ein gewaltiger Schreck. »Was, wenn bei mir plötzlich die Tage ausbleiben?«

»Keine Sorge«, beruhigte mich die um nur wenige Tage ältere Freundin. »So von ganz alleine bleiben die Tage nicht weg. So viel ich mitbekommen habe, ist dazu der direkte Kontakt mit einem Mannsbild notwendig.«

»Wie meinst du das? Was für ein Kontakt?«

»So genau weiß ich das auch nicht. Vom bloßen Händeschütteln passiert gewiss nichts. Und ein Busserl auf die Wange schadet auch nicht. Aber sonst?« Sie zuckte vielsagend mit den Schultern, bevor sie ergänzte: »Als ich meine Tage kriegte, hat mich meine Mutter gewarnt, ich soll mich von jedem Mann fernhalten, der mir schöntut, sonst säß ich nachher im Schlamassel.«

Na, das war mal eine äußerst hilfreiche Information. Wahrscheinlich, so reimte ich mir in meinem kindlichen Gemüt zusammen, entstand ein Baby, wenn einen ein Mann auf den Mund küsste. In Zukunft würde ich mich also vorsehen, dass so etwas nicht passierte. Es sollte noch geraume Zeit vergehen, bis ich endlich erfuhr, auf welche Weise Männer am Kinderkriegen beteiligt sind.

Im Winter gab es im Freien für uns Mädchen keine Arbeit. Deshalb blieb genug Zeit, uns ausgiebig mit den beiden Bübchen zu beschäftigen, was wir sehr gern taten.

Als aber das schöne Frühjahr nahte, hatten wir draußen alle Hände voll zu tun. Also konnten wir uns nicht mehr so intensiv um die beiden Kleinen kümmern, wie es notwendig gewesen wäre. Und da auch die junge Mutter im Betrieb voll eingespannt war, entschloss man sich, den süßen kleinen Reiner zu einer guten Bekannten von Gretl in Pflege zu geben, die in etwa um dieselbe Zeit ein Baby bekommen hatte.

So wuchsen die beiden Buben wie Zwillinge auf.

Das Frühjahr schritt weiter fort, und bald war es so warm, dass ich mein Weihnachtsgeschenk, das schöne Dirndl, anziehen konnte. Da ich jeden Monat zehn Mark Taschengeld bekommen und alles gespart hatte, konnte ich mir eine Trachtenjacke kaufen, die ich an kühleren Tagen zu dem feschen Kleid tragen konnte. Sie war weiß, mit bunten Blumen bestickt, hatte »silberne« Knöpfe und sah Traudls Jacke sehr ähnlich. Ich konnte es kaum erwarten, damit am Sonntag zur Kirche zu gehen, denn da wollte ich meine Neuerwerbung zum ersten Mal ausführen.

Mit unseren farbenfrohen Dirndln und den Trachtenjacken sahen Traudl und ich aus wie Schwestern.

Nach dem Gottesdienst unterhielten wir uns noch mit einigen Jugendlichen. Mein Steierisch war mittlerweile so perfekt, dass niemand mehr auf die Idee kam, zu sagen: »Die Erna redet nach der Schrift.«

An einem der folgenden Sonntage machte der Ferdi seiner Schwester und uns beiden einen interessanten Vorschlag: »Lasst uns doch mal in den Untergrund der Kirche gehen und uns da umschauen.«

Ahnungslos, aber aufgeregt vor Neugier, folgten wir ihm. Er führte uns hinter die Kirche. Nachdem wir uns zwischen Sträuchern und Büschen hindurchgekämpft hatten, entdeckten wir eine verborgene kleine Eisentür, die halb offen stand. Der Zahn der Zeit hatte aber schon so stark an ihr genagt, dass sie sich weder zuschieben noch weiter öffnen ließ. Schlank, wie wir alle vier waren, quetschten wir uns also durch den Spalt und stiegen langsam und erwartungsvoll hinter Ferdi die ausgetretenen Stufen hinab.

Je tiefer wir kamen, desto modriger roch es, und es wurde zusehends dunkler, bis wir in völliger Finsternis standen. Aber der Grafensohn hatte sich auf seinen Ausflug gut vorbereitet. Wie aus dem Nichts zauberte er eine Taschenlampe herbei und leuchtete die Wände ab.

Mir kam es vor, als sei ich in einer der Katakomben, die uns unser Herr Pfarrer im Religionsunterricht sehr anschaulich beschrieben hatte. In einer der Wände entdeckten wir eine Nische, in der Menschenknochen verstreut lagen. Bei diesem Anblick bekam ich Gänsehaut, mich fröstelte, und ich bekam keinen Laut heraus.

Den anderen Mädchen erging es wohl ebenso, doch Ferdi marschierte entschlossen weiter auf der Suche nach weiteren Nischen. In jede leuchtete er hinein, bis er endlich das entdeckte, wonach er offenbar gesucht hatte. Er streckte die freie Hand aus und griff sich einen Schädel aus der Nische. Höchst zufrieden wickelte er diesen in Zeitungspapier, das er wohlweislich mitgebracht hatte. Nun gab er das Zeichen zur Umkehr, quetschte sich an uns vorbei und wanderte zielstrebig dem Ausgang zu.

Wir drei Mädchen, vor Angst schlotternd, blieben ihm dicht auf den Fersen. Endlich wieder an der frischen Luft, atmeten wir erst mal richtig durch. Unsere gute Laune, die wir zu diesem Erkundungsgang mitgebracht hatten, war uns gründlich vergangen, Ferdis gute Laune dagegen hätte nicht besser sein können. Wieder zurück im Schloss, hatten wir Mädchen keinen Appetit mehr aufs Abendessen.

Mittlerweile war es Sommer geworden. An sehr heißen Tagen durften wir zur Mur zum Baden gehen. Da ich nicht schwimmen konnte, begnügte ich mich damit, am Ufer auf einem großen Stein zu sitzen, mit den Beinen im Wasser zu strampeln und den anderen beim Schwimmen zuzuschauen.

Etwa zehn Monate lang genoss ich ein ungetrübtes Verhältnis zur gesamten Familie Huber. Doch plötzlich kam es mir vor, als sei man misstrauisch mir gegenüber. Irgendwie wurde ich das unbehagliche Gefühl nicht los, beobachtet und belauert zu werden, ohne dass die Ursache für mich greifbar gewesen wäre. So sehr ich mich auch stets bemühte, lieb und freundlich zu sein und die mir aufgetragenen Arbeiten gewissenhaft zu erledigen – es war mir, als stünde etwas zwischen mir und meiner Gastfamilie. Da sollte mir ein glücklicher Zufall zu Hilfe kommen, um Licht in diese Angelegenheit zu bringen.

Während alle anderen in Feld und Garten beschäftigt waren, saß ich bei schönem Wetter immer wieder mal vor dem Schlossturm, um auf Klein-Gerald aufzupassen, der schon recht selbstständig im Sand oder mit Steinen spielte. Dabei hatte ich immer eine kleine Näh- oder Stopfarbeit in der Hand.

Eines Tages nun ging ich in die Küche, weil ich eine andere Farbe Stopfgarn brauchte. Da sah ich, wie Mani, ein sechsjähriges Mädchen – die Tochter der Haushälterin des Schlosses, zu der es keinen Vater gab – in ein kleines Kästchen griff. In dieses Metallkästchen, das sich in einer Schublade des Küchenschrankes befand, wanderte immer das Kleingeld, das aus dem Verkauf von Blumen, Pflanzen und Gemüse herrührte. Die Scheine wurden an einem anderen Ort aufbewahrt.

Sowohl die Kleine als auch ich waren sehr erschrocken. Nach einer Schrecksekunde fasste ich sie geistesgegenwärtig bei der Hand, in der sich eine Fünf-Mark-Münze befand, und rief nach Fräulein Gretl, die unweit im Garten arbeitete.

Gretl nahm das Mädchen direkt ins Verhör. Es stellte sich heraus, dass Mani schon häufiger unbemerkt in der Gärtnerwohnung gewesen war und sich immer die Fünf-Mark-Münzen aus dem Kästchen geangelt hatte. Sie hatte sich nicht daran bereichern wollen, sondern benutzte die Geldstücke nur zum Spielen. Weil diese so schön silbern glänzten, hatte sie immer ihre helle Freude daran gehabt. Mittlerweile besaß sie schon eine stattliche Sammlung, die sie nun natürlich herausrücken musste. Ihre Mutter entschuldigte sich mit dem größten Bedauern für das Tun der Tochter. Zum Glück traute sich die Kleine seit diesem Vorfall nicht mehr in die Nähe des Wohnturms.

Ich aber war rehabilitiert. Frau Huber hatte bemerkt, dass immer wieder Münzen verschwunden waren, und da ich mich oft allein in der Wohnung aufhielt, musste der Verdacht auf mich fallen. Nachdem dieses »Verbrechen« aufgeklärt war, hatten wir wieder das beste Einvernehmen.

Das Ende meiner Pflichtjahrzeit rückte unaufhaltsam näher. Auf beiden Seiten zog Trauer darüber herauf.

An einem der letzten Tage beim Frühstück sagte Frau Huber: »Am liebsten würde ich dich adoptieren, damit du für immer bei uns bleibst.«

Dieser Gedanke schien mir verlockend, denn die Steiermark fand ich wirklich wesentlich schöner als Oberschlesien. Dennoch hatte ich auch Sehnsucht nach Vater und Mutter, und nach meiner Schwester. Vielleicht ergab es sich ja, dass ich mal wieder hierherkommen würde.

Alle in meiner Umgebung bemühten sich, mir die letzten Wochen so angenehm wie möglich zu machen. Deshalb fiel mir am zweiten August das Scheiden besonders schwer. Das Schloss, die Landschaft, alle Tiere, vor allem aber die mir so lieb gewordenen Menschen würden mir fehlen.

Zum Abschied schenkte mir jeder eine Kleinigkeit. Juliette und Ferdi hatten für mich kleine Gläser mit Enzian und Edelweiß bemalt. Traudl schenkte mir ein Porzellanväschen, auf dem der Spruch stand: *In Schönburgen auf der Höh' hebt's den Maderln das Hüatl in d' Höh'.* Diese niedliche Vase besitze ich heute noch, sie hat Krieg, Vertreibung und Flucht überstanden. Von meiner Gastfamilie bekam ich ein Fotoalbum, das in grob gewebtes Leinen gebunden war und in dem sich alle Aufnahmen fanden, die wir das ganze Jahr über gemacht hatten. Auf die erste Seite hatte Traudl ein Foto vom Schloss St. Florian geklebt und darunter geschrieben: *Mein Pflichtjahr bei Familie Huber in Schönburgen vom 2. August 1940 bis 2. August 1941.*

Auch dieses Album konnte ich später vor Vernichtung und Verfall retten, und ich schaue mir die Bilder immer wieder gern an. Aber nicht nur das: Mit meiner lieben Gastfamilie stehe ich bis auf den heutigen Tag noch in Verbindung. Als die Zeiten nach dem Krieg besser wurden, fuhr ich auf Besuch in die Steiermark, und die Hubertöchter besuchten mich später abwechselnd in meiner neuen Heimat, in Rheinhessen. Mit der Traudl stehe ich heute nur noch in brieflichem und telefonischem Kontakt, weil uns altersbedingt das Reisen zu schwer fällt.

Die »Försterliesel«

Sylvia, Jahrgang 1925, aus Schiffweiler/Saarland, Pflichtjahr 1940/41

Gerade hatte ich mein erstes Lehrjahr hinter mir, da erwischte das Pflichtjahr auch mich. Es verlief jedoch nicht so geradlinig wie bei den meisten meiner Altersgenossinnen, sondern war voller Turbulenzen und Wechsel.

Aus dem an mich gerichteten amtlichen Schreiben ging hervor, dass ich in der hiesigen Revierförsterei eingesetzt werde. Das kann ja interessant werden, war mein erster Gedanke. Außer mir waren noch zwei andere Mädchen aus unserer Gemeinde für diesen Dienst vorgesehen. Das erfuhr ich aber erst, als ich mich an dem bewussten Morgen am angegebenen Ort kurz vor acht einfand.

Von drei verschiedenen Seiten strebten drei Mädchen auf den vereinbarten Treffpunkt zu. Die beiden anderen kannte ich bereits vom Sehen, Helga war ein Jahr jünger und Mathilde ein Jahr älter als ich.

Mit »Heil Hitler« begrüßten wir uns, wie das damals vorgeschrieben war.

»Sollt ihr etwa auch in der Revierförsterei arbeiten?«, wollte ich wissen. Die zwei nickten.

»Das kann ja lustig werden«, meinte Helga, die eben erst aus der Schule entlassen worden war.

»Ich finde das gar nicht so lustig«, warf Mathilde ein. »Mich hat man nach zwei Jahren aus meiner Ausbildung zur Metzgerei-Verkäuferin herausgerissen.«

»Ja, und mich nach einem Jahr aus meiner Schneiderlehre«, beklagte ich mich. »Ich hoffe nur, dass ich nach dem Pflichtjahr damit weitermachen kann.«

»Dasselbe hoff ich auch. Allerdings befürchte ich, dass man mich anschließend in den AD stecken wird. Das haben sie mit meiner Cousine auch so gemacht.« Mathilde spielte auf den Arbeitsdienst an.

»Was meint ihr, welche Aufgaben wir bei der Försterei haben?«, fragte ich meine Schicksalsgenossinnen.

Zu einer Antwort kamen sie nicht mehr. Unsere aufgeregte Unterhaltung verstummte sofort, als wir einen Mann auf uns zukommen sahen, dessen grüner Anzug ihn als Förster auswies.

»Heil Hitler, meine Damen«, begrüßte er uns freundlich und löste damit ein leises Kichern bei uns aus. »Damen«, nannte er uns, wo wir uns doch selbst nur für Gänse hielten! Ungerührt zog er sodann einen Zettel aus der Rocktasche und verlas unsere Namen. »Ich will mich nur vergewissern, ob ich die richtigen Damen eingefangen habe«, erklärte er, wieder begleitet von unserem Gekicher.

Als wir bestätigend nickten, marschierte er ohne ein weiteres Wort in Richtung Wald. Wir trotteten schweigend hinterher. Noch immer hatten wir nicht die geringste Ahnung, was auf uns zukommen sollte.

Nachdem wir eine Weile durch Mischwald gestapft waren, erreichten wir eine weiträumige Lichtung, wo wir auf zwei Buben trafen, die mit Hacken den Boden bearbeiteten. Beim Näherkommen erkannte ich in ihnen zwei ehemalige Mitschüler, den Heinz und den Fritz, die im vorigen Jahr mit mir aus der Schule gekommen waren.

»Das sind unsere Forstlehrlinge«, stellte sie uns der Förster vor. »Und diese drei Pflichtjahrmädchen werden euch beim Bäumepflanzen helfen.«

Aha, nun wussten wir doch wenigstens, wo es langgehen sollte. Wir bekamen Hacken in die Hand gedrückt, und die beiden Lehrlinge zeigten uns, in welchem Abstand und wie tief wir unsere Kaulen, die Pflanzlöcher, zu machen hatten. Da hinein setzten sie dann die kleinen Tannen, die sich bisher lose in Körben befunden hatten, füllten mit Erde auf und trampelten diese rundum fest.

So haben wir viele hundert Bäume gepflanzt, die heute als stolzer Wald zu bewundern sind.

Wir drei Mädchen waren immer fröhlich bei der Arbeit – selbst bei Wind und Wetter – und sangen aus vollem Hals alle Wander- und Volkslieder, die wir in der Schule gelernt hatten. Die beiden Jungs, eher schüchterner und ernster als wir, ließen sich schließlich von unserer guten Laune anstecken, sangen aus voller Kehle mit und lachten mit uns über die blödesten Anlässe.

Am nächsten Tag erschien der Forstmann, der uns schon von Weitem singen gehört hatte, an unserer »Baustelle«. »Ihr macht ja meinen Waldvögeln Konkurrenz«, begrüßte er uns lachend. »Ich will doch mal nachsehen, ob ihr nur singen könnt oder dabei auch richtig arbeitet.« Doch er schien mit uns sehr zufrieden.

Durch den ständigen Aufenthalt an der frischen Luft und die anstrengende körperliche Arbeit stählten wir Leib und Seele und fühlten uns richtig wohl. Auch in der Folgezeit ließ sich der Grünrock mindestens einmal täglich bei uns blicken, um unsere Arbeit zu kontrollieren.

Zum Schlafen gingen wir natürlich immer heim, es war ja nicht weit. Da ich ein übersprudelndes Temperament hatte, erzählte ich zu Hause immer wieder begeistert von meiner Arbeit. Deshalb nannte mich mein Bruder nach einiger Zeit nur noch »Försterliesel«, wahrscheinlich aber auch, weil ich immer wieder mal mit verklärtem Blick den jungen Förster erwähnte.

Wir »Damen«, vierzehn, fünfzehn und sechzehn Jahre alt, waren genau in dem Alter, in dem man sich für das andere Geschlecht zu interessieren beginnt. Die beiden Lehrbuben kamen uns aber noch zu »grün hinter den Ohren« vor, mir zumindest. Wer mich wesentlich mehr interessierte, war der gut aussehende Förster. Immer wenn er in meiner Nähe auftauchte, begann mein Herz wie wild zu klopfen. Bald dachte ich bei Tag und Nacht nur noch an ihn. Wenn er kam, um sich davon zu überzeugen, dass die Tännchen richtig standen, blieb es nicht aus, dass er mir auch mal in die Augen guckte. Da bin ich jedes Mal innerlich zusammengezuckt. Hoffentlich merkt er das nicht, dachte ich dann und senkte schnell den Blick, damit er in meinen Augen nichts Verräterisches lesen konnte.

Während er sonst immer nur ganz allgemein zu uns allen gesprochen hatte, sprach er mich nach einigen Wochen persönlich an: »Sylvia, die Hackerei ist nichts für dich. Das scheint mir viel zu anstrengend. Ich hätt' da eine andere Aufgabe für dich, eine wesentlich leichtere, aber eine ebenso verantwortungsvolle.«

Au, Backe!, dachte ich, was hat der vor? *Sei auf der Hut, Sylvia! Du willst ihm ja nichts. Du bist nur verliebt und willst nur ein bisschen lachen und fröhlich sein.*

Er nahm mich auf der Stelle mit zu einem sogenannten Pflanzgarten. Die neue Arbeit, die er mir dann zuwies, lag näher in Richtung Forsthaus, das mitten im Wald stand. Vom Pflanzgarten aus sah ich es durch die Bäume hindurchschimmern.

Diese Arbeit war tatsächlich wesentlich angenehmer als die vorherige, ich musste mich nicht mehr so plagen. Meine Aufgabe bestand darin, Tannensamen in vorgezogene Furchen zu streuen. Dazu benutzte ich eine Flasche mit Tülle, einer Kunststoffschnute. Wenn man diese richtig hielt, rieselte aus ihr der Samen in die Rillen. Die Arbeit war zwar leichter, hatte aber auch einen großen Nachteil: Ich war von nun an auf mich allein gestellt. Vorbei waren das gemeinsame Singen und Lachen. Trotzdem war mir immer wieder mal nach Singen zumute. Dann trällerte ich aus voller Kehle allein.

Gelegentlich tauchte der junge Förster bei mir auf und verwickelte mich in ein Gespräch. Aber alles in Ehren. Er schien sich nur mit mir unterhalten zu wollen. Eines Tages kam er mit einem zweiten grün berockten Mann daher, einem etwas älteren Modell. »Das ist Sylvia – das ist mein Vater«, stellte er uns einander formvollendet vor.

Der alte Herr fand ebenfalls ein paar freundliche Worte für mich. Nach wenigen Tagen besuchte er mich allein in meinem Pflanzgarten, wirkte dabei aber sehr ernst. »Jetzt haben sie ihn auch eingezogen«, teilte er mir mit belegter Stimme mit.

Ich brauchte nicht weiter nachzufragen. Mir war gleich klar, wen er damit meinte und ich verdrückte heimlich ein paar Tränen. Wieder einige Tage später kam der alte Revierförster erneut zu mir. »Sylvia, deine Zeit bei uns ist um.«

»Wieso?«, fragte ich mit Besorgnis. »Mein Jahr ist doch noch lange nicht vorbei. Sind Sie mit meiner Arbeit nicht zufrieden?«

»Doch, doch«, versicherte er mir. »Mit deiner Arbeit bin ich sogar sehr zufrieden. Besser kann man das gar nicht machen. Leider haben wir das nicht in der Hand.«

Neugierig, wie ich war, hakte ich nach.

»Wir müssen uns dem fügen, was von oben bestimmt wird«, gab er zurück. »Für den Krieg ist der Forstbetrieb nicht wichtig. Die setzen andere Schwerpunkte. Inzwischen hat der Krieg ein solches Ausmaß angenommen, dass man jeden verfügbaren Mann an die Front schickt oder in der Rüstungsindustrie einsetzt. Oder man weist ihnen eine Aufgabe zu, die kriegswichtig scheint. Alle unsere Waldarbeiter sind schon vor langer Zeit eingezogen worden, deshalb musstet ihr Mädels sie ersetzen. Nun hat man sogar unsere Lehrlinge abgezogen und sie in Waffenbetriebe gesteckt. Und selbst ihr Pflichtjahrmädchen sollt nun auch anderswo eingesetzt werden.«

So landete ich schon am nächsten Tag in einem Polizeibüro, weil ich Maschine schreiben konnte. Ehe ich meine Schneiderlehre begann, hatte ich einen entsprechenden Kurs absolviert. Auf dem Polizeibüro blieb ich aber auch nicht lange, die Bauernarbeit schien den Verantwortlichen wichtiger als die Büroarbeit. Das war sie in der Tat. Da alle Jungbauern und Knechte Kriegsdienst leisten mussten, wäre die Ernte auf den Feldern verkommen, hätte man nicht auch Mädchen und Frauen als Erntehelferinnen eingesetzt. Ohne genügend Nahrungsmittel wäre der Krieg von vornherein verloren gewesen.

Diesmal hatte ich ebenfalls Glück. Im Nachbardorf landete ich zufällig auf dem Hof von Verwandten, beim Onkel Peter. Wir erwähnten aber niemandem gegenüber, dass wir uns kannten, sonst hätte man mir eine andere Stelle zugewiesen. Es war nicht zulässig, sein Pflichtjahr bei Verwandten abzuleisten. Als Kind war ich auf Onkel Peters Hochzeit gewesen, nun hatte er selbst einen Stall voll Kinder.

»Die Bauernarbeit ist für dich zu schwer«, stellte er kategorisch fest, als ich mich bei ihm meldete. »Dich brauchen wir als Kindermädchen.«

Eine Aufgabe, die mir zusagte und die wirklich nicht zu schwierig für mich war. Dass der Onkel selbst nicht eingezogen worden war, verdankte er der traurigen Tatsache, dass er von Kindheit an unter Asthma litt.

Mit aufs Feld brauchte ich also nicht. Statt meiner nahmen sie die junge, elternlose Polin mit, die als Zwangsarbeiterin seit einigen Monaten auf dem Hof weilte und die Bauernarbeit schon von zu Hause gewohnt schien. Ich fand Camilla sehr nett und verstand mich auf Anhieb mit ihr, obwohl es mit der Sprache haperte.

Aber nach einigen Wochen hatte ich ihr so viel Deutsch beigebracht, dass wir uns über fast alles unterhalten konnten. Im Gegenzug lernte ich ein paar Brocken Polnisch von ihr. Es war aber besser, das nicht laut werden zu lassen, denn es war uns verboten, die »Feindessprache« zu erlernen.

Ich schenkte Camilla ein abgelegtes Sommerkleid von mir, damit wir im Dorf zum Kirmestanz gehen konnten. Es passte ihr wie angegossen, obwohl sie zwei Jahre älter war als ich. Mit ihr zusammen die Tanzveranstaltung zu besuchen, machte mir wesentlich mehr Spaß als allein zu gehen, außerdem hatte ich in ihr gleich meine »Anstands-Dame« dabei. Daher hatte der Onkel nichts dagegen einwenden können.

Für mich selbst hatte ich zu diesem Anlass ein rosafarbenes Taftkleid geschneidert, das mir perfekt gelungen war, obwohl ich erst auf ein Jahr Schneiderlehre zurückblickte. An den Ausschnitt hatten wir Mädchen uns beide künstliche Veilchen gesteckt, die echten waren um diese Jahreszeit längst verblüht. Die Kunstblumen würden es zudem besser überleben, wenn uns die Kavaliere beim Tanzen an ihre Brust drückten.

Meiner Meinung nach sahen wir beiden allerliebst aus. Das müssen die Männer ebenso gesehen haben, denn an Tanzwilligen mangelte es uns nicht, obwohl ein erheblicher Frauenüberschuss herrschte. Die meisten jungen Männer befanden sich ja im Kriegseinsatz. Als unsere Tanzpartner fanden sich

Heimaturlauber, Kriegsuntaugliche und solche ein, die aus rüstungstechnischen Gründen nicht eingezogen worden waren. Es dauerte nicht lange, da holte mich einer ein zweites Mal. Fast schon eifersüchtig achtete er anschließend darauf, dass mich kein anderer um einen Tanz bat.

Als er um Mitternacht darauf bestand, mich nach Hause zu begleiten, hätte ich am liebsten dankend abgelehnt, weil mir nichts an ihm lag. Das wagte ich jedoch nicht, weil ich nicht abschätzen konnte, wie er dann reagieren würde. Um kein Risiko einzugehen, bat ich Camilla, sich mit ihrem Begleiter dicht hinter mir zu halten, damit sie eingreifen könne, sollte mein Kavalier zudringlich werden. Aber nichts dergleichen geschah. Dennoch hieß es, auf der Hut zu sein, auch für die Zukunft. Damit der neue Bekannte mir später nicht nachstellen könne, wollte ich nicht preisgeben, wo ich wohnte. Sobald ich ein geeignetes Gartentor entdeckte, schlüpfte ich hinein und verschwand hinter dem Haus. Hinter einer Hecke versteckt, beobachtete ich meinen Begleiter. Erst als er umgekehrt war, begab ich mich wieder auf die Straße und schloss mich meiner polnischen Freundin an. Daraufhin ergriff auch deren Gefährte bald die Flucht.

Warum ich an dem Abend so handelte? Wer weiß, vielleicht hing mein Herz noch zu sehr an »meinem« Förster. Vielleicht fühlte ich mich aber auch noch zu jung, um eine feste Bindung einzugehen. Ich wollte ja nur tanzen und ein bisschen Spaß haben.

Monate später begegnete ich diesem jungen Mann auf dem Kirmestanz im Nachbarort wieder. Kaum hatte er mich erblickt, forderte er mich zum Tanz auf. Er wirkte sehr verletzt.

Dennoch gestand er mir, am folgenden Tag hätte er mich zu einem Spaziergang abholen wollen. In dem Haus, hinter dem ich verschwunden war, habe es aber niemanden gegeben, auf den die Beschreibung zu meiner Person gepasst habe. »Warum hast du diese Komödie mit mir gespielt?«, fauchte er mich ungehalten an.

»Wie hätte ich dich denn sonst loswerden sollen? Du bist mir ja den ganzen Abend nicht mehr von der Seite gewichen.«

Diese Aussage verärgerte ihn so sehr, dass er mich einfach auf der Tanzfläche stehen ließ. Das war mir gerade recht. Nun war ich an diesem Abend frei für andere tanzwillige Jünglinge, und ich genoss es sehr, mit vielen verschiedenen tanzen zu können. Diesmal ließ ich mich von keinem nach Hause begleiten, sondern legte den Heimweg mit Camilla zurück.

In der Folgezeit studierte ich täglich in der Zeitung die Liste der Gefallenen. Eines Tages war auch »mein« Förster darunter, was mich sehr traurig stimmte. Auch taten mir seine alten Eltern leid, er war immerhin der einzige Sohn gewesen.

Mein Glück fand ich Jahre später auf der Tanzfläche. Als mein Herz wie wild zu pochen begann, da wusste ich, dass der Richtige vor mir stand.

»Der gestiefelte Kater«

Lieselotte, Jahrgang 1927, aus Trier, Pflichtjahr 1941/42

Wir waren zu Hause drei Schwestern. Anna, die Älteste, war 1923 geboren, Helene Jahrgang 1925, und ich, das Schlusslicht, habe 1927 das Licht der Welt erblickt. Wie alle anderen Familien in unserer Siedlung waren wir recht arm, denn unsere Väter, allesamt Kriegsversehrte aus dem Ersten Weltkrieg, hatten sich ihre Invalidenrente kapitalisieren lassen und sie als Grundstock für den Bau eines Einfamilienhauses genutzt.

Dieses staatliche Geld reichte jedoch bei Weitem nicht, deshalb hatten sie ein ansehnliches Darlehen aufnehmen müssen. Da alle Familienväter nur ein sehr bescheidenes Gehalt bezogen als Beamte bei der Bahn, der Polizei, dem Zoll oder der Post, hieß es für alle Familien: sparen, sparen, sparen und nochmals sparen.

Obwohl wir uns wirklich nicht viel leisten konnten, waren wir glückliche und zufriedene Kinder. Als Anna aus der Schule kam, schickte unser Vater sie in ein Lebensmittelgeschäft, wo sie eine Ausbildung zur Verkäuferin begann. Aber bereits nach einem Jahr war Schluss damit. Da hieß es, sie müsse ins Pflichtjahr.

Was genau damit gemeint war, wusste ich damals nicht. Ich zählte ja noch keine elf Lenze und interessierte mich nicht für Politik. Nur so viel bekam ich mit: dass meine Schwester in eine Trierer Lehrersfamilie mit drei Kindern geschickt wurde. Das Jüngste musste zu Beginn ein Jahr alt, die beiden anderen drei und sieben gewesen sein. Der Vater der Kinder befand sich im Frankreichfeldzug. Damit sich die Mutter nicht ganz allein mit ihren Kindern abplagen musste, hatte man ihr meine Schwester zur Seite gestellt.

Wenn Anna nach Hause kam, was nur sehr selten in diesem Jahr geschah, klagte sie jedes Mal darüber, wie ungezogen die Kinder seien und welche Last sie mit ihnen trüge. Sie wäre froh, wenn das Pflichtjahr endlich vorbei sei. Danach, so hoffte sie, könne sie ihre Lehre fortsetzen.

Doch daraus wurde nichts. Nach Beendigung des Pflichtjahres erhielt sie umgehend eine neue »Einberufung«. Im Rahmen des Arbeitsdienstes schickte man sie für ein weiteres Jahr fort von zu Hause – dieses Mal weiter weg, in eine Waffenfabrik ins Ruhrgebiet.

Inzwischen war meine zweite Schwester der Schule entwachsen. Sie kam erst gar nicht dazu, eine Lehre anzufangen, sondern musste sofort ihr Pflichtjahr antreten. Ins Münsterland wurde sie geschickt, auf einen großen Bauernhof, also noch weiter weg von zu Hause als unsere Älteste. In ihrem Pflichtjahr kam sie daher noch seltener heim als diese. Wenn sie aber zu Besuch war, hörte ich nur das Klagelied: »viel Arbeit, harte Arbeit, ungewohnte Arbeit«.

Das machte mir nicht gerade Mut für die Zukunft, denn das Ende meiner Schulzeit war abzusehen. Im April 1941 war diese beendet. Noch ehe ich mir überlegen konnte, welchen Beruf ich ergreifen und ob ich überhaupt eine Lehre machen sollte, bekam ich meinen »Gestellungsbefehl« fürs Pflichtjahr. Ich sah es schon mal als großes Glück an, dass ich nicht aus meiner Heimatstadt wegmusste. Dem Schreiben war zu entnehmen, dass ich mich auf einem großen Gut melden sollte, das am Stadtrand von Trier lag. Von meinem Elternhaus aus konnte man es zu Fuß in einer guten halben Stunde erreichen. Zum Glück war es mir bereits von früher Kindheit an vertraut, denn meine Eltern hatten so manchen Sonntagnachmittagsspaziergang mit uns Kindern in dieser Gegend unternommen.

Allerdings waren wir immer in so respektabler Entfernung an dem Gutshaus vorbeigegangen, dass ich dort nie einen Menschen gesehen hatte. Auch auf den Feldern hatte ich niemals eine Menschenseele erblickt. Das lag vermutlich daran, dass wir unsere Spaziergänge immer nur am Sonntag machten, wo normalerweise auf den Feldern nicht gearbeitet wird.

Einmal, als ich schon etwas verständiger war, es muss im Juni gewesen sein, waren wir an einer eingezäunten Wiese vorbeigekommen, auf der mehr als zwanzig prächtige Kühe grasten.

»Wem gehören denn die Kühe?«, fragte ich damals verwundert, weil weit und breit kein Bauernhof zu sehen war. »Die gehören dem Baron, dem Herrn des Gutshofs«, erklärte mein Vater.

»Das kann doch nicht sein«, antwortete ich. »Die sind doch viel zu weit weg von dem Hof.«

»Doch, doch«, versicherte er. »Ihm gehören sämtliche Wiesen in weitem Umkreis. Ja, es gehören ihm sogar solche, die noch viel weiter weg liegen, Wiesen, die man von hier aus gar nicht sehen kann.«

Damit gab ich mich zufrieden.

An einem Sonntag Ende Juli spazierten wir durch riesige, wogende Getreidefelder. Eines war bereits abgemäht, und Männer luden geschäftig die Garben auf Leiterwagen. »Wieso arbeiten die am Sonntag?«, wollte ich von meinem Vater wissen.

»Vermutlich ist ein Gewitter im Anzug. Deshalb will man das Getreide noch schnell im Trockenen einbringen.«

»Und wem gehören diese Äcker?«, zeigte ich mich wissbegierig.

»Die gehören auch dem Baron.«

»Dann muss der ja ganz schön reich sein«, stellte ich fest.

Ende September wanderten wir an Kartoffel- und Rübenäckern vorbei. »Gehören die etwa auch dem Baron?«, fragte ich interessiert.

»Natürlich«, antwortete mein Vater. »Alles, so weit du sehen kannst, gehört zu dem Gutshof.«

Nachdem wir eine Weile tüchtig ausgeschritten waren, erreichten wir einen Wald. »Aber der gehört dem Baron nicht!?« Das war von meiner Seite mehr als Feststellung und weniger als Frage gedacht.

»Doch, doch«, versicherte mein Vater. »Natürlich. Das ist aber nicht sein einziger. Hinter diesem Wald kommen nochmals Felder und Wiesen, und daran schließen sich weitere Wälder.«

»Das ist ja wie beim ›Gestiefelten Kater‹, Papa«, stellte ich sinnend fest. »Nur dass der immer sagt: ›Das gehört dem Herrn Grafen.‹ Ich dachte, so etwas gibt's nur im Märchen!« Ich war geradezu erschlagen davon, dass jemand so viel Besitz haben konnte. Meine Eltern besaßen, wie bereits erwähnt, ein winziges Häuschen, das sie 1928 unter großen finanziellen Opfern erbaut hatten. Um dieses hatten sie einen kleinen Garten eingerichtet, gerade groß genug, dass wir unser Gemüse und unsere Kartoffeln selbst ziehen konnten.

Mit meinem neuen Wissen machten mir die Sonntagnachmittagsspaziergänge durch den Grundbesitz des Barons noch mehr Spaß, und meine Gedanken umkreisten immer wieder dessen Hof, den ich mit immer mehr märchenhaften Ausschmückungen bedachte.

Und nun sollte ich mein Pflichtjahr ausgerechnet auf diesem Hof verbringen – beim »Gestiefelten Kater«, wie ich den Gutsherrn nur noch in Gedanken nannte! Das hätte ich mir niemals träumen lassen, dass ich mal dessen Gelände betreten würde, geschweige denn die dazugehörigen Gebäude. Heute erinnere ich mich nicht mehr so genau, was damals bei mir überwog, die Neugier oder aber der Respekt. Vermutlich war es wohl eine gelungene Mischung aus beidem.

Verständlicherweise machte sich in mir unheimliche Neugierde breit, wie es wohl hinter den Mauern des Herrenhauses aussehen würde, andererseits hatte ich, die arme Stadtmaus, einen heiligen Respekt vor dem mir unbekannten Großgrundbesitzer und natürlich auch vor der Frau Baronin. Allein traute ich mich gar nicht hin. Heilfroh war ich, als sich mein Vater bereit erklärte, mich zu begleiten.

Klopfenden Herzens stand ich am frühen Morgen des nächsten Tages mit ihm vor dem riesigen schmiedeeisernen Tor, das den Garten von der Außenwelt abschottete. Beherzt zog mein Vater an einer Messingkette. Gleich darauf fuhr ich erschrocken zusammen, denn es erklang der laute, mächtige Ton einer bronzenen Glocke, die jenseits des Tores hing.

Kurz darauf erschien eine Frau in dunkelblauem Kleid mit weißer gestärkter Schürze. Mit gestrenger Miene fragte sie durch die geschwungenen Stäbe hindurch nach unserem Begehr. Als mein Vater uns vorgestellt hatte, hellte sich das Gesicht der Fremden auf. »Ich bin Frau Neises, die Haushälterin«, sagte sie freundlich, nestelte an ihrem Schürzengürtel und brachte einen gewichtigen Schlüsselbund zum Vorschein. Als sie das große Tor öffnete, quietschte es in den Angeln, und ich schlüpfte hindurch.

Sie hieß mich herzlich willkommen und verabschiedete sich gleich von meinem Vater, ohne ihn aufs Grundstück zu bitten. Er konnte mir gerade noch mein Köfferchen hereinreichen und mir zuraunen: »Sei brav und fleißig.«

Schon hatte sich das Tor wieder quietschend zwischen uns geschoben. Schnell war der Vater meinen Augen entschwunden. Was würde mich hier erwarten? Welche Aufgaben lagen vor mir? Sollte ich mich um die Kinder kümmern, wie es die Aufgabe meiner

Schwester gewesen war? Gab es hier überhaupt welche? Von Jungen oder Mädchen war weit und breit weder etwas zu sehen noch zu hören. Nun, das besagte gar nichts. Es war ein kalter Morgen mit typischem Aprilwetter, da schickte man noch nicht mal einen Hund vor die Tür, geschweige denn die Kinder eines Barons. Oder würde ich in der Landwirtschaft eingesetzt werden, wie meine zweite Schwester? Dass genug Felder und Rindvieh vorhanden waren, davon hatte ich mich bereits vor Jahren überzeugen können.

Nun ja, die nette Frau Neises nahm mich schüchternes, naives Kind bei der Hand und führte mich zunächst herum. »Vor uns siehst du das Herrenhaus. Es beherbergt nicht nur die Baronsfamilie, sondern auch mich und meinen Mann, der das Gut verwaltet. Im Obergeschoss liegen dein Zimmer und das einiger anderer Mädchen, die bei uns in Diensten stehen.« Wir schwenkten nach links um das Gebäude herum, wo sich im rechten Winkel ein anderes langgestrecktes Gebäude anschloss. »Das sind die Stallungen für die Pferde und die Rinder«, erklärte Frau Neises.

In diesem Augenblick trat ein großer, breitschultriger Mann aus dem Pferdestall. Sofort fielen mir seine schwarzen Lederstiefel auf. Aha, der gestiefelte Kater!, ging es mir durch den Kopf. *Aber nein, das kann gar nicht sein. Der Herr Baron würde nicht aus dem Stall kommen, schon gar nicht in verdreckter Bauernkleidung und mit Pferdemist an den Stiefeln. Falls er sich überhaupt blicken lassen würde, dann höchstens hoch zu Ross.*

Ganz in solche Gedanken versunken, vernahm ich die Stimme der Haushälterin: »Herr Baron, darf ich Ihnen Lieselotte vorstellen, unser neues Pflichtjahrmädchen?«

»Herzlich willkommen, Lieselotte«, er nickte mir zwar freundlich zu, ließ sich aber von dem eingeschlagenen Weg nicht abbringen, sodass wir beide unseren wieder zu zweit fortsetzten.

Frau Neises erklärte indessen weiter: »Über den Stallungen befinden sich Speicherräume für Stroh und Heu. Darüber wohnen normalerweise die Pferdeknechte, der Schweizer und die Knechte für das Vieh und die Feldarbeit. Die haben aber alle einrücken müssen.«

Zu gern hätte ich gefragt: »Und wer macht jetzt deren Arbeiten?« Dazu war ich aber zu schüchtern. Meine Frage erübrigte sich jedoch, denn die Haushälterin fuhr nach einer kurzen Atempause fort: »Die Arbeit muss aber gemacht werden, deshalb hat man uns einige Polen zugewiesen, die jetzt da oben wohnen.«

Ja, so viel hatte ich vom Kriegsgeschehen schon mitbekommen, dass man die polnischen Kriegsgefangenen bei uns in Deutschland als Zwangsarbeiter einsetzte. Aber gesehen hatte ich noch nie einen. Auch jetzt erblickte ich niemanden ringsum. Als ob sie meine Gedanken lesen könne, erklärte meine »Schlossführerin«, gerade wären natürlich alle auf den Feldern.

Nachdem wir an der Längsseite des Kuhstalles vorbeigeschlendert waren, bogen wir nach rechts ab und passierten die Schmalseite. Schon standen wir vor der Rückfront des Herrenhauses. Von diesem aus musste man einen herrlichen Blick auf den wunderschön gepflegten Park haben, der sich hinter den Gebäuden erstreckte. Mit Bewundern hielten wir uns aber nicht lange auf. In einem langgestreckten Gebäude, das sich in gebührendem Abstand zum Herrenhaus befand, waren Schweine, Gänse und Hühner untergebracht. Darüber befanden sich die Wohnungen für die Gärtner- und die Geflügelmeisterfamilie sowie jeweils ein Zimmer für den Gärtnerburschen, den Schweineknecht, den Kutscher und neuerdings auch für den Chauffeur. Demnach gab es anscheinend bereits ein Auto auf dem Anwesen, dachte ich.

Endlich betrat meine geduldige Führerin mit mir durch eine Hintertür das Haupthaus. Zunächst führte sie mich zwei Treppen hoch ins Dachgeschoss. Wieder nestelte sie an ihrem Schlüsselbund, sperrte eine der zahlreichen Türen auf und ließ mich hineinschauen. In dem hellen, freundlichen Zimmer entdeckte ich ein Mansardenfenster, seitlich davon je ein Bett mit Nachttisch.

Noch ehe ich es wagte, den Mund aufzumachen, erklärte die Haushälterin: »Du kannst dir ein Bett aussuchen. Das andere ist für das zweite Pflichtjahrmädchen, das wir heute auch noch erwarten.«

Ich entschied mich für die Lagerstatt rechts vom Fenster. Auch beim Kleiderschrank und den Wäschefächern blieb mir die Wahl. Rechts von der Zimmertür war ein Waschbecken mittels einer spanischen Wand gegen die Blicke der Mitbewohnerin abgeschirmt. So etwas hatte ich noch nie im Leben gesehen, erst Frau Neises erklärte mir dessen Bedeutung.

Noch immer wusste ich nicht genau, welches meine Aufgaben in diesem Haus sein sollten. Auch diese Gedanken schien die freundliche Hausdame zu erraten. »Jetzt bringe ich dich zu Schwester Martha und zeige dir deinen Wirkungsbereich.«

Schwester Martha? Wer mochte das wohl sein? Was hatte das zu bedeuten?

Wir stiegen die Treppe hinunter in die erste Etage, gingen durch einen langen Flur, und schließlich klopfte Frau Neises an eine Tür, hinter der wir gedämpfte Stimmen vernahmen. Doch als sie die Tür aufschob, war es mit einem Schlag mucksmäuschenstill in dem Raum, und zahlreiche Kinder blickten uns erwartungsvoll an. Aber nicht nur deren, auch die Augen einer Frau, die ich auf etwa fünfzig Jahre schätzte, waren auf uns gerichtet. Die Unbekannte trug ein dunkelblaues Wollkleid, darüber eine weiße Schwesternschürze. Auf dem streng nach hinten gekämmten Haar, das am Hinterkopf in einem geflochtenen Knoten endete, trug sie ein eckiges, von Kräuselspitze umrahmtes Häubchen.

»Schwester Martha, hier bringe ich Ihnen Ihre Hilfe, die Lieselotte.«

Die Angesprochene reichte mir freundlich die Hand. »Willkommen, Lieselotte. Ich hoffe, dass wir uns gut vertragen werden.«

Ja, das hoffte ich auch. Inzwischen hatte ich acht Kinder in dem Zimmer gezählt, die zwischen einem Jahr und zehn Jahren alt sein mussten. Sollten das alles die Nachkommen meiner neuen Herrschaft sein?

Schon gab mir Frau Neises die Erklärung: »Klara und Matthias sind meine Kleinen. Normalerweise sind sie um diese Zeit in der Schule, ebenso wie Luisa und Karlheinz, die beiden ältesten Kinder des Herrn Barons. Jetzt, da Ferien sind, erlaubt die gnädige Frau, dass meine Kinder von Schwester Martha mitbetreut werden. Nach den Osterferien wird Reginald, der dritte im Bunde, die vier Großen zur Schule begleiten.«

Nach dieser Rede verabschiedete sich die Haushälterin, und Schwester Martha wies mich in meine Pflichten ein. In Zukunft würde es überwiegend meine Aufgabe sein, mich mit den größeren Kindern zu beschäftigen, während es der Schwester oblag, die Jüngeren zu betreuen und zu pflegen.

Ehe ich mehr aus dem Leben der Kinderschwester erfuhr, gab sie mir den Auftrag, mit den fünf ältesten Zöglingen im Park spazieren zu gehen. »Um im Freien zu spielen, ist das Wetter zu unfreundlich«, erklärte sie mir. »Aber ein bisschen Bewegung an der frischen Luft tut den Kindern gut.«

Mit vereinten Kräften versahen wir sie mit Wollmützen und verpackten sie in Regenjacken. Dann marschierte ich mit ihnen los. Ich war erstaunt, welch ausgedehnter Park sich hinter dem Gutshof erstreckte. Von nun an gab es jeden Tag etwas Neues für mich zu entdecken. Die Kinder zeigten sich wirklich brav und erklärten mir bereitwillig alles, was ich noch nicht kannte. Innerhalb kurzer Zeit gewann ich den Eindruck, dass der Aufenthalt im Hause des Barons so etwas wie Urlaub für mich sein würde. Ich durfte mit den Jungen und Mädchen ein bisschen spazieren gehen, sie bei schönem Wetter auf dem hauseigenen Spielplatz und bei schlechtem Wetter im Kinderzimmer beaufsichtigen. Drinnen vergnügten wir uns bei Spielen wie »Mensch ärgere dich nicht«, »Domino« oder »Halma«. So gut war es mir in meinem ganzen Leben noch nicht gegangen!

Schwester Martha erzählte mir kurz darauf, dass sie aus Berlin stamme, eine Diakonisse – also eine evangelische Ordensschwester – sei und man sie schon vor zehn Jahren ins Haus geholt habe, damit sie den neu geborenen Stammhalter pflege. Wenige Wochen später war Klara dazugekommen, das erste Kind der Haushälterin.

Frau Neises war auch die Köchin für die herrschaftliche Familie und deren Angestellte. Ihr zur Seite standen zwei Dienstmädchen, und als Hella, das zweite Pflichtjahrmädchen, eintraf, wurde diese gleich in die Küche abkommandiert, denn dort gab es viel zu tun. Wenn ich allein an die Mengen von Kartoffeln denke, die es jeden Morgen für die vielen Personen zu schälen galt, die verköstigt werden mussten: immerhin zweiunddreißig, inklusive der acht Kinder.

Gespeist wurde in drei verschiedenen Räumen, wie ich bald herausfand. Herr und Frau Baron aßen im herrschaftlichen Esszimmer mit dem Verwalterehepaar, dem Gärtnerehepaar und Schwester Martha. Nachdem die Schwester und ich die beiden jüngsten Sprösslinge abgefüttert und zum Mittagsschlaf niedergelegt hatten, speiste ich mit den übrigen sechs, zwischen vier und zehn Jahre alt, in einem extra Kinder-Speisezimmer. Das übrige Personal nahm die Mahlzeiten in der riesigen Küche ein, an einem massiven Esstisch.

Die drei Küchenmädchen allerdings, welche die Essensgruppen zu bedienen hatten, aßen vorher oder nachher, je nachdem, wie es sich gerade ergab. Diese Mädels hatten auch die Aufgabe, der Putzfrau beim Reinigen des Hauses und der Waschfrau unter die Arme zu greifen. Die Gärtnersfrau, die bereits erwachsene Kinder hatte, war für das Bügeln zuständig, auch ihr mussten die Mädchen helfen. Die Aufgaben wechselten täglich.

Für die Näh- und Flickarbeiten kam hin und wieder eine Näherin ins Haus, die acht bis zehn Tage blieb. Für das Reparieren des Schuhwerks war gelegentlich ein Schuster von außerhalb zuständig, der immer genug zu tun hatte.

Auf dem Gutshof imponierte mir nicht nur die Tatsache, dass ich meine Arbeit als reinste Erholung empfand, sondern auch, dass trotz der Kriegszeit immer gut und reichlich aufgetischt wurde. Von daheim war ich gewöhnt, auch schon vor dem Krieg sehr spartanisch zu essen. Zu Hause lebten wir hauptsächlich von Kartoffeln und dem Gemüse sowie dem Obst, das unser Garten hergab, im Haushalt des Barons hatten wir täglich Fleisch oder Fisch auf dem Teller. Bei uns daheim gab es noch nicht mal an jedem Sonntag Fleisch. Auf dem Gutshof wurde immer wieder mal ein Schwein oder ein Kalb geschlachtet. Einmal erlebte ich sogar, dass ein ausgewachsener Ochse geschlachtet wurde. Auch einige Weiher, in denen sich allerlei Fische tummelten, gehörten zu dem Besitz. In dem munteren Bachlauf, der das Grundstück durchschnitt, wimmelte es nur so von Forellen. Und weil sich mein Dienstherr in seinen eigenen Wäldern als eifriger Jäger betätigte, standen dann auch mal Hase, Reh, Wildschwein oder Hirsch auf dem Speisezettel. Auch an Geflügel mangelte es nicht.

Die Haushälterin war nicht nur eine exzellente Köchin, sondern auch eine ausgezeichnete Bäckerin. Jeden Sonntag stand eine andere Sorte Kuchen auf dem Kaffeetisch.

Als ich endlich die Hausherrin zu Gesicht bekam – eine hübsche und gütig wirkende Dame, die eigentlich recht schlank war –, wunderte ich mich über ihren auffallend dicken Bauch. Ja, ich gewann den Eindruck, dass dieser in den folgenden Wochen noch an Umfang zunahm.

Eines Morgens raunte mir die Diakonisse zu: »Heute Nacht haben der Chauffeur und der Herr Baron die gnädige Frau ins Krankenhaus gebracht.«

»Warum denn das?«, zeigte ich mich sichtlich erschrocken.

»Aber, aber, Lieselotte! So dumm kannst du doch gar nicht sein. Du musst doch gesehen haben, dass die Baronin guter Hoffnung war.«

Aber selbst mit diesem Begriff wusste ich nichts anzufangen. Von zu Hause war ich nie aufgeklärt worden, und als Jüngste von uns Schwestern hatte ich in der Familie weder Schwangerschaft noch Geburt erlebt. Da unsere Verwandten relativ weit weg wohnten, hatte ich auch dort nie dergleichen beobachten können. Mittlerweile war ich naives Kind aber doch so neugierig und mutig, dass ich Schwester Martha nach dieser merkwürdigen Bezeichnung fragte.

»Weißt du das wirklich nicht?«, gab sie leicht amüsiert zurück. Dann erklärte sie mir, dass man unsere Gnädigste ins Krankenhaus gebracht habe, damit sie dort ihr siebtes Kind zur Welt bringe. »Das siebte innerhalb von zehn Jahren! Eine enorme Leistung für diese zarte Frau.« Anschließend klärte mich die Kinderschwester auf – aber so ausführlich und mit allem Drum und Dran, dass ich aus dem Staunen nicht mehr herauskam.

»Ist das immer so? Bei allen Menschen?«, fragte ich ungläubig, als ich wirklich alles wusste.

»Jaja, das ist die einzige Möglichkeit, wie sich Menschen fortpflanzen. Auch bei deiner Mutter und deinem Vater war das so.«

Diese neue Erkenntnis musste ich erst mal verdauen.

Nach zehn Tagen kehrte die Baronin mitsamt dem Baby zurück. Alle Bediensteten bildeten ein Spalier vom Hoftor bis zur Haustür, um den neuen Erdenbürger zu begrüßen.

Nun gab es im Kinderzimmer für Schwester Martha noch mehr zu tun, der kleine Friedbert musste ja alle vier Stunden gefüttert und gewickelt werden. »Die gnädige Frau kann leider nicht stillen«, erklärte mir die Säuglingsschwester. »Ihre anderen Kinder hat sie alle gestillt. Aber die vielen Geburten so dicht hintereinander haben doch an ihren Kräften gezehrt, zumal die letzte Entbindung noch nicht ganz dreizehn Monate zurückliegt«, flüsterte mir Martha geheimnisvoll zu und fügte auch gleich die Erklärung mit an, was unter »Stillen« zu verstehen sei.

Nun ja, inzwischen gab es so gute Pulvermilch, sodass der Kleine dabei prächtig gedieh. Das bekam ich insofern mit, als mich die Schwester gewissenhaft in die Pflege des Säuglings miteinbezog, damit ich diese Aufgabe übernehmen könne, falls sie aus irgendeinem Grund mal ausfalle.

Es gab da noch etwas, das alle Mädchen jener Zeit betraf. Ob man wollte oder nicht, ab dem zehnten Lebensjahr musste man Mitglied im BDM, dem Bund Deutscher Mädchen, sein. Dort wurden nicht nur geselliges Beisammensein gepflegt, allerlei Brettspiele gemacht und Ausflüge unternommen, man wurde auch ideologisch »bearbeitet«, was mir sehr zuwider war. Deshalb war ich froh, dass ich nun einen guten Grund hatte, nicht mehr an den wöchentlich stattfindenden Abenden teilnehmen zu müssen.

Nachdem ich zweimal »geschwänzt« hatte, begegnete mir die BDM-Führerin. »Warum kommst du nicht mehr zu den Gruppenstunden?«, fauchte sie mich an.

»Weil ich auf dem Gutshof mein Pflichtjahr ableiste, wo es meine Aufgabe ist, sieben Kinder zu betreuen. Bis die alle im Bett sind, ist es meist so spät, dass ich nicht mehr pünktlich zu Gruppenstunde erscheinen könnte. Außerdem habe ich Angst, im Dunkeln nach Hause zu gehen. Mein Vater meint auch, das sei zu gefährlich für mich.«

Mit dieser Aussage gab sie sich zufrieden, und ich konnte ruhigen Gewissens dem ungeliebten BDM-Abend fernbleiben.

Eines schönen sonnigen Nachmittags Mitte August, die Getreideernte war in vollem Gange, befand ich mich mit meinen Zöglingen auf dem privaten Spielplatz. Da eine ausladende Kastanie genügend Schatten spendete, war der Aufenthalt für uns im Freien durchaus angenehm. Während die Kinder abwechselnd schaukelten, wippten und im Sand buddelten, behielt ich sie von der Bank aus im Auge.

Auf einmal verdüsterte sich die Sonne. Von Westen her schoben sich schwarze Wolken schnell heran.

»Kinder, wir müssen zurück ins Haus!«, mahnte ich. »Es zieht ein Gewitter herauf.«

»Es donnert doch gar nicht«, widersprach Karlheinz.

»Wenn wir warten, bis es donnert, werden wir womöglich pitschnass.«

Diesen Satz hatte ich noch nicht zu Ende gesprochen, da prasselten schon die ersten dicken Tropfen auf uns herab. Wie in Panik rannten wir auf das Wohnhaus zu. Am Hintereingang gab es einen Raum mit Dusche, in dem ich die Kinder nach jedem Besuch auf dem Spielplatz von ihren Spielhosen und mit ordentlich viel Wasser vom Sand befreite, damit sie diesen nicht ins Spielzimmer trugen.

Kaum waren wir in der ersten Etage angekommen, goss es wie aus Eimern, grelle Blitze zuckten auf, und in gebührendem Abstand folgte mächtiges Donnergrollen. Ängstlich scharten sich alle um mich.

»Wie gut, dass wir gleich ins Haus gegangen sind«, gab die achtjährige Waltraud zu.

Um die verängstigten Kleinen abzulenken, begann ich gleich zu beten. Ich erinnerte mich nämlich daran, dass meine Mutter uns Kindern während eines Gewitters immer mit Beten die Angst genommen hatte. Obwohl wir die Blitze gar nicht sehen wollten, schauten wir immer wieder verstohlen zum Fenster. Auf einmal zuckte ein besonders greller Blitz auf, und im selben Moment erfolgte ein solch lauter Donnerschlag, dass sich die Kleinen alle an mich klammerten.

Obwohl ich selbst Angst bis in die Haarspitzen hatte, musste ich vor ihnen die Starke und Mutige spielen. »Es muss in der Nähe eingeschlagen haben«, tat ich mein Wissen kund, das mir mein Vater einst vermittelt hatte.

So plötzlich, wie das Gewitter angefangen hatte, so plötzlich war es auch zu Ende. Mir schien es, als habe es sich mit dem besonders hellen Blitz und dem gleichzeitigen Donnergetöse verausgabt. Nur noch das Rauschen des Regens war zu vernehmen. Urplötzlich wurde dieses eintönige Rauschen von lauten Schreien durchschnitten. Um zu sehen und zu hören, was los sei, öffnete ich das Fenster einen Spalt breit. Nun vernahmen wir es ganz deutlich.

»Es brennt! Es brennt! Die Scheune brennt!«, die Stimmen purzelten wild durcheinander.

Oh, mein Gott, dachte ich, die Scheune ist ja direkt ans Haus angebaut! Wir sind in größter Gefahr! »Schnell, Kinder, zieht eure Regenjacken an, wir müssen raus!« Mit einem letzten Blick aus dem Fenster sah ich, dass schon einige Bedienstete herbeirannten und Wasser an einem Hahn, der an der Außenwand lag, in Eimer zapften. Mit den vollen Wassereimern rannten sie jedoch nicht in Richtung

Stallungen, sondern auf das Hoftor zu. Was hatte das zu bedeuten?

Während wir aus dem Kinderzimmer stürmten, erschien auch Schwester Martha auf dem Gang, den Säugling im Arm, das Einjährige an der Hand; das Dreijährige hielt sich an ihrer Schürze fest. Schnell packte ich mir die kleine Hildegard, damit sich Martha besser um den dreijährigen Siegfried kümmern konnte.

Kaum hatten wir die Treppe erreicht, erschien Frau Neises wie ein rettender Engel und gab Entwarnung: »Bleibt, wo ihr seid. Ihr könnt die Jacken ruhig wieder ausziehen. Für uns besteht keine Gefahr. Es ist nicht die Scheune am Haus, die brennt, sondern die Feldscheune. Zum Glück war sie diesmal erst zu einem Drittel gefüllt.«

Was Frau Neises damit hatte andeuten wollen, erkundigte ich mich bei Schwester Martha, während wir auf die Kinderzimmer zueilten.

»Vor elf Jahren im September, es war noch bevor ich auf diesen Hof kam«, weihte sie mich ein, »ist diese Scheune schon mal abgebrannt. Damals war sie bis oben hin voller Stroh.«

»Hat da etwa auch der Blitz eingeschlagen?«, wollte Matthias, ihr achtjähriger Sohn, wissen.

»Nein, es war nicht der Blitz«, gab Martha uns bereitwillig Auskunft. »Es war noch tragischer. Leichtsinnigerweise hatte einer der Knechte in der Feldscheune geraucht. Ehe er recht wusste, was geschah, stand sie in Flammen.«

Inzwischen waren wir alle wieder im Spielzimmer angekommen, aber keines der Kinder dachte daran, sich seiner Regenjacke zu entledigen. Zu sehr spukte noch der Bericht über den Brand in ihren Köpfen herum.

»Was geschah mit dem Knecht?«, wollte eines neugierig wissen.

»Er konnte von Glück sagen, dass er noch rechtzeitig herausgekommen ist. Außer ein paar Brandblasen hat er keinen Schaden davongetragen.«

»Ist er bestraft worden?«, fragte ein anderes.

»Ja, schon. Aber viel konnte ihm der Richter nicht aufbrummen, weil er noch minderjährig war. Nach Verbüßung seiner Strafe musste er sich allerdings eine andere Stelle suchen. Hier auf dem Gut wollte man ihn nicht mehr haben, und er selbst hätte sicher auch nicht mehr bleiben wollen.«

Was man denn gemacht habe, nachdem alles Stroh verbrannt war, bohrte ein kleiner neugieriger Quälgeist.

»Nun, in der Hausscheune hatten wir ja auch ein Teil eingelagert. Das hätte aber nicht gereicht, um die Tiere den ganzen Winter über mit Streu zu versorgen. Bei allen Bauern in der Umgebung musste der Herr Stroh kaufen. Keiner konnte viel hergeben, sie brauchten es ja selbst für ihre Tiere.«

Da wir noch alle die Jacken anhatten und der Regen ziemlich nachgelassen hatte, führten die Haushälterin und ich unsere kleine, vor Ungeduld zappelnde Schar aus dem Haus, aus dem Hof und in Richtung Feldscheune. Schon von Weitem kam uns beißender Rauch entgegen. Davon ließen wir uns aber nicht abhalten. Bald sahen wir die Holzscheune, aus der die Flammen gierig züngelten.

In respektvoller Entfernung beobachteten wir dann das Geschehen. Die paar Eimer Wasser, die die Angestellten in die Flammen kippten, richteten gar nichts aus. Wenig später mussten wir zusehen, wie das Dach in sich zusammenstürzte. Hilflos standen die Bediensteten mit ihren mittlerweile leeren Eimern herum, weil sie erkannt hatten, dass gegen diese Übermacht des Feuers jeder Löschversuch völlig sinnlos war. Ebenso wie wir beobachteten sie das traurige Schauspiel. Bald war nur noch eine schwarze Rauchsäule zu sehen.

Innerhalb von sechs Wochen hatte man eine neue Scheune aus Holz errichtet, wo das inzwischen angefallene Stroh untergebracht werden konnte. Da man etwas dünner einstreute als üblich, würde es bis zum nächsten Frühjahr reichen, dann kamen die Tiere ja wieder auf die Weide. Im nächsten Jahr wollte der Herr eine neue Scheune errichten, eine solide aus Stein.

Im Oktober hatte ich ein anderes aufregendes Erlebnis. Während die Kinderschwester mit den drei Kleinen in einem Raum schlief, übernachtete ich bei den vier Älteren im angrenzenden Zimmer.

Eines Nachts wachte Waltraud auf und klagte über starke Bauchschmerzen. Da ich mich mittlerweile nicht nur gut im Haus auskannte, sondern auch mit den Gepflogenheiten, wenn eines der Kinder ein Wehwehchen plagte, begab ich mich ins Erdgeschoss, um für das »kranke« Kind einen Kamillentee zu kochen. Kaum hatte ich den Lichtschalter neben der Küchentür betätigt, durchfuhr mich ein gewaltiger Schreck. Der ganze Boden war schwarz von ziemlich großen Käfern. Zu meiner Erleichterung stoben sie in alle Richtungen davon, sodass ich nun ungehindert zum Elektroherd gelangen konnte. Während ich ungeduldig darauf wartete, dass mein Wasser endlich siedete, beobachtete ich ängstlich den Boden, ob die Invasion nicht wieder zurückkehren werde. Doch alles blieb ruhig.

Dem Kind flößte ich den Tee ein, und es fiel bald darauf in einen erholsamen Schlaf. Nur ich selbst brauchte sehr lange, bis ich endlich auch einschlafen konnte, weil ich noch immer das Bild von den ekligen davonhuschenden Tieren vor Augen hatte.

Am folgenden Morgen glaubte ich zunächst, ich hätte das nur geträumt. Doch als ich die leere Teetasse auf dem Nachttisch von meinem Schützling erblickte, erschien das Käferbild wieder so lebhaft vor meinen Augen, dass ich dieses Erlebnis unbedingt jemandem mitteilen musste. Da mir naturgemäß als erste erwachsene Person Schwester Martha über den Weg lief, erzählte ich ihr von meinem nächtlichen Abenteuer.

»Jaja«, sie lachte. »Das sind Kakerlaken. Als ich sie zum ersten Mal sah, war ich genauso erschrocken wie du.«

»Wissen denn die Herrschaften, dass sie Kakerlaken in der Küche haben?«

»Natürlich. Und sie lassen auch jedes Jahr etwas dagegen tun. Zwei Kammerjäger räuchern dann die Küche und die Speisekammer gründlich aus. Das hilft aber nicht viel, weil man nicht alle erwischt. Innerhalb kurzer Zeit haben sich die Überlebenden wieder dermaßen vermehrt, dass man den Eindruck hat, als wäre nie etwas gegen sie unternommen worden. Wie ich aber gehört habe, will man in diesem Herbst die ganze Küche und Speisekammer leerräumen, alle Holzregale rausschmeißen und verbrennen und auch gemauerte und gekachelte Ecken so weit abreißen, dass man mit dem Ausräuchern auch den letzten Winkel erreicht.«

So geschah es dann tatsächlich. Ich muss zugeben: Solange ich im Hause weilte und immer wieder mal nachts in die Küche tappen musste, begegnete mir keine einzige Kakerlake mehr.

Einige Tage vor Weihnachten sagte die gnädige Frau zu mir: »Lieselotte, pack deinen Koffer, du darfst mit uns nach Bonn fahren.«

Das war eine aufregende Sache für mich. Sobald unsere drei schulpflichtigen Kinder Weihnachtsferien hatten, lud der Chauffeur das Gepäck der Herrschaften nebst meinem bescheidenen Köfferchen ins Auto. Der Herr setzte sich neben den Chauffeur und nahm den sechsjährigen Georg auf den Schoß. Die Baronin und die beiden Ältesten quetschten sich mit mir auf die rückwärtige Bank.

Das kann ja heiter werden, wenn das bis Bonn so gehen soll, machte ich mir meine Gedanken.

Als ob die gnädige Frau diese lesen könne, beruhigte sie mich: »Keine Angst, Lieselotte, der Chauffeur bringt uns nur bis zum Bahnhof. Im Zug haben wir es dann bequemer.«

Sie sollte glücklicherweise Recht behalten. Während der Chauffeur und ein Dienstmann unser Gepäck im

Zug verstauten, nahm ich mit der Familie in einem Abteil erster Klasse Platz. Ja, war das komfortabel! So etwas hatte ich noch nie gesehen. Es gab nur sechs Sitze im Abteil, wir waren also ganz unter uns. Die Sitze waren gepolstert und mit Plüsch überzogen; man saß darauf so weich wie auf dem Sofa daheim.

Bisher war ich nur selten mit dem Zug gefahren, einzig, wenn wir die Verwandten an der Mosel besuchten. Dann hatten wir dicht gedrängt mit fremden Menschen in einem Abteil auf harten Holzbänken gesessen. Deshalb waren wir jedes Mal froh gewesen, wenn wir unser Ziel erreicht hatten, weil uns von dem Geholpere die Hinterteile ganz schön wehtaten.

Aber auf diesen bequemen Plüschsitzen hätte man stundenlang fahren mögen. Als wir zwei Stunden später Koblenz erreichten, war ich ganz enttäuscht, als es hieß, wir müssten aussteigen. Erfreut registrierte ich, dass wir noch nicht am Ziel waren. Wir mussten uns nur auf einen anderen Bahnsteig begeben und in den Zug steigen, der in Richtung Bonn fuhr. Herr von B. und ein Dienstmann kümmerten sich darum, dass unser Gepäck auch im richtigen Zug landete.

In Bonn stiegen wir in ein Taxi, das uns zu einer edlen Villa brachte. Die noblen Herrschaften waren die Eltern meiner Gnädigen und somit die Großeltern der drei Kinder, die wir mitgebracht hatten. Sie stürzten auf Oma und Opa zu und erdrückten sie fast. Um den alten Eltern, die sich die weite Reise nach Trier nicht mehr zutrauten, eine Weihnachtsfreude zu machen, war man extra mit einem Teil der Enkel angereist.

Die Bediensteten schafften unser Gepäck in die diversen Gästezimmer, während wir mit den alten Herrschaften den Tee einnahmen, zu dem feines Gebäck gereicht wurde. Die alte Dame, die mit »Frau Geheimrat« angesprochen wurde, hatte ihr schlohweißes Haar streng zu einem Dutt am Hinterkopf gesteckt. Sie trug ein eng anliegendes schwarzes Kleid, das nur dadurch etwas aufgelockert wurde, dass ein weißes Spitzenkrägelchen das samtene Oberteil verzierte.

An den »Herrn Geheimrat« erinnere ich mich nur insofern, dass er lustige wässrig-blaue Augen hatte, mit denen er immer wieder einen Blick auf seine silberne Taschenuhr warf. Diese Uhr, mit einem silbernen Kettchen an einem Knopfloch befestigt, steckte in seiner Westentasche. Alle paar Minuten zog er das gute Stück heraus, ließ den silbernen Deckel geräuschvoll aufspringen, starrte auf das Zifferblatt und klappte die Uhr geräuschvoll wieder zu, ehe er sie wieder umständlich in der Westentasche verstaute.

Das Weihnachtsfest selbst verlief so prächtig, wie ich zu Hause bei Weitem keines erlebt hatte. Während sich das Christkind im Salon zu schaffen machte, musste ich mit den Kindern einen Spaziergang am Rhein unternehmen. Wir bestaunten die Schiffe, die rheinauf- und rheinabwärts fuhren, und fütterten die schnatternden Enten, für die uns die Köchin eigens altes Brot mitgegeben hatte.

Zur Stunde der Bescherung kam auch die andere Tochter des Geheimrats mit ihrer Familie herüber. Sie wohnten ebenfalls in einer prächtigen Villa gleich auf dem weiträumigen Nachbargrundstück. Wie staunte ich über den Christbaum – wahrscheinlich mehr als die Enkel der Geheimrats! Bei uns daheim hatten wir uns stets nur ein Bäumchen leisten können, das höchstens einen Meter hoch war. Dieser Baum hier aber reichte vom Boden bis zur Decke. Und da die Villa – wie ich erfuhr – um 1900 erbaut worden war, waren die Räume bestimmt drei Meter hoch.

Stephanie und Karl, die Kinder der Tante, waren nur unwesentlich älter als ich. Mit ihrer kleinen Cousine und ihren kleinen Cousins wussten sie nur wenig anzufangen, daher hielten sie sich mehr an mich. Sie luden mich sogar für den zweiten Weihnachtstag zum Schlittschuhlaufen ein. Wie froh war ich zunächst, eine gute Ausrede parat zu haben: »Ich besitze leider keine Schlittschuhe.«

Doch diese Ausrede ließen sie nicht gelten. »Wir haben noch ein Paar alte Schlittschuhe, die kannst du gern haben«, erklärte Stephanie.

Am zweiten Weihnachtstag hängten wir uns dann die Schlittschuhe über die Schultern und begaben uns zu dritt zu einem nahe gelegenen Weiher, der schon ordentlich zugefroren war. Ganz Kavalier, half mir der fünfzehnjährige Karl beim Anlegen der Schlittschuhe. Rechts und links hielten die beiden Geschwister mich an der Hand und führten mich aufs Eis.

Kaum hatten sie mich losgelassen, saß ich auf dem Hosenboden. Nachdem ich mich mehrere Male sehr unsanft hingesetzt hatte, gab ich auf.

»Vielen Dank für eure Mühe und Geduld, aber das ist scheinbar doch kein Sport für mich«, erklärte ich lachend, und sie duldeten es endlich, dass ich diese verflixten Dinger wieder ablegte.

Am Tag darauf – meine drei Zöglinge hatten unterm Weihnachtsbaum blitzeblanke neue Schlittschuhe vorgefunden – nahmen die große Cousine und der große Cousin die Kleinen auf dem Weiher unter ihre Fittiche, und im Nu hatten sie ihnen das Schlittschuhlaufen beigebracht. Ich aber lief am Ufer auf und ab wie ein Huhn, das Entenküken ausgebrütet hatte.

Ehe ich mich versah, war mein Pflichtjahr herum, und ich konnte wie geplant meine Schneiderlehre beginnen. Ich hatte wesentlich mehr Glück gehabt als meine Schwestern. Wie bereits erwähnt, war Anna, unsere Älteste, nach Beendigung ihres Pflichtjahres zum Arbeitsdienst ins Ruhrgebiet geschickt worden.

Nach einem Jahr durfte sie zwar wieder nach Trier, ihre Lehre konnte sie aber trotzdem nicht wieder aufnehmen. Ohne zu fragen, ob ihr das passte oder nicht, musste sie ihren Dienst in der Heeresverwaltung antreten. Wenig später wurde sie mit dieser nach Italien verlegt. In dieser Zeit beschränkte sich der Kontakt zur Familie auf Briefwechsel, doch selbst der wurde immer spärlicher.

Nach Kriegsende hörten wir gar nichts mehr von Anna, bis sie vier Monate später unerwartet vor unserer Tür stand. Gebannt lauschten wir ihrer abenteuerlichen Erzählung. Als die Amerikaner in Italien eingezogen waren und den Standort der Heeresverwaltung erreicht hatten, waren alle Mädchen kurzerhand mit der Parole entlassen worden: »Macht, was ihr wollt.«

Mit Hilde, einem Mädchen, mit dem sie sich in dieser Zeit angefreundet hatte, war Anna aufgebrochen, um die Alpen zu überqueren. Über sogenannte Saumpfade mussten sich die Mädchen gen Norden durchkämpfen. Unter anderem führte ihr Weg an Cortina d'Ampezzo und am Großglockner vorbei. Zum Glück war es Sommer, als die beiden ihren Gewaltmarsch über die Alpen antraten. Als sie Deutschland endlich erreicht hatten, waren sie von den Amerikanern aufgegriffen und in ein Auffanglager nach Idar-Oberstein verbracht worden. Vier Wochen später wurden sie schließlich nach Hause entlassen.

Hedwig, meine zweite Schwester, durfte ebenfalls nicht nach Hause, nachdem sie ihr Pflichtjahr auf einem Bauernhof im Münsterland abgeleistet hatte. Im Rahmen des Arbeitsdienstes wurde sie zu einer Familie geschickt, die man aus einer Großstadt bereits nach Salzgitter evakuiert hatte. Bis zum Kriegsende musste sie dort ausharren. Vielleicht, so denke ich heute, war man mit mir glimpflicher verfahren, weil damals bereits zwei von den Töchtern meiner Eltern fern von zu Hause Dienst fürs Vaterland leisteten.

Noch oft erinnere ich mich voller Dankbarkeit an mein Pflichtjahr. Es war ein Segen, dass ich mit den mir anvertrauten Kindern keinerlei Schwierigkeiten hatte. In der Familie bekam ich sogar auch einen gewissen »gesellschaftlichen Schliff«: Ich lernte unter anderem, richtig mit Messer und Gabel zu essen. Daheim hatte man sich das Fleisch, sofern es überhaupt welches gab, vorher klein geschnitten und es sich dann abwechselnd zusammen mit Gemüse und Kartoffeln per Löffel in den Mund geschaufelt. Auch lehrte man mich, wie man korrekt den Tisch eindeckte und welches Besteck zu welchem Essen gehörte. Ich schaute mir ab, wie man Gäste begrüßte, sie einander und auch sich selbst vorstellte – und wie man am Tisch Konversation pflegte, denn nicht immer aß ich mit den Kindern im Kinderzimmer. Wenn die Familie Gäste hatte, wurden die drei ältesten Kinder oft dazu gebeten, und ich natürlich mit, damit ich auf sie aufpasste.

Viele Jahre später begegnete mir Frau Neises, die inzwischen eine alte Dame geworden und längst im Ruhestand war, mal in der Stadt. Von ihr erfuhr ich, dass die Baronin noch weitere drei Kinder bekommen hatte.

»Wenn die alle so gut geraten sind wie die ersten sieben, dann können sich die Eltern glücklich schätzen«, war mein Kommentar.

»Das sind sie, in der Tat«, antwortete die ehemalige Haushälterin. »Und meine eigenen Kinder durften, weil sie so gescheit sind, mit den Gutskindern das Gymnasium besuchen. Der Gutsherr hat für sie das Schulgeld gezahlt.«

Heute bin ich überzeugt davon, dass ich von den Kindern mehr gelernt habe als sie von mir, was Tischsitten angeht. Ich weiß nicht, ob die Tatsache, dass diese Jungen und Mädchen so wohlgeraten und dadurch für mich auch so pflegeleicht waren, auf den guten Einfluss von Schwester Martha zurückzuführen ist oder darauf, dass die Kleinen von den Eltern so »gute Gene« mitbekommen haben, wie man so schön sagt. Damals machte ich mir darüber keine Gedanken, sondern genoss die Zeit einfach.

Ein Bubenstreich mit Folgen

*Helga, Jahrgang 1928, aus Seifersdorf/Sachsen,
Pflichtjahr 1942/43*

Wir lebten in Seifersdorf, einem kleinen beschaulichen Dorf am Fuße des Erzgebirges, dessen Bewohner etwa zur Hälfte Bauern waren. Die anderen verdienten sich ihr Brot als Handwerker oder Fabrikarbeiter. Mein Vater, der im Ersten Weltkrieg sein Gehör fast vollständig verloren hatte – ihm waren durch einen Gewehrknall beide Trommelfelle geplatzt – verdiente den Lebensunterhalt für seine Familie in der nahe gelegenen holzverarbeitenden Fabrik. Soviel ich als Kind mitbekommen hatte, war es jahrelang seine Aufgabe gewesen, Kisten zusammenzuklopfen. An sich war das eine harmlose und nicht allzu schwere Tätigkeit gewesen, und doch sollte sie ihm zum Verhängnis werden.

Wie es genau passierte, konnte mir niemand erklären. Aber auf irgendeine Weise muss er sich ein Kistenbrett so unglücklich in den Bauch gerammt haben, dass eine sofortige Operation erforderlich war, von der er sich nie mehr erholte. Mein Vater verstarb 1959, im Alter von einundsiebzig Jahren, an den Folgen dieses Unfalls.

Meine Mutter hatte innerhalb von sechsundzwanzig Jahren dreizehn Kinder zur Welt gebracht, wovon ich das zwölfte war. Der Älteste war 1906 geboren, als sie gerade mal achtzehn Lenze zählte. Ich selbst erblickte am 29. April 1928 das Licht der Welt. Vier Jahre nach mir kam noch ein Bruder an, der Manfred. Als er im Jahre 1932 geboren wurde, war meine Mutter bereits vierundvierzig Jahre alt.

Von den dreizehn Sprösslingen meiner Eltern, neun Buben und vier Mädchen, starben bereits drei Buben im Kleinkindalter. Diese konnte ich also nicht mehr kennenlernen. Einst, als wir die Gräber besuchten, erzählte mir meine Mutter, dass die Jungen an Diphtherie gestorben seien, aber sie erwähnte nicht, in welchem Alter. Wir anderen zehn erreichten jedoch alle das Erwachsenenalter.

Mein Bruder Fritz, vier Jahre älter als ich – übrigens der Einzige, der heute außer mir noch lebt –, war stets zu Streichen aufgelegt. Eines Tages, ich war vierzehn und stand kurz vor der Schulentlassung, stand ich mich mit meiner um ein Jahr älteren Schwester und unserer Mutter im Elternschlafzimmer am Fenster. Die Mutter war gerade dabei, uns zu zeigen, wie man die Fenster richtig putzte, und wir sahen und hörten aufmerksam zu.

Plötzlich spürte ich, wie mich etwas unten am linken Bein packte und es wegzog. Ich erschrak zutiefst. An mehr erinnere ich mich nicht. Als ich endlich aus meiner Ohnmacht erwachte, fand ich mich in der Küche auf dem Kanapee neben dem gemauerten Herd wieder. Verwirrt schaute ich um mich. »Wie bin ich hierhergekommen?«, wollte ich von meiner Mutter wissen, die sich sorgenvoll über mich beugte. »Wir wollen doch die Fenster putzen.« Da fiel es mir wieder ein, der Griff an mein Bein, mein Schreck, mein Sturz. »Mutter, was ist passiert?«

Nun erfuhr ich, dass der Fritz sich unter dem Bett verkrochen hatte und so weit vorgerobbt war, bis er mein Bein hatte packen können, weil er mich ordentlich erschrecken wollte. Das war ihm gründlich gelungen: Zwischen drei und vier Stunden war ich bewusstlos gewesen. In dieser Zeit hatte die Mutter sogar den Arzt zurate gezogen. Außer Pulsfühlen und Blutdruckmessen hatte er jedoch nichts für mich tun können.

»Durch das Hinschlagen ist das Mädel in eine tiefe Ohnmacht gefallen«, lautete seine Erklärung. »Aus dieser wird sie von selbst wieder erwachen.«

Nun ja, mit seiner Prognose sollte er recht behalten. Ich stand auf, strich mir die Schürze glatt und wollte mich daran machen, im Schlafzimmer die Fenster zu putzen. »Das hat die Ursula schon erledigt«, sagte die Mutter. »Aber du kannst die Pellkartoffeln in Scheiben schneiden, weil ich die braten will.« Den Fritz hatte sie selbstverständlich längst ins Gebet genommen und ihn ermahnt, so einen Blödsinn nie wieder zu machen. Er habe ja gesehen, was dabei herauskam.

Ich glaube, solcher Ermahnungen hätte es gar nicht bedurft. Mein Bruder war von selbst zerknirscht genug, als er sah, was er angerichtet hatte. Niemand war wohl erleichterter gewesen als er, als ich die Augen endlich wieder aufschlug.

Damit war der dumme Bubenstreich leider noch nicht ausgestanden. Am nächsten Tag fiel ich urplötzlich wieder um, und es dauerte zwei Stunden, bis ich aus meiner Bewusstlosigkeit erwachte. Wieder einen Tag später passierte dies sogar zweimal.

»Was ist das? Was hat das zu bedeuten?«, fragte die Mutter den Arzt, den sie in großer Besorgnis erneut hatte kommen lassen.

»Man nennt das epileptische Anfälle«, diagnostizierte er.

»Und was bedeutet das?«, erkundigte sich die Mutter.

»Ja, genau kann ich Ihnen das auch nicht erklären. Es gibt zwei Möglichkeiten. Zum einen vermute ich, dass Ihre Tochter durch den Schreck einen Schock erlitten hat, und zum anderen scheint durch den Sturz auf den Kopf eine Blutung im Gehirn entstanden zu sein. Diese drückt nun auf den Nerv, der das Bewusstsein steuert.«

»Und wird das wieder verschwinden?«

»Das kann man nur hoffen.«

Doch anstatt mit der Zeit aufzuhören, wurden die Anfälle nur noch schlimmer: bis zu zehn bekam ich pro Tag, ohne jede Vorwarnung. Wo ich ging oder stand, kippte ich einfach um, und es dauerte meist zwei Stunden, bis ich das Bewusstsein wiedererlangte. Selbst in der Nacht wurde ich von Anfällen heimgesucht.

Um mich zu schützen, sah die Mutter keine andere Möglichkeit, als mich bei sich im Bett schlafen zu lassen. So merkte sie, wenn ich wieder epileptisch wurde, und steckte mir ein Tuch in den Mund, damit ich mir nicht auf die Zunge beißen konnte.

In der Folgezeit wanderte sie mit mir von Arzt zu Arzt. Keiner vermochte mir jedoch zu helfen. Von außen war ja nichts erkennbar, und im Sprechzimmer eines Doktors hatte ich nie einen Anfall. In ihrer Sorge suchte sie mit mir sogar einen Nervenarzt in Dresden auf.

Dieser verschrieb mir ein Medikament, welches ich täglich einnehmen sollte. »Sie müssen das sorgfältig beobachten«, erklärte er. »Wenn es nicht besser wird, werden wir Ihre Tochter in eine Nervenklinik einweisen müssen.«

Diese Aussage versetzte meine Mutter in Panik, was sie sich jedoch nicht anmerken ließ. »Jaja«, antwortete sie und verließ eilig mit mir die Stadt. Ihr war nämlich ein schlimmer Verdacht gekommen. Sie hatte davon gehört, dass Kinder und auch Erwachsene, die in eine solche Heilanstalt eingeliefert wurden, nie wieder nach Hause kamen. Nach wenigen Wochen bekamen deren Angehörige den Bescheid, der Patient sei an dieser oder jener Krankheit gestorben. Wir recht meine Mutter mit ihrer Befürchtung hatte, sollte sich nach dem Krieg herausstellen. Da sind solche Fälle von »Sterbehilfe« unter dem Begriff »Euthanasie« bekannt geworden.

Aufgrund des Medikaments besserte sich mein Zustand tatsächlich. Die Anfälle kamen zwar noch, aber höchstens sechs bis acht am Tage, und meine Bewusstlosigkeit hielt wesentlich kürzer an als vorher.

Bisher hatte ich, wie das in einem kinderreichen Haushalt nötig ist, überall mithelfen müssen. Da ich aber an allen möglichen Orten und zu allen Zeiten meine Anfälle bekommen konnte, durfte ich bald nur noch Tätigkeiten übernehmen, die im Sitzen auszuführen waren, ich schälte Kartoffeln, putzte

Gemüse oder bügelte. Bei einer großen Familie gibt es außerdem viel zu stopfen und zu flicken. Man konnte es sich nicht leisten, kaputte Sachen wegzuwerfen und neue zu kaufen. Geduldig zeigte mir die Mutter, wie man stopfte und Risse in Kleidungsstücken oder Bettwäsche fachgerecht ausbesserte. Nach der kurzen Anlernphase konnte ich es bald besser als sie.

Eines Tages, ich saß mit meinem Flickkorb am Küchentisch, hatte meine Mutter einen Topf mit Milch auf den Herd gestellt. Sie verließ mal eben die Küche, um etwas anderes zu erledigen. Nach einiger Zeit fiel mein Blick zufällig auf den Milchtopf. Da sah ich, wie sich die Haut hob. Ein Alarmsignal, dass die Milch überzukochen drohte. Jeder weiß, wie sehr das stinkt und welche Mühe es bereitet, den Herd wieder zu reinigen. Um das zu verhindern, sprang ich auf, eilte auf den Herd zu und packte den Griff, um den Topf auf die Seite zu ziehen. Dann weiß ich nichts mehr.

Knapp zwei Stunden später wachte ich, wie schon so oft, auf dem Kanapee auf, diesmal mit starken Schmerzen am linken Unterarm. Diesen zierte eine weiße Binde, offensichtlich der Streifen eines Leintuchs. Von der Mutter erfuhr ich Folgendes: Der Gestank nach verbrannter Milch hatte sie in die Küche sausen lassen. Dort fand sie mich, mit dem linken Unterarm auf der Herdplatte liegend vor. Es war mir also nicht mehr geglückt, die Milch zu retten, stattdessen hatte ich mir eine Verbrennung dritten Grades zugezogen. Noch heute erinnert eine große Narbe an dieses Unglück.

»Helga, du gehst mir nie wieder an den Herd«, beschwor sie mich. »Egal, was draufsteht. Lass es lieber verbrennen oder verkohlen, ehe du dich noch mal in eine solche Gefahr begibst.«

Von da an durfte ich nur noch stopfen und flicken. Die Gefahr, dass mir die Arbeit ausgehen würde, bestand nicht. Meine älteste Schwester, die im selben Dorf wohnte, war seit Jahren verheiratet und hatte bereits vier Kinder. Sie brachte jede Woche einen runden Korb voll löchriger Strümpfe vorbei. Während ich täglich Stunde um Stunde neben meinem Flickkorb saß und Loch um Loch stopfte, konnte ich nicht ahnen, dass ich durch meine Stopferei eines Tages das Herz eines Mannes erobern würde.

Aber vorher erlitt ich eine weitere Verbrennung, diesmal erwischte es den linken Oberarm. Als ich beim Stopfen saß, dachte ich, dass es an der Zeit sei, im Herd nachzulegen. Die Mutter war aber weit und breit nicht zu sehen. So schnell wird schon nichts passieren, dachte ich und trat also an den Ofen, um Holz hineinzuschieben.

In diesem Augenblick muss ich wieder einen Anfall bekommen haben und fiel wohl mit dem Oberarm auf die Platte, wahrscheinlich nur für einige Sekunden. Die Zeit reichte aus, um mir erneut eine ordentliche Verbrennung zuzuziehen. Auch diese Narbe sieht man heute noch. Nun verbot mir die Mutter, auch nur in die Nähe des Herdes zu gehen.

So sehr man aber auf mich aufpasste und so vorsichtig ich mich auch verhielt, es ließ sich nicht vermeiden, dass immer wieder mal etwas passierte. Als ich einmal vom Schlafzimmer ins Erdgeschoss gehen wollte, stürzte ich die Treppe hinunter.

Meine Mutter vernahm das Poltern in der Küche, rannte herbei und fand mich vor der untersten Stufe, mit Schaum vor dem Mund. Mithilfe meines jüngsten Bruders – die anderen waren alle schon aus dem Haus oder beruflich unterwegs, schaffte sie mich in die Küche aufs Kanapee. Wie durch ein Wunder hatte ich mir nichts gebrochen. Trotz meiner vielen unkontrollierten Stürze habe ich mir nie einen Bruch zugezogen.

Dass ich nach meiner Schulentlassung aufgrund meines Zustandes keinen Beruf erlernen konnte, lag auf der Hand. Das war zunächst auch gar nicht die Frage, denn ich sollte unmittelbar nach dem Ende der Schulzeit mein Pflichtjahr antreten. Sicher hätte mich eine ärztliche Bescheinigung davor bewahren können. Aber dann wäre ich endgültig als »verrückt« abgestempelt gewesen, und davor hatte meine Mutter den größten Respekt, denn das Schreckgespenst einer Heimeinweisung stand ihr immer noch vor Augen. Das war auch der Grund dafür, dass sie mit mir keinen weiteren Arzt aufsuchte. Nur von unserem Hausarzt, zu dem sie grenzenloses Vertrauen hatte, ließ sie für mich regelmäßig die bewussten Pillen verschreiben. Denn Linderung brachten sie immerhin.

In ihrer Sorge um mich nahm die Mutter rechtzeitig Fühlung zu unserem Nachbarn auf: einem Bauern mit einem mittleren Betrieb, der auf der anderen Straßenseite wohnte und zu dem wir schon immer einen freundschaftlichen Kontakt unterhielten. Wir holten dort täglich unsere Milch und kauften bei ihm auch unsere Eier und unsere Butter, solange es diese noch nicht auf Marken gab. Auch hatte immer wieder mal eines von meinen Geschwistern bei der Ernte geholfen. Der Bauer und seine Frau wussten also, wie es um meine Gesundheit bestellt war. Sie waren sofort bereit, mich als Pflichtjahrmädchen zu nehmen, und entsprechend auf mich aufzupassen.

Obwohl meine »Arbeitsstelle« nur über die Straße lag, ging ich zum Schlafen nicht nach Hause. Im Bauernhaus wies man mir die Kammer zu, in der auch die alte Magd schlief, die schon seit Menschengedenken auf dem Hof diente. Außer dem Bauernehepaar, der alten Magd und den drei Kindern zwischen zwei und acht Jahren gab es noch die Mutter des Bauern und einen Knecht.

Zunächst hatte ich leichtere Arbeiten in der Küche zu verrichten, die sich überwiegend im Sitzen ausführen ließen. Da bei mir die Anfallshäufigkeit weiter nachließ, wagten meine Bauersleute es, mich zu immer mehr Arbeiten heranzuziehen. Daher kam es für mich immer wieder mal zu lebensgefährlichen Situationen. Nachdem ich einen Melkkurs mit gutem Erfolg absolviert hatte, setzte man mich auch zum Melken ein.

Einmal, als ich gar zu lange ausblieb – sie hatten immerhin acht Kühe –, kam die Bäuerin in den Stall, um nach dem Rechten zu sehen. Zu ihrem Entsetzen fand sie mich unter der vorletzten Kuh bewusstlos vor. Der Milcheimer, er war ausgelaufen, lag neben mir. Während des Melkens muss mich ein Anfall vom Schemel gehauen haben. Mein Glück war nur, dass diese Kuh nicht bösartig gewesen war, eine andere hätte mich vielleicht totgetrampelt.

Eine weitere gefährliche Situation erlebte ich in der Zeit der Heuernte. Nachdem ich tagelang keinen Anfall gehabt hatte und da sonst niemand zur Stelle war, der das Heu auf dem Wagen hätte stapeln können, schickte man mich hinauf. Der Bauer musste das Heu ja hochreichen, die alte Magd war nicht mehr in der Lage, auf den Wagen zu steigen, und das achtjährige Kind hätte noch nicht stapeln können. Außerdem war es voll damit beschäftigt, die Pferde zu führen.

Die Arbeit hoch oben auf dem Wagen machte mir Spaß, und ich war im Stapeln auch sehr geschickt. Doch plötzlich suchte mich ein Anfall heim. Ich muss ganz sachte vom Wagen gerutscht sein. Gemeinsam mit der Magd bettete der Bauer mich unter einen Baum, damit ich im Schatten lag. Die Bäuerin wurde gerufen und musste das Stapeln übernehmen. Nach einer guten Stunde stand ich wieder auf und schaffte weiter, als ob nichts geschehen sei.

Ein andermal passierte es mir beim Mistausstreuen. Es gab ja noch nicht die mechanischen Miststreuer, die den Dünger gleichmäßig übers Feld spritzen. Ich musste mich mit der Mistgabel plagen, um alles zu verteilen, was der Bauer haufenweise aufs Feld gekippt hatte. Obwohl ich ein zierliches Persönchen war, verfügte ich über erstaunliche Kraft in den Armen. Deshalb hatte man mich mit dieser Aufgabe – eigentlich eine Männerarbeit – betraut. Mittendrin kippte ich um und fiel direkt auf einen

Haufen, den ich hätte verteilen sollen. Dadurch war meine Landung zwar butterweich, aber nach dem Aufstehen stank ich bestialisch.

Eines Tages pumpte der Bauer mit einer Schwengelpumpe Jauche aus der Grube in den Tankwagen. Neugierig, wie ich war, trat ich an die Grube heran, um zu sehen, wie viel noch drin sei. Da bekam ich einen Anfall. In dieser Sekunde muss sich mein Schutzengel besonders um mich bemüht haben, denn ich landete der Länge nach neben der Grube. Ebenso leicht hätte ich kopfüber hineinstürzen können. Das wäre mein sicherer Tod gewesen. Von dem Tag an ging ich nie wieder in die Nähe der Grube.

Einige Monate, nachdem ich auf dem Bauernhof angefangen hatte, wurde unser Knecht, der zwanzigjährige Helmut, eingezogen. Als Ersatz für ihn bekamen wir einen Jungen, der ebenfalls sein Pflichtjahr ableisten musste. Er hieß Siegfried und war dreizehn Tage älter als ich.

Anfangs hatte ich wenig mit ihm zu tun. Meist fuhr er mit dem Bauern auf die Felder, während ich im Haushalt und im Stall beschäftigt war, damit mich die Bäuerin besser unter Aufsicht hatte. Nur bei den gemeinsamen Mahlzeiten sah man sich, redete aber kaum miteinander, und dann ging wieder jeder an seine Arbeit.

Da es noch keine Waschmaschine gab und man alles von Hand schrubben musste, war Waschen eine äußerst anstrengende und zeitraubende Angelegenheit. Deshalb wurden Leib- und Bettwäsche nur alle paar Monate gewaschen. Dann war es aber auch dringend nötig. Socken und Strümpfe dagegen wurden jede Woche gewaschen. Die konnte man schließlich nicht mehrere Monate lang tragen, und so große Vorräte hatte man damals nicht, dass man einen Riesenberg zum Waschen hätte zusammenkommen lassen können.

Zu meinen Aufgaben gehörte es, jeden Montag alle wollenen Fußbekleidungen einzusammeln und in einer Holzwanne mit Seifenlauge einzuweichen. Nach ein bis zwei Stunden ging ich dann daran, sie Stück für Stück zu drücken und zu kneten, damit sich der Schmutz löste. Anschließend wurden sie noch mehrmals in lauwarmem Wasser geschwenkt und dann im Garten oder auf dem Dachboden – je nach Witterung – auf die Leine gehängt.

Sobald alles trocken war, ging es ans Stopfen. Kaum ein Stück fand sich, das nicht an der Ferse, am Ballen oder am großen Zeh ein Loch aufwies. Nachdem Siegfried bei uns eingezogen war, entdeckte ich in meinem Sockenberg Exemplare von minderer Qualität, die so viele Löcher aufwiesen, dass sich an den Sohlen kaum noch etwas Stoff zwischen den Löchern befand. Offensichtlich waren diese Socken noch nie mit Stopfgarn in Berührung gekommen. Zunächst flickte ich die Strümpfe meiner Herrschaft, dann meine eigenen, zum Schluss nahm ich mir die »fremden« Socken vor. An denen würde ich eine Weile zu tun haben. Als ich sie endlich fertig hatte, legte ich sie ineinandergeschlungen in die Knechtskammer.

Am nächsten Morgen nach dem Frühstück sprach Siegfried mich an: »Warst du das, die meine Socken so wunderbar gestopft hat?« Leicht verlegen nickte ich. »Danke, vielen Dank! Jetzt wärmen sie wieder, und ich laufe mir keine Schwielen mehr an die Füße.«

Schon begab sich jeder wieder an seine jeweilige Tagesarbeit.

Nach dem Nachtessen nahm mich der Pflichtjahrjunge beiseite. Er wollte wissen, was mit mir los sei. Er hatte nämlich mal einen von meinen Anfällen mitbekommen. Um ihn aufzuklären, erzählte ich ihm die Geschichte von Anfang an. Danach zeigte er sich von Mitleid ergriffen und versicherte, zukünftig werde er ebenfalls auf mich aufpassen.

Am folgenden Abend erfuhr ich auch etwas über ihn, seine Geschichte erweckte in mir gleichfalls Mitleid. Demnach hatte er ohne Mutterliebe aufwachsen müssen. Seine Mutter hatte ihn kurz nach der Geburt einfach vor der Tür eines Krankenhauses abgelegt, nur mit einem Zettel versehen, auf dem sein Geburtsdatum stand.

Von dort hatte man ihn in ein Dresdner Waisenhaus gebracht. Es war gelungen, die Mutter nach einiger Zeit ausfindig zu machen. Von ihr erfuhr man, dass der Vater des Kindes, ein Matrose, sich in der weiten Welt herumtrieb. Auch gestand sie, dass sie noch zwei weitere Kinder von zwei weiteren Männern bekommen habe, die sich in unterschiedlichen Waisenhäusern befänden.

Seine Familiengeschichte hatte man dem Jungen aber erst nach seiner Schulentlassung erzählt. Siegfried kannte also nichts anderes als das Heimleben, wo er mit militärischem Drill großgezogen worden war. Man hatte ihn, wie alle anderen Waisenhauszöglinge, zu allen möglichen Hausarbeiten herangezogen, wo er kochen, putzen, waschen, bügeln lernte. »Nur Strümpfe zu stopfen haben die mir nicht beigebracht.« Er lächelte schelmisch.

Als mein Pflichtjahr um war, hätte ich eigentlich nach Hause gehen können. Doch der Bauer fragte mich, ob ich nicht bleiben wolle.

»Ja, gern«, antwortete ich, »wenn es meinen Eltern recht ist.« Die stimmten zu, denn so wussten sie mich gut untergebracht und konnten immer ein Auge auf mich haben. Wer sonst hätte mich auch in Dienst genommen? Hatte ich bisher monatlich zehn Mark Taschengeld bekommen, so stieg mein Gehalt nun gewaltig an: auf vierzig Mark im Monat! Ich kam mir vor wie eine Königin.

Auch Siegfried fragten sie, als sein Pflichtjahr um war, ob er bleiben wolle, was er bejahte. Wo hätte er auch hingehen sollen? Nun hatte er endlich ein Zuhause.

»Mir ist es noch nie so gut gegangen«, vertraute er mir an, obwohl er wirklich hart arbeiten musste.

Ich stopfte weiterhin seine Socken, die immer fadenscheiniger wurden. In meiner Freizeit hätte ich ihm zu gern neue gestrickt, das Stricken hatte mir jedoch der Arzt verboten. Das sei eine Tätigkeit, die das Gehirn zu sehr belaste und Anfälle auslösen könne. Das glaubte ich damals und hielt mich daran. Heute denke ich, Stopfen belastet das Gehirn ebenso, also hätte ich auch stricken können.

Siegfried und ich unterhielten uns gelegentlich, weiter war nichts. Als wir beide sechzehn waren, fragte er mich, ob ich nicht mal mit ihm zum Tanzen gehen wolle. Und ob ich wollte! Von meinem Vater hatte ich erste Schritte gelernt: Als Tanzmeister verdiente er sich nebenberuflich ein paar Mark dazu, indem er jungen Leuten einige Tanzschritte beibrachte und am Eingang des Saales so etwas wie Tanzkarten verkaufte, damit alles in geordnetem Rahmen abliefe.

Schnell hatte ich Siegfried so viel beigebracht, dass er mich durch den Saal wirbeln konnte. Es war wunderbar! Als der nächste Tanzabend in unserem Dorf stattfand, gingen wir wieder hin. Ach, ich tanzte so gerne! Plötzlich muss ich auf der Tanzfläche umgekippt sein, denn als ich die Augen wieder aufschlug, fand ich mich in der Küche des Lokals auf einer Pritsche liegend wieder. Der besorgte Siegfried saß neben mir und hielt mir die Hand. Nach diesem Erlebnis »gingen« wir miteinander.

Bei den wenigen Malen, an denen ich zu Hause Besuch machte, muss ich so von Siegfried geschwärmt haben, dass meine Mutter mich aufforderte: »Dann bring ihn doch mal mit hierher, diesen Wunderknaben.«

Das tat ich an unserem nächsten gemeinsamen freien Sonntagnachmittag. Zu dieser Zeit hatte die Mutter bereits drei Schwiegersöhne und glaubte, etwas von Männern zu verstehen. Sie hatte eigens einen Kuchen für uns gebacken. Bevor wir uns jedoch an den Kaffeetisch setzten, führte sie mit meinem Freund ein langes Gespräch unter vier Augen. Was die beiden besprochen haben, erfuhr ich nie. Jedenfalls machten beide beim Kaffeetrinken einen äußerst zufriedenen Eindruck.

Da rundherum immer mehr Männer zum Kriegsdienst herangezogen wurden, auch einige meiner Brüder, war ich heilfroh, dass Siegfried noch zu jung war. Doch was tat er? Im November 1944 meldete er sich freiwillig zu den Fallschirmspringern.

»Du bist ja verrückt«, reagierte ich entrüstet, als er mir das erzählte.

»Nein, im Ernst, ich habe mich gemeldet. Mich reizt nicht nur dieses Abenteuer, ich will auch etwas für mein Vaterland leisten.« Als er sah, dass ich ein paar Tränen verdrückte, nahm er mich in die Arme. »Weine nicht, Helga. Wenn ich wiederkomme, heiraten wir.«

»Und wenn nicht?«, schluchzte ich.

»Dann haben wir Pech gehabt. Aber ich komme wieder«, versprach er. Doch das schien mir nur ein schwacher Trost.

Als er sich von unserem Bauern verabschiedete, gab ihm dieser mit auf den Weg: »Wenn du den Krieg überlebst, kannst du jederzeit wieder bei mir anfangen.« Da kullerten mir erneut die Tränen aus den Augen.

Wie glücklich war ich, als ich Siegfrieds ersten Brief in Händen hielt. Noch nie im Leben hatte ich Post bekommen! Aus seinem Brief sprach große Enttäuschung. Statt ihn zu den Fallschirmspringern zu schicken, hatte man ihn in die Eifel verfrachtet. Er war nämlich so »leichtsinnig« gewesen, seinen Vorgesetzten zu erzählen, dass er direkt von einem Bauernhof komme und mit Pferden vertraut sei. Deshalb hatte man ihn sofort zur Waldarbeit eingesetzt. Mit einem Pferd musste er danach den lieben langen Tag Holz aus dem Wald ziehen. *Wenn ich das gewusst hätte, wäre ich doch lieber bei dir geblieben*, schrieb er wörtlich. Mich beruhigte diese Mitteilung sehr. Solange er Holz aus dem Wald zieht, kommt er nicht an die Front, war mein tröstlicher Gedanke.

Als ich meiner Mutter voller Stolz den Brief zeigte, seufzte sie abgrundtief: »Dem Kerl traue ich nicht. Der verliebt sich bestimmt in der Eifel in eine andere, und du gehst leer aus.«

Diese Worte munterten mich nicht gerade auf. Mir blieb nichts anderes übrig, als zu arbeiten, zu warten und zu hoffen. Auf jeden Brief stürzte ich mich wie eine Verdurstende auf Wasser. Ab Februar 1945 blieb die Post von meinem Liebsten aus. Was hatte das zu bedeuten? Sollte meine Mutter mit ihrer Prophezeiung recht haben? Oder hatte man meinen Liebsten doch noch an die Front geschickt, und er war längst gefallen?

Als der Krieg Anfang Mai 1945 endlich aus war, ging ein allgemeines Aufatmen durchs Land. Mir aber blieb das Herz weiterhin schwer. Von Siegfried sah und hörte ich nichts. Stattdessen zogen Russen in unser Dorf ein.

Auch meine Eltern hatten Einquartierung, weil nach dem Auszug fast aller Kinder einige Räume leer standen. Vier russische Soldaten zogen bei uns ein. Meine Mutter nähte für sie, was diese sehr zu schätzen wussten. In dieser Zeit durfte ich mich zu Hause nicht blicken lassen. Meine Mutter befürchtete, die Russen könnten mich vergewaltigen, von solchen Fällen war ihr nämlich zu Ohren gekommen. Meine Bäuerin spielte ebenfalls mit. In dieser Zeit betraute sie mich nur mit Aufgaben, bei denen ich nach außen hin »unsichtbar« blieb.

Nach vier Wochen waren die Russen weitergezogen, und ich konnte wieder unbesorgt mein Elternhaus besuchen.

Im Oktober 1947 stand Siegfried plötzlich vor der Tür. Ohne Rücksicht auf meine Bauersleute fiel ich ihm jubelnd um den Hals.

»Siehst du, mein Mädel, hab ich's nicht gesagt! Jetzt wird Verlobung gefeiert.«

Das geschah in äußerst bescheidenem Rahmen in meinem Elternhaus. Atemlos lauschten wir Siegfrieds Bericht. Nachdem er in der Eifel einige Monate mit Holzziehen beschäftigt gewesen war, hatte man ihn endlich doch noch in die Ausbildung zum Fallschirmspringer geschickt. Bevor er jedoch zum Kriegseinsatz kam, hatten ihn die Russen schon einkassiert.

Nun war mir klar, warum seine Briefe ausgeblieben waren. In der russischen Gefangenschaft sei es ihm anfangs gar nicht schlecht ergangen, erzählte er. Zunächst sei er in Dresden inhaftiert gewesen, dort habe er jeden Abend mit den russischen Soldaten Wodka getrunken. Er kam zwar unverletzt aus dem Krieg heim, aber aus dem russischen Barackenlager hatte er eine chronische Bronchitis mitgebracht, die ihm noch sehr lange zu schaffen machte.

Von meinen drei Brüdern, die in den Krieg ziehen mussten, kamen zwei mit geringfügigen Verletzungen nach Hause. Von dem dritten aber, dem Max, haben wir nie wieder etwas gehört.

Siegfried hätte am liebsten auf der Stelle geheiratet, meine Mutter aber sagte: »Das halbe Jahr, bis ihr volljährig seid, könnt ihr auch noch warten.«

Das taten wir dann auch. Wir feierten eine kleine, bescheidene Hochzeit, ich aber war glücklich, mit meinem Siegfried auf immer verbunden zu sein. Allen Unkenrufen zum Trotz hatte ich einen Ehemann gefunden. Und was für einen! Siegfried sah gut aus, er war fleißig und strebsam, aber vor allem: Er liebte mich! Und zwar so, wie ich war, mit meiner Krankheit und mit meinem Blutschwämmchen auf der linken Wange.

Meine Mutter hatte schon häufiger ihre Bedenken geäußert: »Es wird für dich nicht leicht sein, einen Mann zu finden.«

In der Schule hatten die Buben gespottet: »Die Male mit dem Schwarzfleck kommt.«

Klassenkameradinnen riefen hämisch: »Du wirst nie einen Mann bekommen!«

Und nun war ich eher verheiratet als die meisten von ihnen.

Was soll ich sagen? Nach einigen Jahren zogen wir auf abenteuerliche Weise rüber in den Westen. Vielleicht lag es an der Luftveränderung oder daran, dass man inzwischen bessere Medikamente hatte, jedenfalls war mein Anfallsleiden nach einiger Zeit verschwunden. Aber das wäre eine eigene Geschichte.

Einmal geschenkt bleibt geschenkt

*Amanda, Jahrgang 1924, aus Mommenheim/
Rheinhessen, Pflichtjahr 1939/40*

Im Mainzer Stadtkrankenhaus erblickte ich am 14. Februar 1924 das Licht der Welt. Für die damalige Zeit war das sehr ungewöhnlich, denn früher wurden die meisten Kinder noch zu Hause geboren. Meine Mutter Emma aber wagte gern das Ungewöhnliche. Vielleicht hing das damit zusammen, dass ihr Leben einen ungewöhnlichen Verlauf genommen hatte. Sie stammte aus einer kinderreichen Familie, die in einem kleinen Dorf in der Nähe von Erlangen lebte. Sie war das sechste Kind ihrer Eltern, und ihre Mutter verschenkte sie wenige Wochen nach ihrer Geburt kurzerhand an den kinderlosen Bruder in Stuttgart. Die kleine Emma wuchs also in der Großstadt auf. Dort ging es ihr gut, vermutlich besser, als es ihr bei ihren leiblichen Eltern ergangen wäre, bei denen danach noch weitere Kinder ankamen.

Doch ihre Mutter, meine Großmutter Katharina, litt ein Leben lang unter ihrer Tat. »Warum hast du sie nicht einfach zurückgeholt?«, fragte ich, nachdem sie mir diese Geschichte gebeichtet hatte.

»Ja, weißt du, Amanda, mehr als einmal habe ich daran gedacht, einfach hinzufahren und die Emma zurückzuholen. Dann hämmerte warnend das alte Sprichwort in meinem Kopf: ›Einmal geschenkt bleibt geschenkt, wiederholen ist gestohlen.‹ Ich hätte so ein schlechtes Gewissen gehabt, wenn ich meinem Bruder und seiner Frau das einzige Kind wegnehme, wo ich doch so viele hatte. Mit Rücksicht auf mein Kind konnte ich das auch nicht tun. Für die Emma wäre es gewiss ein Schock gewesen, wenn ich sie aus ihrer vertrauten Umgebung herausgerissen hätte. Außerdem hatte sie es dort viel besser als bei uns, wo es bei den vielen Kindern doch recht ärmlich zuging.«

Meine Mutter war also ein echtes Stadtmädel, und es ist erstaunlich, dass sie sich in meinen Vater verliebte, der ihr von Anfang an gestand, dass er vom Land sei und auch dahin zurückzukehren gedenke. Die beiden hatten sich in Stuttgart kennengelernt, wo er als Schlossergeselle auf der Walz gewesen war.

Vier Jahre nach meiner Geburt bekamen meine Eltern noch eine Tochter, die Irmgard. Sie war von Anfang an Vaters Augapfel, ich dagegen mehr ein Mutterkind. Keine von uns beiden war jedoch auf die andere eifersüchtig. Wir akzeptierten es einfach. Leider ist Irmgard als Kind oft krank gewesen.

Von meiner Schulzeit gibt es nicht viel zu berichten. Außer dass wir Lesen, Schreiben und Rechnen lernten, erzählte man uns etwas über Hitlers Machtergreifung am 30. Januar 1933. Das interessierte mich aber herzlich wenig. Nur als ich, wie alle anderen Mädchen in meinem Alter, dem BDM beitreten musste, zeigte ich wesentlich mehr Interesse. Dort ging es lustig zu. Man vergnügte sich mit Spielen, bei Regen im Raum, bei Sonnenschein im Freien, man sang und wanderte. Sicher, ab und zu gab es auch einen politischen Vortrag, dabei habe ich aber nicht richtig zugehört. Weil ich so gut wie nichts davon verstand, wurde mir da immer sehr schnell langweilig.

Einmal hieß es in der Schule: »Adolf Hitler kommt nach Oppenheim!«

Aus diesem Anlass wurden sämtliche Schulkinder mit einem Laster an den Rhein gekarrt. Von allen Dörfern nah und fern strömten die Kinder und Jugendlichen mit ihren Lehrern zu Fuß oder per Lastwagen herbei. Wir säumten die Straße von Nackenheim bis Oppenheim, mussten strammstehen und brachten es immerhin auf eine acht Kilometer lange »Kinderkette«.

Wir warteten und warteten und dachten Wunderwelt, was wir zu sehen kriegen würden. Und dann nahte er endlich, der Führer. Brav hoben wir die Hand zum Hitlergruß. Aber er ist einfach an uns vorbeigefahren, den Blick stur geradeaus gerichtet, und hat noch nicht mal nach uns geguckt. Nach ein paar Sekunden war alles vorbei – und dafür hatten wir stundenlang in der prallen Sonne gestanden. In der Zeit hätten wir bestimmt etwas Besseres tun können. Ein Wunder, dass wir nicht reihenweise umgekippt sind. Wahrscheinlich verhinderte das die frische Brise, die ständig vom Rhein her wehte.

Ich kann mich erinnern, dass wir einige Jahre zuvor, 1934, als Hindenburg gestorben war, auch in der prallen Sonne standen. Weil die Beerdigung im Radio übertragen wurde, mussten sich alle Schüler auf dem Pausenhof versammeln, um der Stimme aus dem Lautsprecher zu lauschen. Plötzlich ist einer von uns zusammengeklappt, obwohl wir bei Weitem nicht so lange in der Wärme gestanden hatten wie in Oppenheim. Ganz schnell war's da vorbei mit der Feierlichkeit.

Als ich zwölf war, sprach eine Nachbarin meine Mutter an: »Die Amanda ist doch alt genug, dass sie schaffen gehen kann. Schick sie zu mir zum Putzen rüber. Dann hast du sie schon mal einen Tag in der Woche aus der Kost.«
 Das ließ sich meine Mutter nicht zweimal sagen. Also sandte sie mich jeden Samstag nach dem Unterricht zur Nachbarin. Dort bekam ich mein Mittagessen, putzte fünf Stunden und wurde mit Nachtessen versorgt. Es sprach sich herum, dass ich tüchtig im Putzen war, und so hatte ich bald zwei weitere Putzstellen, die eine am Freitag, die andere am Donnerstag.
 Nachdem ich ein Jahr lang bei der ersten Nachbarin geschuftet hatte, ließ sie mich einen alten Mantel von sich auftrennen und die Teile zur Schneiderin bringen. Diese nahm an mir Maß, wendete den Stoff und fertigte für mich daraus einen Mantel, den sie mit einem Pelzkragen verzierte. Das war meine Bezahlung für ein ganzes Jahr Arbeit.
 Bei den anderen Anstellungen fiel der Lohn ähnlich bescheiden aus, das war damals eben so. Als Kind schon hatte ich überwiegend geerbte oder geschenkte Kleidung getragen. Diese vererbte ich dann wiederum an meine Schwester weiter, sobald ich rausgewachsen war. Eine Verwandte der Tante, bei der

meine Mutter aufgewachsen war, hatte einen Ehemann, der für die damalige Zeit gut verdiente. Er bekleidete eine Stelle im Büro des Schlosses. Sie waren also gut situierte Leute, wie man damals sagte. Ihre einzige Tochter war zwei Jahre älter als ich. Von ihr schickten sie mir immer wieder mal ein paar Sachen, denen sie entwachsen war.

Eines Tages kam aus Stuttgart wieder mal ein Paket an. Es enthielt einen Lodenmantel, einen mit Kapuze! Loden kannte man bei uns gar nicht. Es war ein wertvolles Stück und sah aus wie neu. Sämtliche Freundinnen beneideten mich darum, und meine Schwester konnte es kaum erwarten, dieses Prachtstück von mir zu erben.

Zur Konfirmation bekam ich allerdings dann etwas Neues, die Schneiderin durfte sogar zwei Kleider für mich anfertigen. Die Konfirmation war ein so bedeutendes Ereignis, dass man dafür extra ein Sonntags- und ein Montagskleid brauchte. Das eigentliche Konfirmationskleid war schwarz und mit einem weißen Kragen verziert. Ich trug es sogar noch Jahre später, nachdem die Schneiderin eine kleine Änderung vorgenommen hatte, zu meiner Hochzeit. Mein Montagskleid war grün und mit einem gelben Kragen besetzt.

Als es auf meine Schulentlassung zuging, äußerte ich zu Hause den Wunsch, Friseuse zu werden.

»Nichts da!«, entschied mein Vater. »Einen solchen Firlefanz kannst du dir gleich aus dem Kopf schlagen. Meinst du, ich will für dich Lehrgeld zahlen? Du gehst gleich in Stellung, damit du was verdienst.«

Sofort nach der Schulentlassung schickte er mich nach Mainz in eine Brauerei, wo ich den lieben lange Tag Flaschen spülte. Meinen ganzen Verdienst musste ich zu Hause auf Heller und Pfennig abgeben.

Aus der Friseurlehre war also nichts geworden. Dass ich Geld verdienen konnte, dauerte aber auch nicht lange. Kaum dass ich ein Jahr in der Brauerei verbracht hatte, traf schon meine »Einberufung« zum Pflichtjahr ein. Da wurde nicht lange gefackelt, es hieß einfach: »Du musst nach Dittelsheim-Heßloch auf einen Bauernhof.«

Die einzige Möglichkeit, dorthin zu gelangen, bot sich mit dem Fahrrad. Nun ja, da ich bisher mit Landwirtschaft noch nichts am Hut gehabt hatte, schien es mir recht interessant, fortan auf einem Bauernhof zu arbeiten. Man setzte mich überall ein: beim Rübenhacken und Heumachen, bei der Getreideernte, dem Kartoffeln- und Rübenausmachen und im Wingert.

Interessanter als auf den Äckern fand ich es aber im Stall. Bei den Kühen, den Hühnern und den Schweinen fühlte ich mich richtig wohl. Letztere mochte ich am liebsten, besonders wenn sie frisch geboren und noch rosig und sauber waren.

Während meiner Zeit kamen immer wieder mal Ferkel auf die Welt. Die männlichen Ferkel wurden kurz nach ihrer Geburt kastriert. Man behielt nicht alle auf dem Hof, einige wurden als Spanferkel an ein renommiertes Mainzer Gasthaus verkauft, andere fütterte man zu Läuferschweinen heran und verkaufte sie dann. Immer wieder fuhr der Viehhändler bei uns vor und holte eine Ladung Borstenvieh ab.

Ich war gern dabei, wenn die Säue ferkelten. Meist gab es acht bis zwölf Junge. Fast alle Mutterschweine schienen gar nicht mitzubekommen, was da gerade passierte: Während des ganzen Geburtsvorganges grunzten sie leise und gelangweilt vor sich hin. Auch wenn ich die Neuankömmlinge, wie es mir die Bäuerin gezeigt hatte, an die Zitzen legte, wo sie begierig von der Biestmilch tranken, störte das die alte Sau nicht im Geringsten.

Eine aber war dabei, die war ein rechtes Miststück. Das merkte ich allerdings erst, als ich ihr das erste Ferkel anlegen wollte. In diesem Moment drehte sie den Kopf zu ihm um, und ich dachte schon: *Was für eine liebevolle Mutter, sie will ihr erstes Kind begrüßen!* Da schnappte sie schon zu, noch ehe ich reagieren konnte. Das arme Kleine war auf der Stelle tot.

»Das tust du mir nicht wieder«, schimpfte ich. Damit sie das bei den noch folgenden Ferkeln nicht tun konnte, nahm ich die Kleinen gleich nach der Geburt weg und legte sie in einen leeren Koben. Auf diese Weise gelang es mir, von den acht Ferkeln, die sie geworfen hatte, sieben zu retten. Stolz berichtete ich der Bäuerin von meiner Rettungsaktion.

»Ach, Kind«, seufzte sie. »Das bringt gar nichts. Wenn die Kleinen nicht bei ihrer Mutter trinken können, verkümmern sie.«

»Und wenn ich sie mit der Flasche aufziehe?«, bot ich optimistisch an.

»Bei einem würdest du das vielleicht schaffen, aber sieben bringst du nie und nimmer durch. Außerdem – wenn sie keine Biestmilch kriegen, stehen ihre Lebenschancen von Anfang an schlecht.« Die Bäuerin belehrte mich, dass man die erste Milch »Biestmilch« nannte, die alle wichtigen Nährstoffe für die neugeborenen Ferkel enthielt. Sobald man sie anlegte, lief die Milch ihnen gewissermaßen direkt ins Maul, die Kleinen brauchten gar nicht zu saugen.

»Wir müssen uns eben damit abfinden, dass wir diesmal keinen Nachwuchs von der Sau haben«, sagte sie schicksalsergeben.

Ich aber war maßlos enttäuscht und musste feststellen, dass die Kleinen schon am nächsten Tag verhungert waren.

Im Haushalt musste ich ebenfalls anpacken. Sobald die Bauersfrau spitzgekriegt hatte, dass ich Erfahrung mit der Hausreinigung hatte, ließ sie mich alle Böden von oben bis unten putzen und bohnern – und es war wahrlich kein kleines Haus. Im Frühjahr, noch ehe mein Pflichtjahr zu Ende ging, beraumte sie noch einen Hausputz an, das heißt, vom »höchsten Söller bis zum tiefsten Keller« war Großputz angesagt. Die Bäuerin half natürlich dabei mit, denn ich hätte es nicht geschafft, die Betten oder die anderen Möbelstücke allein weg- und wieder hinzuschieben. Auch hätte ich es nicht geschafft, die schweren Matratzen allein hinauszutragen, um sie auszuklopfen. Fensterputzen und Gardinenwaschen waren auch in der Großputzaktion inbegriffen. Drei volle Tage brauchten wir.

Bei meiner Verabschiedung am letzten Tag meines Pflichtjahres seufzte die Bäuerin: »Schade, dass du jetzt gehst, Amanda. Mit deiner Vorgängerin war in puncto Putzen nicht viel los, und ob deine Nachfolgerin dir das Wasser reichen kann, bezweifle ich.«

Diese Aussage schmeichelte mir. Dennoch dachte ich nicht an eine Verlängerung meines Aufenthaltes. Ich war froh, wieder in mein Elternhaus zurückkehren zu können.

In der Brauerei hätten sie mich sofort wieder genommen, mein Vater aber meinte, Mainz sei inzwischen zu einem gefährlichen Pflaster geworden, die Stadt war damals häufig Zielscheibe von Bombenangriffen. Längst hatte er im Dorf eine Stelle für mich ausgeguckt, in einem Betrieb mit vielfältigen Aufgaben: Landwirtschaft, Gastwirtschaft, Lebensmittelgeschäft, Weinbau und Haushalt. In all diesen Bereichen wurde ich eingesetzt und bekam fünfundzwanzig Mark Lohn im Monat.

Da mein Vater beobachtete, wie sehr ich mich plagen musste und wie viele Stunden am Tag ich schuftete, schlug er dem Chef vor: »Ein bisschen mehr Lohn könnt ihr der Amanda schon geben.«

»Gut«, entgegnete dieser, »sie kriegt fünf Mark im Monat mehr, wenn sie melken lernt.«

Gesagt, getan. Bisher hatte man drei Kühe gehalten. Sobald ich aber melken konnte, wurde eine vierte angeschafft.

Damit ich am Morgen immer rechtzeitig zur Stelle war, hatte man für mich ein Bett in das Zimmer der Töchter gestellt, obwohl ich in nur fünf Minuten zu Hause gewesen wäre. Daheim behielt ich mein Bett aber bei, damit ich eine Bleibe hatte, wenn mich das Heimweh mal überkam. Ich nutzte es aber wirklich nicht oft, höchstens im Sommer.

Wie allgemein bekannt sein dürfte, gab es in der Kriegs- und Nachkriegszeit Lebensmittelkarten. Da ich auch im Lebensmittelgeschäft eingesetzt wurde, lernte ich bald, die entsprechenden Märkchen aus den Karten auszuschneiden und sie gewissenhaft in eine besondere Schublade zu legen.

Am Abend, wenn mein Dienst offiziell beendet war und ich mich hundemüde zurückziehen wollte, hieß es: »Willst du schon ins Bett, oder hilfst du uns noch ein bisschen beim Bappen?« »Bappen« ist bei uns der Ausdruck für »Kleben« und meinte hier im Besonderen das Aufkleben der Lebensmittelmärkchen auf Zeitungsbögen.

Jeden Abend wurde der Inhalt der Ladenschublade sorgfältig auf den Küchentisch gekippt. Dann durften weder ein Fenster noch eine Tür geöffnet werden, jeder Luftzug hätte zu einer Katastrophe führen können. Die Marken waren ja federleicht und hätten in allen möglichen Ecken und Ritzen verschwinden können. Sie mussten aber vollzählig abgegeben werden, sonst bekam der Ladeninhaber nicht die benötigten Bezugscheine für neue Waren. Bevor wir aber mit dem Bappen anfangen konnten, mussten die Marken erst sortiert werden, nach der Art der Lebensmittel: Zucker, Mehl, Butter, Margarine, Hülsenfrüchte usw. Bei der Sortierung halfen einem natürlich die unterschiedlichen vorgegebenen Markenfarben.

Vom Krieg hatten wir in unserem beschaulichen Ort zunächst nichts mitbekommen, wir wohnten ja immerhin fünfzehn Kilometer von der Stadtmitte Mainz entfernt. Als ich dann aber in unserem Ort im

Dienst stand, wurden Flaksoldaten in unserem Dorf stationiert. Sie kamen jeden Tag in unsere Wirtschaft zum Essen. Es blieb auch nicht aus, dass die eine oder andere Dorfschöne von einem Flaksoldaten schwanger wurde.

Einer dieser Soldaten war besonders mutig – oder soll ich sagen: dreist? Obwohl er daheim eine Ehefrau hatte, begann er ein Techtelmechtel mit einem Mädchen aus unserem Dorf. Wenn die Ehefrau alle vierzehn Tage zu Besuch kam, bewohnten beide in unserem Gasthaus ein Zimmer. Nachdem die Soldaten zehn Monate in unserem Dorf stationiert waren, präsentierte ihm die Freundin eine kleine Loni, wenige Wochen danach brachte die Ehefrau ebenfalls ein Mädchen zur Welt.

Was tat unser tapferer Soldat? Weil ihm der Name Loni so gut gefiel, nannte er sein eheliches Töchterchen ebenso. Diese Dreistigkeit war tagelang Ortsgespräch. Ob die Ehefrau jemals von der unehelichen Loni Kunde erhalten hat, weiß ich leider nicht. Jedenfalls zogen die Soldaten bald darauf ab.

Irmgard, meine Schwester, hatte auch nichts lernen dürfen. Sie musste ihr Pflichtjahr von 1942 auf 1943 ableisten, gleichfalls in der Landwirtschaft. Man hatte sie in einen Ort geschickt, der näher als der unsere zu Mainz lag. Deshalb war dort die Bombengefahr wesentlich höher als bei uns.

In dieser Zeit ging es mit den Angriffen erst richtig los. Die ganze Familie samt Personal musste häufig in den Luftschutzkeller flüchten. Irmgard erzählte uns später, sie hätten mehr im Keller gehockt als auf den Feldern zu arbeiten.

Aber auch bei uns im Ort wurde es allmählich brenzlig. Oft mussten wir in einen Luftschutzkeller flüchten, wo sich dann immer viele Leute versammelten. Die gesamte Nachbarschaft kam dort zusammen. Wir atmeten auf, als die Amerikaner in unser Dorf einmarschierten. Damit war der Spuk des Krieges endgültig zu Ende. Aus unserer Familie war glücklicherweise niemand zu Schaden gekommen.

Die kleine Hilfslehrerin

*Resi, Jahrgang 1928, aus Klingen bei Aichach,
Pflichtjahr 1942/43*

Am 27. Dezember 1928 wurde ich in eine recht arme Schusterfamilie hineingeboren, in der es bereits fünf Kinder gab. Nach mir kamen dann noch sechs weitere Geschwister an. Zu einigen meiner Geschwister pflegte ich ein sehr enges Verhältnis, mit anderen weniger. Maria, meine älteste Schwester, Jahrgang 1922, wurde meine wichtigste Bezugsperson. Von meiner Geburt an war sie mein Kindermädchen und musste sich immer um mich kümmern.

Was Maria jahrelang für mich gewesen ist, war ich Jahre später für meine Schwester Viktoria, die im Jahre 1933 auf die Welt kam. Sie war sozusagen »mein Kind«.

Als ich 1935 in die Schule kam, konnte ich mich natürlich nur noch am Nachmittag um die Kleine kümmern. Obwohl wir noch kein Bad besaßen, achtete die Mutter streng auf Reinlichkeit. Es wurde jeden Samstagnachmittag gebadet. Um sich aber die Arbeit zu ersparen, nach dem Baden die Küche putzen zu müssen, stellte die Mutter in der warmen Jahreszeit die Zinkwanne in den Hof. Lieber schleppte sie aus der Küche warmes Wasser herbei. Nun konnte ein Kind nach dem anderen nach Herzenslust planschen. Im Winter stellte Mutter die Wanne in den Kuhstall, wo es schön warm war. Auch da brauchte nachher nicht aufgeputzt zu werden, das Wasser verlief sich.

Da mein Vater, der Kaspar, von seiner Schusterei die Familie nicht ernähren konnte, betrieb er nebenbei eine kleine Landwirtschaft. Vielleicht war es aber auch umgekehrt, und er schusterte nebenbei, weil unsere kleine Landwirtschaft – zwei Kühe, ein Dutzend Hühner, einige Gänse – zum Leben nicht ausreichte. Von seinem Vater, der einen Bauernhof besaß, hatte er als Aussteuer sechs Tagwerk Land mitbekommen. Ein Teil davon, die Wiese, ernährte unsere Kühe. Dank eines Birnbaums und zwei Zwetschgenbäumen konnten wir sogar eigenes Obst ernten. Auf dem Ackerland baute der Vater Rüben und Kartoffeln an.

Unsere Kühe lieferten uns nicht nur Milch und alle Jahre je ein Kalb, sie waren auch unsere Arbeitstiere. Schon früh lernte ich den Leitspruch kennen: »Eine Kuh deckt viel Armut zu.«

Damit wir auch Äpfel hatten, ersteigerte Vater jedes Jahr einen Straßenbaum, das heißt, man durfte von einem der Bäume, die eine Art Allee bildeten, die Äpfel ernten.

In den Sommermonaten war der Vater tagsüber meist auf dem Feld, nur in den Morgen- und Abendstunden saß er auf seiner Schusterbank. Um Strom zu sparen, nutzte er nach Möglichkeit die Tageshelligkeit für sein Handwerk. Wenn es am Abend aber für das Schustern zu dunkel wurde, ging er mit uns hinaus auf den Hof, wo er mit uns Schusser spielte, also mit kleinen Ton- oder Glaskugeln, die man anderswo Klicker oder Murmeln nennt. Auch spielte er mit Vorliebe mit uns Fangen oder Verstecken. Er war wirklich ein lieber und guter Vater, der alles für seine Familie tat. Manchmal ist er am Sonntag nach dem Mittagessen mit uns kleinen Kindern im Wald spazieren gegangen, baute Mooshäusel mit uns und erklärte uns die Natur. Nach Feierabend hat er auch gern mit uns gesungen.

Meist waren es nur Flickarbeiten, die er zu machen hatte: eine Sohlenspitze, einen Absatz, eine geplatzte Naht. Dass er mal eine ganze Sohle unter einen Schuh nageln durfte, kam selten vor, die Leute mussten ja alle sparen. Hatte er mal ein Paar Stiefel anzufertigen, freute er sich riesig, denn das brachte wirklich Geld ein. Oft musste ich dann die reparierten Schuhe zu den Leuten tragen. Unter die Sohle hatte der Vater mit Kreide geschrieben, was die Reparatur kostete. Nach einem solchen Rundgang war ich meist sehr traurig, weil ich oft ohne oder mit nur sehr wenig Geld heimkam. Die Leute vertrösteten mich nämlich oft mit den Worten: »Im Moment hab ich kein Geld. Schaust halt nächste Woche wieder herein.« oder »Ich werd's dem Vater nächste Woche vorbeibringen.«

So eine »Woche« konnte sich über Monate hinziehen, ja, manch einer vertröstete uns fast ein ganzes Jahr. War die Bezahlung bis zum folgenden Neujahrstag nicht eingegangen, besuchte der Vater selbst die säumigen Kunden und verließ sie nicht eher, bis sie bezahlt hatten.

Im Winter, wenn auf den Feldern nichts zu tun war, ging er auf Stör, meist im eigenen Dorf, oft aber auch auf Nachbardörfern. Das heißt, etwas wohlhabendere Bauern bestellten ihn für mehrere Tage oder gleich eine ganze Woche, damit er alles an Schuhwerk reparieren konnte, was sich im Laufe des Jahres angesammelt hatte. Manches Mal durfte er auch ein ganz neues Paar Schuhe anfertigen, dann sahen wir ihn erst am Samstag wieder.

Immer begab er sich mit dem Radl zu seiner Kundschaft. Wenn es in der Frühe und am Abend recht dunkel war, entzündete er die Karbidlampe, die vorn am Rad hing. Auf den Gepäckträger schnallte er seinen Schusterranzen, der alles Nötige an Werkzeug und auch verschiedene Lederstücke enthielt. Von diesen Arbeiten brachte er zwar nicht allzu viel Bargeld heim, dafür hatte er aber manchmal Speck, Schinken, Mehl oder Brot in seinem Ranzen, auch wurde er den ganzen Tag von der Bauernfamilie beköstigt.

Als ich elf Jahre alt war, brauchte ich keine reparierten Schuhe mehr zur Kundschaft zu tragen, denn ein neuer Lebensabschnitt begann für mich. Mein Vater hatte mit einer Bauernfamilie, die nur fünf Minuten von uns entfernt wohnte, eine Vereinbarung getroffen. Ich sollte in ihr Haus übersiedeln und dort als Kindermädchen arbeiten. Das war für mich nichts Außergewöhnliches, denn auch meine älteren Schwestern waren mit elf aus dem Haus gegangen, um bei Bauern zu arbeiten. Jeder Esser weniger im Haus bedeutete für meine Eltern eine Erleichterung.

Auf dem Bauernhof ging es mir besser als daheim. Zum ersten Mal in meinem Leben schlief ich allein in einem Zimmer. Zu Hause waren wir stets mehrere Geschwister im Schlafraum gewesen und hatten uns zu zweit ein Bett teilen müssen.

Mit dem Essen war es auch ganz anders, als ich es gewohnt war: Die Bäuerin stellte eine große Schüssel in die Mitte des Tisches, und alle löffelten daraus. Die Leute schlangen die Suppe ziemlich heiß herunter. Ich kannte es jedoch nicht, so heiß zu essen, deshalb bekam ich nur wenig ab. Die Bäuerin, eine gute Frau, bemerkte das gleich. Deshalb füllte sie in Zukunft mein Essen in eine kleine Schüssel, sodass ich meine Portion in Ruhe essen konnte.

Bei meinem Dienstantritt war ich noch schulpflichtig, was jedoch kein Problem darstellte. Der Bauernhof befand sich ja in demselben Dorf, in dem auch wir wohnten. Also konnte ich in meiner Schule verbleiben. Am Vormittag besuchte ich den Unterricht, am Nachmittag, an Sonn- und Feiertagen sowie in den Ferien arbeitete ich dann als Kindermädchen.

Ich ging gern zur Schule und war auch sehr fleißig. Wenn ein Kind eine Aufgabe besonders gut gemeistert hatte, wurde es von der Lehrerin mit einem Fleißbildchen belohnt, auf dem ein hübsches Motiv, manchmal auch ein religiöses, zu sehen war. Oft stand auch noch ein netter Spruch darunter. Diese Bildchen wurden von den Kindern mit Begeisterung gesammelt. Manche klebten sie sogar in ein kleines Heft. Ich bekam oft Fleißbildchen, andere Kinder selten oder nie. Sie hätten aber auch gern welche gehabt, zum einen, weil ihnen diese gefielen, zum anderen, um den Eltern zu zeigen, dass sie schön fleißig gewesen waren – in der Hoffnung, dafür gelobt zu werden.

Nun hatte ich, wie andere ärmere Kinder auch, zur Pause meist nur ein trockenes Stück Brot dabei. Kinder von großen Bauernhöfen dagegen kamen mit einem Butterbrot daher. Manchmal hatte ihnen die Mutter noch einen Apfel oder sogar Schmalzgebäck dazu gepackt.

So blühte bald ein reger Tauschhandel: Butterbrot oder Apfel gegen Bildchen. Am liebsten tauschte ich gegen ein Stückchen Birnbrot, ähnlich dem heutigen Früchtebrot. Ach, war das immer gut! Bei mir zu Hause vermisste man diese Bildchen nicht. Meine Geschwister und ich hatten schon so viele davon heimgebracht, dass meine Eltern gar nicht mehr hinschauten. Für sie war es selbstverständlich, dass wir in der Schule unsere Arbeit gut machten.

Viele Kinder, so auch wir, besaßen nur Holzschuhe. Die Sohlen schnitzte der Schäffler. Das war der Handwerker, der aus Holz auch Eimer und Fässer herstellte. Unser Vater, der Schuster, nagelte Leder darüber, sodass sie aussahen wie Pantoffeln. Diese Schuhe hielten nicht warm. Sogar mit unseren selbst gestrickten Wollsocken bekamen wir kalte Füße. Auf dem rauen Boden lief sich die hölzerne Sohle schnell ab und wurde dann sehr glatt. Am Schluss benutzten wir diese Fußbekleidung noch zum Schliefern auf Eis. Manchmal brach sogar die Sohle entzwei.

Im Sommer liefen wir sowieso ständig barfuß. Weil Schuhe teuer waren, mussten sie für den Winter geschont werden. Wir bekamen oft zu hören: »Schusters

Kinder und Schmieds Ross laufen die meiste Zeit barfuß.«

Der Klassenraum wurde mit einem Holzofen beheizt. In der Kriegszeit musste jedes Schulkind von zu Hause ein paar Holzscheite mitbringen, damit wir nicht im Kalten saßen.

Leider wurde mein Vater schon vor Beginn des Polenfeldzugs eingezogen, dabei hatte er schon im Ersten Weltkrieg gedient. Da der neue Feldzug so schnell beendet war, hoffte er, nach Hause entlassen zu werden. Doch es kam anders. Er wurde Richtung Frankreich geschickt und musste bei der Errichtung des Westwalls mithelfen. Zwar entließ man ihn ein paarmal auf Heimaturlaub, aber erst 1946 kehrte er endgültig zurück.

In der Kriegszeit mussten in der Schule und auch zu Hause alle Mädchen ab der dritten Klasse Socken für die Soldaten stricken. Die graue Wolle wurde in riesigen Knäueln an die Schule geliefert. Wir Mädchen arbeiteten zu zweit, um kleinere Knäuel davon abzuwickeln. Die Lehrerin wies uns an, dass unsere Väter die Socken anprobieren sollten, damit diese auch ja groß genug wurden für andere Männerfüße. Aber wie sollte man das machen, wenn der Vater doch selbst im Krieg war? Die Lehrerin kontrollierte auch, ob wir zu Hause genügend gestrickt hatten.

Als ich bereits auf dem Bauernhof arbeitete, blieb mir oft nicht genug Zeit zum Stricken. Die Bäuerin erbarmte sich dann meiner und strickte abends noch an meinen Soldatensocken, damit ich am nächsten Tag in der Schule nicht geschimpft wurde. Wenn ein Paar Socken fertig war, schrieb man einen kleinen

Brief, ungefähr so: *Lieber Feldgrauer! Gestern sind die Socken für dich fertig geworden. Ich hoffe, du kannst sie brauchen und freust dich darüber. Viele liebe Grüße, Deine Resi.* Diese Zettel steckten wir in die Socken. Wenn in der Schule eine Schachtel mit Socken gefüllt war, wurde sie abgeschickt.

Bei meinem Dienstantritt auf dem Bauernhof gab es dort nur ein Kind, die einjährige Anni. Ein knappes Jahr später gesellte sich Brüderchen Sepp dazu, und wieder ein Jahr danach kam die kleine Sofie an. Als ihr Vater in den Krieg ziehen musste, legte er mir das Kind in den Arm mit den Worten: »Die gehört jetzt dir.«

So sah es dann wirklich aus. Ihr Bettchen wurde in mein Zimmer gestellt, und wenn sie nachts schrie, musste ich Sofie auf irgendeine Weise beruhigen, indem ich ihr Tee einflößte, die Windeln wechselte oder sie herumtrug. Auch als alle drei Geschwister Masern und den Keuchhusten durchmachten, blieb die Pflege von Klein-Sofie ganz mir überlassen.

Unsere Dorfschule wurde von etwa achtzig Schülern besucht. Wir hatten einen Lehrer und eine Lehrerin. Letztere unterrichtete die Unter-, ihr Kollege die Oberstufe. 1942 wurde auch unser Lehrer Soldat. Nun war die Lehrerin allein für die vielen Kinder zwischen sechs und vierzehn Jahren zuständig.

Zu dieser Zeit wäre ich eigentlich nach der siebten Klasse aus der Schule entlassen worden, wie das seinerzeit noch üblich war. Da ich jedoch stets eine gute Schülerin gewesen war, hatte die Lehrerin eine Idee. Sie fragte bei meinem Vater, ob ich nicht noch ein Jahr in der Schule bleiben könnte, um ihr zu helfen. Der zeigte sich einverstanden. Mehrere meiner kleinen Geschwister gingen ja noch zur Schule, sodass ihm die Notwendigkeit einleuchtete. Die Lehrerin musste allerdings noch bei meiner Bäuerin vorsprechen. Es gelang ihr, auch sie davon zu überzeugen, dass meine Hilfe nottat.

Die Schüler der ersten bis vierten Klasse saßen in dem einen Raum, die Älteren im anderen. Während die Lehrerin sich hauptsächlich mit der Oberstufe beschäftigte, übte ich mit den jüngeren Kindern Lesen, Rechnen und Schreiben. Die Kleinen lernten wirklich etwas bei mir. An dieser »Hilfslehrertätigkeit« hatte ich solche Freude, dass ich gern selbst Lehrerin geworden wäre. Leider fehlte es meiner Familie an dem Geld, um mir eine solche Ausbildung zu bezahlen.

Nach dem zusätzlichen Schuljahr wurde ich also aus der Schule entlassen, was meine Lehrerin sehr bedauerte. Inzwischen hatten meine Eltern den Bescheid erhalten, dass ich ein Pflichtjahr auf einem Bauernhof ableisten müsse.

Mein Vater machte denen auf dem Amt klar, dass ich bereits seit drei Jahren auf einem Bauernhof arbeitete. Da gestattete man mir großzügig, dort zu verbleiben – ein großes Glück für die junge Bäuerin, denn ihren 41-jährigen Mann hatte man 1941 ebenfalls eingezogen.

So bewirtschafteten die Bäuerin und ich jahrelang den Hof. Nun musste ich nicht nur die drei Kinder versorgen, sondern auch bei allen anderen Arbeiten mit anpacken. Wenn die Bäuerin auf dem Feld war, hatte ich nicht nur allein die Kinder zu betreuen, ich musste auch noch kochen. Die Bäuerin schimpfte nicht, wenn das Essen mal nicht so gut gelang.

Das Melken hatte ich bereits als Schülerin gelernt. Nun musste ich alle Kühe melken, von Hand! Die Melkmaschine war ja damals noch nicht erfunden, zumindest nicht für uns. Jeden Tag in der Früh und jeden Abend ging ich dieser anstrengenden Arbeit nach. Ich erhielt jedoch keinen Lohn, sondern arbeitete für Essen und Unterkunft.

Der Bauer kam erst im Juli 1946 aus der Kriegsgefangenschaft zurück. Mittlerweile hatte ich an mein Pflichtjahr weitere Jahre angehängt, weil ich die Bäuerin nicht im Stich lassen wollte.

Bei der Rückkehr des Hofherrn war ich siebzehn Jahre alt, und da die Kinder größer geworden waren, benötigten sie kein Kindermädchen mehr, ja, sie konnten sogar schon in der Landwirtschaft mithelfen. Also brauchte man mich nicht mehr.

Ich fand aber schon bald eine neue Arbeitsstelle als Dienstmädchen bei einer wohlhabenden Familie. Dort verdiente ich erstmals ein wenig Geld.

Aufklärung im Schweinestall

*Gretel, Jahrgang 1924, aus Kaiserslautern,
Pflichtjahr 1939/40*

Mein Vater war Bahnbeamter und meine Mutter Schneidergesellin. Nach ihrer Heirat nähte sie aber nur noch für die Familie. Zehn Monate nach mir war mein Bruder als Frühgeburt zur Welt gekommen. Mit vier beziehungsweise fünf Jahren bekamen wir beide Diphtherie. Ich kam davon, er aber starb an dieser Krankheit, für meine Eltern ein sehr schmerzlicher Verlust. Doch schon ein Jahr später sollten sie getröstet werden, 1930 kam wieder ein Bub bei uns an.

Obwohl ich ein Mädchen war, durfte ich, nachdem ich die ersten vier Klassen der Volksschule besucht hatte, auf die »Höhere weibliche Bildungsanstalt« überwechseln – so hieß sie tatsächlich. Dieses Privileg wurde nur wenigen Mädchen zuteil. Wie üblich musste mein Vater Schulgeld für mich zahlen. Als ich erfuhr, dass dieser Betrag reduziert würde, wenn man gute Leistungen erbrachte, bemühte ich mich, in der Schule gut zu sein, damit meine Eltern Geld sparen konnten. Aber nicht nur dieser Gedanke spornte mich an, ich lernte auch von Natur aus eifrig, weil ich immer neugierig war.

Nachdem ich die Mittlere Reife erreicht hatte, wäre ich gern weiterhin zur Schule gegangen, denn mein Traumberuf war es, Lehrerin zu werden. Doch von meinen Eltern musste ich mir anhören: »Wozu weiter die Schule besuchen? Das brauchst du nicht. Du heiratest ja doch mal.«

Schweren Herzens verließ ich also die Lehranstalt. Nun wäre ich gern Sportlehrerin geworden, denn dazu genügte die Mittlere Reife. Von klein auf war ich sehr sportlich gewesen, deshalb hatte ich sogar eine Zeit lang eine Sportlerkarriere angestrebt. Weil ich bei meinen sportlichen Aktivitäten aber zu Übertreibungen neigte, erlebte ich schon als Schülerin einige Unfälle. Einmal brach ich mir das linke Schlüsselbein, und ein andermal zog ich mir eine Zerrung am rechten Knie zu. Beides warf mich im Training für Monate zurück. Als ich mir gar noch einen Arm brach, konnte ich die Sportlerlaufbahn endgültig vergessen.

Aber für den Beruf als Sportlehrerin hätten meine Fähigkeiten noch gereicht. Nach meinem unfreiwilligen Schulabbruch marschierte ich also zum Arbeitsamt und wollte mich diesbezüglich beraten lassen.

Dort machte man jedoch meine »hochfliegenden« Pläne gleich zunichte. »Bevor du überhaupt an eine Berufsausbildung denkst, musst du erst dein Pflichtjahr ableisten«, wurde ich belehrt. »Danach können wir über andere Dinge reden.« Man stellte mich vor die Wahl: Ich musste mich zwischen einem kinderreichen Haushalt oder der Landwirtschaft entscheiden.

Nein, das macht dir keinen Spaß, kleinen Kindern die Ärsche und die Rotznasen abzuputzen, dachte ich, da gehst du lieber zu einem Bauern. Spontan fiel mir ein bestimmter Hof ein. Einer meiner Onkel mütterlicherseits war Pfarrer in dem kleinen Dorf Marienthal am Fuße des Donnersbergs in der Pfalz. Obwohl er evangelisch war, hatte er nie geheiratet. Eine seiner Schwestern, Tante Lisbeth, führte ihm bis an sein Lebensende den Haushalt. Bei diesem Geschwisterpaar hatte ich von klein auf meine Ferien verbringen dürfen. Das war stets etwas Besonderes für mich, die Stadtpflanze. Abgesehen davon, dass mich Onkel und Tante nach Strich und Faden verwöhnten, genoss ich die Freiheit auf dem Lande sehr. Den ganzen Tag streunte ich durchs Dorf und fühlte mich bald überall zu Hause.

Innerhalb kurzer Zeit konnte ich alle Mädchen in meinem Alter Freundinnen nennen. Diese hatten es allerdings nicht so gut wie ich. Sie mussten in der heimischen Landwirtschaft schon immer fest mit anpacken. Damit sie mit ihrer Arbeit schneller fertig wurden und uns mehr Zeit zum Spielen blieb, half ich oft fleißig mit. So waren mir mit der Zeit schon viele Stall- und Feldarbeiten vertraut.

Hinzu kam, dass ich für meinen Pfarrersonkel und meine Tante, die Haushälterin, täglich bei einem Großbauern Milch holen musste. Dieser wohnte etwa zwei Kilometer außerhalb des Dorfes auf einem Einödhof. Sicher, innerhalb des Ortes gab es auch genügend Bauern, bei denen man seine Milch hätte holen können, aber nein, es musste ausgerechnet auf dem Rußmüllerhof sein. Warum, weiß ich nicht. Doch die Entfernung störte mich nicht im Geringsten. Der einsame Hof gefiel mir nämlich, und nicht nur der, sondern auch die jüngere Tochter des Hauses. Bald waren Herta und ich die dicksten Freundinnen, obwohl sie gut zwei Jahre mehr zählte als ich.

Dank dieser guten Erfahrungen wusste ich also, dass ich mich auf dem Rußmüllerhof äußerst wohlfühlen würde. Ich beabsichtigte, dort mein Pflichtjahr zu verbringen. Sofort schrieb ich meinem Onkel Hans, dem Pfarrer, dass er für mich diesbezüglich auf dem Hof den Vermittler spielen sollte. Überglücklich über den bald eintreffenden positiven Bescheid packte ich meine Siebensachen und fuhr in Richtung Marienthal.

Am ersten Mai 1939 trat ich meinen Dienst an. Exakt vier Monate später begann der Zweite Weltkrieg. In Polen hatte es am ersten September gekracht. Obwohl wir weit davon entfernt waren und obwohl wir so abgelegen wohnten, bekamen wir vom Kriegsausbruch genug mit. Von den aus Polen kommenden Soldaten, die anschließend in Frankreich eingesetzt werden sollten, wurde eine ganze Reihe auf »unserem« Hof einquartiert.

Wann es in Frankreich losgehen sollte, wusste jedoch niemand. Die Soldaten diesseits und jenseits der Grenze lagen in Wartestellung. Es passierte aber nichts, monatelang. Deshalb nannten die Franzosen ihn »la guerre drôle«, den drolligen Krieg. Der Nachteil für meinen Bauern: Er musste die Soldaten beköstigen, hatte aber keinerlei Hilfe an ihnen. Sie beriefen sich nämlich darauf, immer korrekt uniformiert sein zu müssen, damit sie jederzeit einsatzbereit wären, es könne ja jeden Moment losgehen.

Zum Glück fiel in den Herbstmonaten nicht allzu viel an Arbeit an. Dennoch atmeten wir alle auf, als sie endlich weiterzogen. Ich erinnere mich aber nicht, ob zu einem Kriegseinsatz oder nur in ein anderes Quartier. Aber das nur nebenbei.

In meinem Pflichtjahr wurde mir nichts geschenkt. Obwohl ich mit der jüngsten Bauerntochter befreundet war, gab es für mich keine Privilegien. Ihr Vater Richard Engel, ein stattlicher Mann, wurde von seinen Mitbürgern weit über die Grenzen des Dorfes hinaus voll akzeptiert und war äußerst beliebt. Eine Bäuerin gab es auf dem Hof nicht. Die alte Frau, die in der Küche das Regiment führte, war die Mutter des Bauern; die jüngere weibliche Person, die von den Töchtern und von mir »Tante Anna« genannt wurde, die ledige Schwester des Bauern und somit die Tochter der Alten. Die Bäuerin, so erklärte man mir auf Nachfrage, sei kurz nach der Geburt des zweiten Kindes, also nach Hertas Geburt gestorben. Ihre beiden Töchter Lilli und Herta waren also von Oma und Tante großgezogen worden.

Warum der Bauer nicht wieder geheiratet hatte, konnte ich mir nicht erklären. Er sah wirklich sehr gut aus und hatte einen ansehnlichen Besitz zu bieten. Vielleicht wollte er es seinen Kindern nicht antun, eine Stiefmutter zu haben, schließlich waren sie ja durch Oma und Tante bestens versorgt. Vielleicht wollte er aber auch seiner Mutter nicht zumuten, wieder eine fremde Frau auf dem Hof zu haben.

Für mich brachte Herr Engel jedenfalls unendlich viel Geduld auf, bis ich alles so konnte, wie es sein sollte. Manchmal hat er gegrinst, aber nie geschimpft, wenn ich mich recht dumm anstellte. Das Arbeiten auf diesem Hof war doch etwas anderes als das bisschen freiwillige Helfen bei den Dorfmädels in meinen Ferien. Allein das frühe Aufstehen empfand ich als hart. Ich musste hier alles machen, was zu den Aufgaben einer Bauernmagd gehörte. Behutsam führte mich der Bauer an alles heran. Durch meine anfängliche Ungeschicklichkeit brachte ich ihn sogar immer wieder mal zum Lachen, manchmal habe ich aber auch geweint, weil ich mich vor gewissen Dingen ekelte, beispielsweise als ich zum ersten Mal den Schweinestall ausmisten sollte. Auch später kamen mir noch ab und zu die Tränen, weil mir der beißende Geruch zuwider war. Doch mir blieb nichts anderes übrig, ich musste mich an alles gewöhnen.

Nach wenigen Wochen entwickelte ich einen gewissen Ehrgeiz, damit es nicht hieß, mit dem Stadtpack könne man nichts anfangen. Oft habe ich die Zähne zusammengebissen und das getan, was man von mir erwartete.

So nett mein Chef auch sein konnte und auch wenn er sich als ein geduldiger Lehrmeister erwies, manchmal hatte er den Schalk im Nacken. Wie es auf Bauernhöfen damals gang und gäbe war, wimmelte es in Stall und Scheune nur so von Ratten. Weil Herr Engel sich denken konnte, dass ich mich vor diesen Tieren ekelte, legte er eines Morgens eine tote Ratte auf die untere Hälfte der Stalltür. Es blieb gar nicht aus, dass ich beim Betreten des Stalles den herunterhängenden Schwanz schon von außen entdecken musste. Herr Engel selbst lauerte im Stall, um zu sehen, wie ich reagierte.

Als ich den Schwanz erblickte, blieb ich wie erstarrt stehen. Dann guckte ich mich vorsichtig um, ob da noch mehr solcher Tiere seien. Zuerst wusste ich ja nicht, dass dieses Exemplar tot war. Da sich der Schwanz aber nicht regte, packte ich ihn mit Todesverachtung und schleuderte das Nagetier auf den Misthaufen. Der Bauer im Hintergrund hat sich zwar amüsiert, als er mein entsetztes Gesicht sah. Da er aber erwartet hatte, dass ich schreiend davonlief, hatte er nur den halben Spaß. Daher verschonte er mich in Zukunft mit solchen Attacken. Es war also manchmal sehr lustig bei uns.

Auf dem Hof gab es auch jede Menge Federvieh: Hühner, damit man Eier hatte, Gänse und Enten, die für Federn sorgten und als Festtagsbraten herhielten. Diesen Tieren durfte ich Futter streuen und die Ställe ausmisten. Die Gänse mochte ich nicht sonderlich. Sie konnten ganz schön gemein sein. Ehe man sich versah, bissen sie einem ins Bein, das tat ganz schön weh.

Am liebsten sammelte ich am Abend die Eier aus den Nestern. Eines Morgens, als ich den Stall ausmisten wollte, fiel mir eine Henne auf, die blieb einfach drin hocken und rührte sich nicht vom Fleck, während alle anderen schon munter im Hof pickten. Da ich annahm, sie sei krank, meldete ich das meiner Freundin.

Sie lachte: »Du Dummerchen, die brütet.«

»Wie? Was meinst du denn damit?«

»Tante Anna hat der Glucke gestern Abend ein Dutzend Eier untergelegt, und nun sitzt sie darauf, um sie schön warm zu halten, bis daraus Küken schlüpfen.«

»Das gibt's nicht! Das kann ich mir wirklich nicht vorstellen.«

»Du wirst es erleben«, prophezeite Herta.

»Und wie lange dauert das?«

»Ziemlich genau drei Wochen, bis das erste Küken kommt, und dann geht es Schlag auf Schlag.«

In den folgenden Tagen und Wochen, wenn ich den Stall ausmistete, beäugte ich die Henne misstrauisch. Als es auf das Ende der Brutzeit zuging, schlich ich mich zusätzlich in den Stall, wenn die Glucke gerade ihren »Ausgang« hatte. Sie musste ja schließlich mal fressen und ihr Geschäft erledigen. Zu meinem Erschrecken stellte ich eines Tages fest, dass ein Ei einen deutlichen Sprung hatte und ein weiteres ebenfalls angeknackst schien.

Aufgeregt rannte ich zu Herta: »Du, da sind Eier im Brutnest, die haben einen Sprung. Da ist irgendwer draufgetrampelt. Aber ich war's nicht, ehrlich!«

Meine Freundin lachte herzlich los. »So eine Bemerkung kann nur von dir kommen. Geh hin und beobachte, was aus dem Sprung wird.«

Wieder schlich ich mich in den Stall und ließ das Nest nicht mehr aus den Augen. Mindestens zwei Stunden lang starrte ich auf das »kaputte« Ei, das so günstig lag, dass die Henne es nicht verdeckte. Der Sprung vergrößerte sich, und es entstanden zusätzliche Risse. Endlich war ein kleiner Schnabel zu erkennen, der eifrig von innen pickte. Auf einmal brach das Ei in zwei Teile, und dazwischen kam ein gelbes klebriges Etwas zum Vorschein. Ein Küken!

Sofort rannte ich los. »Herr Engel, Herr Engel, wir haben ein Küken!« Über diese meine Aufregung muss er sich köstlich amüsiert haben. Er fand es offenbar mehr als lustig, dass ich mich über Dinge freuen konnte, die für die Bauersleute selbstverständlich waren. Mir war zwar bekannt, dass es Küken gab, aber ich hatte keine Ahnung, wo sie herkamen. Zu gern hätte ich zugeguckt, wie die restlichen Hühnerkinder schlüpfen.

»Das dauert zu lange«, belehrte mich Herta.

Das sah ich ein, denn ich hatte ja mein Tagwerk zu erledigen. Nach vielen Stunden sah ich die Glucke ganz stolz mit einem Gefolge von elf Wollknäueln über den Hof marschieren.

»Wieso sind es nur elf?«, wollte ich von Herta wissen. »Ich denke, die Tante hat zwölf Eier untergelegt.«

»Eines scheint nicht befruchtet gewesen zu sein.«

Diese Aussage nahm ich so hin, obwohl ich damit nichts anzufangen wusste.

Da ich zu Hause total begeistert geschildert hatte, wie die Hühnerküken geschlüpft waren, kam mein Vater, als ich mein Pflichtjahr längst beendet hatte und die Ernährungslage mit Fortschreiten des Krieges immer schlechter wurde, auf die Idee, Eier im Backofen ausbrüten zu lassen. Aus zwölf Eiern schlüpften tatsächlich fünf Küken.

Nun hatten wir fünf niedliche Hühnerkinder, die keine Mutter hatten, von der sie etwas lernen konnten. Also sah ich mich genötigt, Ersatzmutter zu spielen. Als Erstes brachte ich ihnen bei, wie man Körner und Grünfutter pickte. Schon bald hatten sie den Dreh raus und wuchsen und gediehen dabei. Als die Küken zu Hähnen und Hühnern herangewachsen waren, landeten sie nach und nach auf unserem Esstisch. Ich aber rührte keinen Bissen davon an. Das kann ich doch nicht machen, solche Wesen verspeisen, bei denen ich die Mutterstelle eingenommen und denen ich das Picken beigebracht habe!, dachte ich empört. Noch jahrelang brachte ich es nicht fertig, Hühnerfleisch zu essen.

Nach der Hühnergeschichte bei Familie Engel hatte ich ein anderes einschneidendes Erlebnis. Auf dem Hof hielt man auch einen Eber, aber mir war unbekannt, welche Funktion er hatte. Für mich war er ein Schwein wie jedes andere. Allerdings war er größer als seine Artgenossen. Das gäbe eine riesige Menge Fleisch, wenn der mal geschlachtet würde.

Eines Tages erschien von außerhalb ein Bauer auf unserem Hof, mit einer Sau in der Schubkarre. Diese trieb er in unseren Stall und genau in den Koben des Ebers. Was tat unser Eber, als er diese erblickte? Er sprang sofort auf das Schwein.

Da ich dieses Geschehen von der Stalltür aus beobachtet hatte, stieß ich einen entsetzten Schrei aus, rannte zu meinem Bauern und rief: »Herr Engel, Herr Engel, der Eber bringt die fremde Sau um!«

Mein Chef lachte sich halb tot ob meiner Unwissenheit, und der fremde Bauer lachte herzhaft mit. Beide hielten es jedoch nicht für nötig, mir die notwendige Aufklärung angedeihen zu lassen. Das übernahm Lilli, Hertas um acht Jahre ältere Schwester.

Durch mein Geschrei alarmiert, war sie herbeigelaufen und hatte mitbekommen, dass ich auf diesem Gebiet völlig ahnungslos war. Sie ging dabei aber keineswegs auf einfühlsame Weise vor, sondern schlug mir einfach Folgendes um die Ohren: »Das ist die natürlichste Sache der Welt und die einzige Möglichkeit, Nachwuchs zu bekommen. Auch bei deinen Eltern ist das so.«

Über diese Worte war ich so geschockt, dass ich für Wochen nicht nach Hause fuhr, obwohl ich jede Woche hätte fahren dürfen. Es dauerte lange, bis ich das Gehörte verdaut hatte. Erst dann kehrte ich an den Sonntagen wieder heim.

Die Schweinegeschichte beschäftigte mich jedoch weiterhin. Deshalb ergriff ich die Gelegenheit beim Schopf, als ich bald darauf mal mit meiner Freundin allein im Schweinestall arbeitete. »Also, Herta, das habe ich begriffen, der Eber muss die Sau bespringen, damit Ferkel kommen. Wie aber kommen die anderen Tiere zu Nachwuchs?«

»Bei der Stute ist der Hengst fürs Decken zuständig«, erklärte die Bauerntochter.

»Aha, und bei der Kuh ist es der Ochse!«, wollte ich kundtun, dass ich die Sache mit der Zeugung kapiert hatte.

Herta lachte hell auf. »Nein, Gretelein, der kann leider nicht mehr. Er ist ein kastrierter Stier.«

»Was ist denn das schon wieder?«, war meine nächste dumme Frage.

»Man braucht nicht so viele Stiere, wie geboren werden. Deshalb enden sie entweder als Kalbfleisch, oder man schneidet ihnen das Wichtigste weg, damit sie brave Arbeitstiere werden.«

Oje, oje, das Landleben schien wirklich nicht so einfach, wie ich mir das bisher vorgestellt hatte. Um mich nicht noch mehr zu blamieren, hielt ich mich mit weiteren Mutmaßungen zurück. So erfuhr ich, dass der Bock die Geiß, der Hahn das Huhn, der Erpel die Ente und der Gänserich die Gans bespringt. Ergänzend erklärte mir Herta noch, dass die Tragezeit bei unterschiedlichen Tieren auch unterschiedlich ausfiel.

In der Folgezeit hatte ich tatsächlich Gelegenheit, das eine oder andere männliche Tier bei der Ausübung seiner Pflicht zu beobachten. Nun interessierte mich natürlich, ob da wirklich etwas dabei herauskam. Dazu sollte ich schon bald Gelegenheit haben.

Einige Wochen nach der ausführlichen Aufklärung durch Herta wurden wir beide in der Nacht um drei Uhr vom Bauern unsanft aus dem Schlaf gerissen: »Schnell! Zieht euch an! Ihr müsst in den Stall.«

Dieser Aufforderung folgte meine Freundin, ohne nachzufragen. Ich aber, als unbedarftes Stadtkind, wollte erst mal wissen: »Was sollen wir mitten in der Nacht im Stall? Wir haben unsere Arbeiten doch gestern Abend gewissenhaft erledigt.«

»Red' nicht lange«, wies mich Herta zurecht. »Wenn man mitten in der Nacht in den Stall muss, dann hat eine Kuh Schwierigkeiten beim Kalben.«

So schnell war ich noch nie in meinen Kleidern. Da man meine Hilfe benötigte, wollte ich zur Stelle sein. Zudem plagte mich die Neugier. Endlich sollte ich die Geburt eines Tieres miterleben!

Als wir atemlos im Stall ankamen, guckten hinten bei der Kuh zwei Füße heraus. Um jeden hatte der

Bauer bereits einen Strick gebunden. Begleitet von wenigen Worten, zeigte uns Herr Engel, wie und wo wir diesen anpacken sollten. Dann gab er das Kommando: »Ziehen!«

Wir zogen gleichzeitig mit voller Kraft. Ein bisschen bewegten sich die Beine nach außen. Doch sobald unser Ziehen nachließ, rutschte das Ungeborene wieder in den Mutterleib zurück. Auf ein neues Kommando zogen wir abermals mehrfach aus Leibeskräften, doch das Kalb flutschte jedes Mal zurück.

Der Bauer sah keine andere Möglichkeit mehr, als den Tierarzt kommen zu lassen. Dieser tastete in die Kuh hinein, stellte fest, dass das Kalb mit den Hinterfüßen statt mit den Vorderfüßen zum Ausgang lag und dass es sich nicht drehen lasse. Er wusste keinen besseren Rat als: »Notschlachten! Vielleicht können wir dann das Kalb noch retten.«

Schnell war der Metzger zur Stelle, doch für das Kalb war es bereits zu spät. Es kam tot zur Welt. Da man die Kuh geschlachtet hatte und sie nicht verendet war, war das Fleisch noch zu verwerten. Zu anderen Zeiten hätte man es vielleicht in die Abdeckerei gegeben. Nun aber, da zu Kriegszeiten die Fleischzuteilung auf den Lebensmittelkarten recht knapp bemessen war, waren die Nachbarn froh, dass sie zusätzliches Fleisch kaufen konnten. So hatte der Bauer wenigstens eine gewisse Entschädigung. Er musste ja auch noch den Tierarzt und den Metzger zahlen. Das Kalb war allerdings verloren. Darüber waren wir alle sehr traurig.

Als ich endlich wieder in meinem Bett lag, konnte ich lange nicht einschlafen. Mir kreisten wirre

Gedanken durch den Kopf: Das, was bei der Kuh passiert ist, kann ja auch beim Menschen passieren. Wird der dann auch geschlachtet?

Später erlebte ich noch einige normale Kälbergeburten mit, bei denen die Geburt relativ leicht verlief und alles gut ausging. Aber mit jeder Kuh habe ich gelitten und sie während des Kalbens liebevoll gestreichelt.

Einmal erlebte ich auch, dass ein Zicklein geboren wurde. Tante Anna nahm mich mit in den Stall und gab mir den Auftrag: »Du bleibst vorn bei der Geiß stehen und beruhigst sie, während ich hinten ihr Junges in Empfang nehme. In ein paar Minuten wird's erledigt sein.«

Von wegen, in ein paar Minuten! Die Geburt zog sich immer mehr in die Länge. Das Muttertier wurde immer unruhiger, und mir fiel bald nichts mehr ein, womit ich es beruhigen konnte.

Sogar Tante Anna wurde zusehends nervöser. »Ich weiß nicht, was das soll«, jammerte sie. »Sonst ist es bei ihr immer ruck, zuck gegangen.« Nach weiteren endlosen Minuten seufzte sie: »Am End' werden wir noch den Tierarzt holen müssen. Der verlangt einen Haufen Geld, aber bei einer Ziege lohnt das nicht.«

Als ob die Geiß das verstanden hätte, meckerte sie kurz auf, und dann flutschte das Zicklein heraus, ein kerngesundes weibliches Tier. Es war allerdings wesentlich größer als normal gewesen, deshalb hatte sich die Entbindung so in die Länge gezogen.

Wir beiden Geburtshelfer atmeten auf. Erfreulicherweise erlaubte Tante Anna mir, einen Namen für das Kleine auszusuchen. Spontan nannte ich es Gretel. Auf diese Weise würden sich meine Bauersleute auch noch nach meiner Abreise an mich erinnern.

Wesentlich öfter als meine Eltern besuchte ich jedoch meinen Onkel und die Tante im Pfarrhaus. Sie hatten nämlich etwas, das mich magisch anzog: eine Dusche! Zweimal in der Woche marschierte ich dorthin.

Auf dem Rußmüllerhof existierten zu jener Zeit weder Bad noch Innentoilette. Für die menschlichen Bedürfnisse benutzte man das Herzhäuschen unweit des Misthaufens, und für die Körperpflege stand einem lediglich eine große Waschschüssel zur Verfügung. Vor dieser schrubbte ich mich jeden Tag im Stehen mit einem Schwamm von Kopf bis Fuß ab, um den Geruch nach Schweinestall loszuwerden. Zusätzlich stand ich dabei in einer anderen Schüssel, um die Füße gründlicher reinigen zu können. Das war aber nicht das Wahre, deshalb der regelmäßige Gang zum Pfarrhof.

Sobald ich das Gebäude betrat, rief Tante Lisbeth mir schon zu: »Ab ins Bad!« Denn der penetrante Schweineduft haftete mir trotz meiner täglichen Waschzeremonie an.

Außer mit den Schweinen musste ich mich auch mit den Kühen befassen. Zwölf Stück gab es davon, nebst einer wechselnden Anzahl von Jungtieren. Ich musste sie füttern, ausmisten und die Kühe melken. Während des Melkens wedeln diese Viecher häufig so stark mit dem Schwanz, dass man ihn öfter mit voller Wucht ins Gesicht geschlagen kriegt. Verständlicherweise waren die Schwänze voller Kuhdung, zum Teil sogar frischem. Aber ich wusste Abhilfe. Aus dem Küchenschiff holte ich mir warmes Wasser und weichte die Kuhschwänze darin ein. Dann bürstete ich sie so lange, bis sie blitzsauber waren. Leider hielt dieser Zustand aber nicht lange an. Deshalb tat ich noch mehr, um saubere Tiere melken zu können: Ich nahm mir den Stallboden vor. Diesen schrubbte ich gründlich mit Schmierseife und Wasser, sodass sich mein Bauer erstaunt die Augen rieb und feststellte: »Jetzt weiß ich endlich, was für einen Boden wir haben.«

Trotz meiner Reinigungsaktionen habe ich nicht gern gemolken, und nicht nur wegen des Schwanzwedelns. Überhaupt war es mir unheimlich, unter einem so großen Vieh zu sitzen, das nämlich oft aus heiterem Himmel zu trampeln begann. Vielleicht störte die Tiere, dass ich es anders oder nicht so geschickt machte wie Herta. Deshalb war ich froh, wenn die Freundin mir diese Aufgabe abnahm. Dafür erledigte ich dann Arbeiten, die sie nur widerwillig ausführte.

In kurzer Zeit fand ich heraus, dass auch Kühe unterschiedliche Charaktere haben, ebenso wie die Menschen. Grob gesagt, es gab gutartige und bösartige Rindviecher, und natürlich einige Schattierungen dazwischen. Manche waren so böse, dass sie gegen den Milcheimer traten, wenn ich gerade mit dem Melken fertig war, sodass fast der ganze Ertrag auf dem Stallboden landete. Vor lauter Wut und Enttäuschung habe ich dann oft bittere Tränen geweint.

Am liebsten aber verbrachte ich Zeit bei den Pferden, vier starke Kaltblüter gab es auf dem Hof. Der Stärkste von ihnen, Max, schien mich besonders zu mögen. Immer, wenn ich mich ihm näherte, schnupperte er an mir. Seine Sympathie für mich hinderte ihn aber nicht daran, mich immer wieder mal an die Wand zu drücken. Scheinheilig drehte er dann den Kopf, um zu sehen, wie ich reagierte.

Ein anderes Pferd hieß Olga. Max und Olga zankten sich gelegentlich, Max hat die Olga sogar häufiger getreten. Einmal war sie so verletzt, dass wir den Tierarzt holen mussten.

Tante Anna war eine rechte Beißzange und hat Max, wenn der mal nicht so reagierte, wie sie das wollte, mit der Mistgabel gegen den Hintern gestubst. Das wollte der sich aber nicht gefallen lassen. Wütend holte er mit dem Huf aus, dann sprang Anna aber wie eine Heuschrecke davon.

Dank meiner sehr aufmerksamen Beobachtungen konnte ich eine Menge über das Verhalten von Mensch und Tier lernen. Tante Anna war nicht wirklich böse, aber wahrlich ein Feger. Damit will ich sagen, sie gab sich sehr streng und hielt die Zügel fest in der Hand. Das war auf so einem Anwesen auch nötig, sonst wäre alles drunter und drüber gegangen. Unter ihrem Kommando haben alle funktioniert, und ich habe mich damit abgefunden, als gehörte ich zur Familie. So wurde ich auch behandelt: Ich hatte meinen Schlafplatz nicht in der Mägdekammer, sondern im Zimmer der jüngeren Bauerntochter.

Unsere Kaltblüter waren reine Ackergäule, zum Reiten völlig ungeeignet, was ich aber nicht wusste.

Bei einem Besuch in meinem Elternhaus hatte ich meinem Opa von den Pferden vorgeschwärmt und ihm nahegelegt, mich doch mal auf meiner Arbeitsstelle zu besuchen.

Das ließ er sich nicht zweimal sagen. Er hätte doch so gern ein Reitpferd gehabt, konnte sich aber keines leisten. In der Stadt wäre es auch schwierig gewesen, ein so großes Tier zu halten. Seine Soldatenzeit hatte mein Großvater bei den Ulanen verbracht. Den Bildern nach zu urteilen, die er immer wieder mal voller Stolz herumzeigte, muss er ein wirklich gut aussehender Ulan gewesen sein.

Wie enttäuscht war ich, als er bei seinem Besuch in unserem Pferdestall auf den ersten Blick feststellte: »Nein, Kind, auf denen kann man nicht reiten.« Ich hatte ihm eine Freude machen wollen, und es war mir peinlich, dass ich ihn umsonst aufs Land gelockt hatte.

Er selbst schien ebenfalls enttäuscht. Dennoch versuchte er, mich zu trösten: »Gretel, das konntest du ja nicht wissen. Aber ich hätte wissen müssen, dass man sich auf einem Bauernhof keine Reitpferde leistet.«

Zu meinen Aufgaben gehörte es auch, die Pferde zu tränken. In der Küche gab es zwar schon fließendes Wasser, aber nicht im Stall. Also musste ich im Haus Wasser für die Tiere zapfen. So ein Zinkeimer war an sich schon schwer. Unerfahren, wie ich war, ließ ich ihn beim ersten Mal randvoll laufen. Als ich ihn anheben wollte, schaffte ich das nicht ansatzweise, sondern stand verzweifelt vor meinem Eimer und schaute ihn hilflos an.

Der Bauer, der just in dem Moment in die Küche trat, wusste Rat: »Dann kippe doch so viel aus, dass du ihn anheben kannst.«

So einfach war das. Auf diese Idee wäre ich selbst nie gekommen. Denn von zu Hause wusste ich, dass Wasser ein kostbares Nass ist, mit dem man sparsam umgehen musste. Für jedes Pferd waren zwölf Eimer Wasser zu schleppen, bei vier Pferden ging das ganz schön auf die Knochen. Ich musste die Gäule aber nicht nur tränken, sondern sie auch füttern, ausmisten und striegeln. Vor allem aber hatte ich die Feldarbeiten mit ihnen zu erledigen. Es erfüllte mich mit Stolz, wenn sich die großen starken Tiere von mir mit den Zügeln lenken ließen.

Im Dezember gab es für mich eine Aufgabe besonderer Art. Da wanderte ich mit dem Bauern und zwei Rössern zum Donnersberg, wo er einen Wald besaß. Im Spätherbst hatte er dort mit einem Nachbarn eine Menge Bäume gefällt und im Gegenzug dafür dem Helfer beim Fällen von dessen Bäumen im Nachbarwald unter die Arme gegriffen. Nun bestand unsere Aufgabe darin, das Holz heimzutransportieren.

Normalerweise wäre das eine Arbeit für einen Knecht gewesen, nicht für ein Mädchen. Den Burschen hatte man aber gleich zu Beginn des Krieges eingezogen, deshalb blieb das Holzziehen an mir hängen. Der Bauer selbst hatte Glück gehabt; mit seinen fünfzig Jahren war er für den Kriegsdienst schon zu alt gewesen.

Zunächst mussten die Pferde alle Stämme, die am Hang zwischen den Bäumen verstreut lagen, zu Tal ziehen, auf dem sogenannten Holzweg. Bevor es dunkelte, nahmen wir die erste Fuhre mit. An jedes der Pferde wurde mit einer Kette ein Stamm angehängt, diesen zog es auf der Landstraße nach Hause. Wir mussten das Pferd am Zügel führen, damit es den rechten Weg fand. Der Bauer marschierte mit Olga vornweg, und ich trottete mit Max hinterher. Obwohl wir über eine Stunde unterwegs waren und uns nur langsam vorwärtsbewegten, behinderten wir den Verkehr nicht, denn es gab ja keinen.

Am folgenden Tag zogen wir auf diese Weise Stamm für Stamm zum Hof, um für den übernächsten Winter für Brennholz zu sorgen. Mit der weiteren Holzbearbeitung hatte ich zum Glück nichts mehr zu tun.

Im Winter musste ich aber nicht nur mit den Pferden arbeiten, wir hatten auch unser Vergnügen mit ihnen. Wenn ausreichend Schnee lag und gerade keine wichtige Arbeit anfiel, durften wir eines der schönen Tiere vor einen richtigen komfortablen Schlitten spannen, wie ihn wohlhabende Bauern besaßen, um am Sonntag damit zur Kirche zu fahren oder um Besuche bei Bekannten und Verwandten zu machen. Warm in Decken eingehüllt, saßen Herta und ich auf dem Kutschbock, und dann ging es los – hurra! – den Donnersberg hinauf. Dort hielten wir uns aber nicht lange auf, wir mussten ja zur festgelegten Stunde wieder im Stall sein. Immer bemühten wir uns, pünktlich zu sein, was dank meiner Armbanduhr, die mir Herr Engel zu Weihnachten geschenkt hatte, auch gut klappte. Eine Uhr war zu jener Zeit etwas ganz Besonderes, und der Bauer drückte dadurch seine Anerkennung und Zufriedenheit mit meiner Arbeit aus.

Nicht nur im Stall, auch auf Feld und Wiese gab es für mich genügend abwechslungsreiche Arbeit: Da hieß es Unkraut stechen, Rüben hacken, Heu zusammenrechen, Garben binden, Kartoffeln sammeln, Rüben köpfen. Einige dieser Aufgaben erledigten wir Mädchen gewissermaßen im Akkord. Wer am schnellsten war, erhielt eine Tafel Schokolade. Zu Beginn des Krieges gab es einen solchen Luxus tatsächlich noch.

Eine alte Magd lebte auch noch mit auf dem Hof, sie war für die ganz groben Arbeiten zuständig. Wenn ich mich anfangs auch oft tollpatschig angestellt habe, so verstand ich mich mit der Zeit so gut mit meinem Bauern, dass er mich nur anzugucken brauchte – sofort wusste ich, was zu tun war. Wir respektierten einander sehr, und er war stets großzügig zu mir. Im Sommer gestand er mir zwei Wochen Urlaub zu, so etwas gab es für die meisten Pflichtjahrmädchen nicht.

Da mein Vater bei der Bahn arbeitete, bekam er für die ganze Familie eine bestimmte Anzahl von Freifahrtscheinen. Deshalb fuhren wir jedes Jahr in den Urlaub, was sich damals kaum jemand leisten konnte. Auch im Sommer 1939 machte ich mit meiner Familie eine Reise. Unser Ziel war das Ötztal in Österreich.

Dort haben Mutter, Bruder und ich uns im »Bergkrabbeln« versucht. Als Klettern konnte man das beim besten Willen nicht bezeichnen. Mein Vater aber hat sogar Ski-Bergtouren unternommen, mit einem Bergführer natürlich. Unser Domizil war ein Hotel im Tal. Einige Tage aber verbrachten wir auf einer Hütte. Eines Morgens, als wir aufstanden, war alles weiß. Wir konnten es gar nicht glauben. Über Nacht war tatsächlich Schnee gefallen, und das mitten im August! Mein Bruder und ich stürzten ins Freie und stapften mit unseren Sommerschühchen in zehn Zentimeter hohem Schnee herum. Bis zum Nachmittag hatte die Sonne die weiße Pracht wieder weggeleckt, ein äußerst beeindruckendes Erlebnis für uns Flachlandtiroler.

Am ersten Mai 1940 war mein Dienst auf dem Rußmüllerhof beendet. Aus dem Zeugnis, das mir mein Dienstherr am letzten Arbeitstag überreichte, spricht ebenfalls seine Wertschätzung für meine Person.

Marienthal, den 30.4.1940

Zeugnis

Die am 1.1.1924 zu Kaiserslautern geborene Margarete Kiefer machte bei mir vom 1.5.1939 bis zum 30.4.1940 ihr Pflichtjahr als landwirtschaftliche Helferin. Sie zeigte Interesse für alle Arbeiten, hatte zähen Fleiß, war ehrlich und treu.
Richard Engel, Bauer

Mein Pflichtjahr war also am 1. Mai 1940 zu Ende. Schweren Herzens nahm ich vom Rußmüllerhof Abschied. Mein Verhältnis zur ganzen Bauernfamilie war so gut gewesen, dass ich auch noch in späteren

Jahren, wenn ich meine Verwandten im Pfarrhaus besuchte, stets auf dem Bauernhof haltmachte. Selbst als der Bauer weit über achtzig war und nicht mehr gut sehen konnte, besuchte ich ihn. Er erkannte mich immer an der Stimme.

Wenn ich mir eingebildet hatte, gleich danach mit meiner Berufsausbildung loslegen zu können, hatte ich mich schwer getäuscht. Wie auf die meisten von uns Mädchen warteten noch der Reichsarbeits- und der Kriegshilfsdienst. Beides blieb mir nicht erspart.

Im Rahmen des RADs schickte man mich zur Landesbauernschaft nach Kaiserslautern ins Büro, weil ich mit Erfahrung in der Bauernarbeit aufwarten konnte. Was ich allerdings noch lernen musste, waren Stenografie und das Zehn-Finger-Blind-System auf der Schreibmaschine. Mit diesen »Künsten« hatte ich bisher noch keine Berührungspunkte gehabt. Nachdem ich einigermaßen firm in beidem war, wurde ich zu einem Dr. Soundso ins Büro gesetzt. Von ihm konnte ich eine Menge über die theoretische Seite der Landwirtschaft lernen.

Etwa ein Dreivierteljahr brachte ich dort zu, es folgte der Kriegshilfsdienst. Das bedeutete, ich wurde in ein anderes Büro versetzt, wo ich mich um die Bezugsscheine kümmern sollte. Die Jüngeren werden davon nichts wissen, den Älteren sind sie jedoch noch in lebhafter Erinnerung. Für alles und jedes musste man Marken bzw. Bezugsscheine haben, sei es für Lebensmittel, für Kleidung, für Schuhe oder andere Güter. Meine Aufgabe bestand darin, die einzelnen Scheine zu einem Großbezugsschein zusammenzustellen, der dann an den Großhandel abgegeben wurde. Damit alles seine Richtigkeit hatte, musste ich ein Dienstsiegel benutzen. Zusätzlich wurde noch kontrolliert, ohne dass ich davon etwas merkte. Auf die Idee, da in irgendeiner Form zu betrügen, bin ich nie gekommen, dazu war ich zu naiv.

Nachdem ich auch diesen Dienst abgeleistet hatte, kam mir zu Ohren, dass man in den Schulen Hilfspersonal suchte, das für die in den Krieg geschickten Lehrer nachrücken sollte. Das war was für mich, interessierte es mich doch wesentlich mehr als das Bauernleben und als die stumpfsinnige Büroarbeit.
   Da meine Eltern mich vorzeitig aus der Schule genommen und mir dadurch den Weg zu meinem Traumberuf verbaut hatten, bot sich mir nun vielleicht die Chance, ihn doch noch zu erlangen, quasi durchs Hintertürchen. Spontan meldete ich mich beim Schulamt an. Wie nicht anders zu erwarten, musste ich eine Aufnahmeprüfung über mich ergehen lassen und wurde für geeignet befunden.
   Nach einem halben Jahr Ausbildung, vor allen Dingen in Pädagogik, bestand ich auch das Abschlussexamen mit Bravour. Zunächst wurde ich, wie meine Mitbewerberinnen, zum Probeunterricht in verschiedenen Klassen eingesetzt. Dort saßen nicht nur die Schüler vor mir, sondern auch die Mädchen, die mit mir die Ausbildung durchlaufen hatten.
   Meine erste wirkliche Stelle bekam ich in Ramstein in der Pfalz. Obwohl ich in dem Schnellkurs nur für den Unterricht in der ersten und zweiten Klasse ausgebildet worden war, musste ich nun alle Jahrgänge unterrichten, auch in Sport. Da war ich

natürlich in meinem Element. Jede Woche bin ich einmal mit meinen Schülern nach Landstuhl gelaufen, damit ich ihnen das Schwimmen beibringen konnte. Eine Rutsche gab es in dem Schwimmbad auch schon, für die sich meine Schüler mehr als fürs Schwimmen begeisterten. Das musste ich natürlich pädagogisch richtig einsetzen! Wer seine Runden brav geschwommen hatte, durfte zur Belohnung noch für zehn Minuten auf die Rutsche.

Kaum war der Krieg vorbei, endete auch meine Laufbahn als Lehrerin abrupt. Einige Tage nach dem Waffenstillstand fuhr ein Jeep an unserer Schule vor. Wenig später standen zwei amerikanische Soldaten mit aufgepflanzten Gewehren vor meiner Klassentür.

»Mitkommen!«, hieß es.

»Aber die Kinder –«, wagte ich einzuwenden.

»Nach Hause schicken!«

Die johlten vor Vergnügen und verschwanden wie der Blitz vom Schulgelände. Vermutlich hatten sie Angst, der »Befehl« könne widerrufen werden. Mir ließ man gerade so viel Zeit, dass ich meine Eintragungen machen und meine Schultasche packen konnte. Dann musste ich in den Jeep steigen.

Zwischen zwei bewaffneten Soldaten saß ich, man fuhr mich im offenen Wagen durch Ramstein. Als mich einer meiner Schüler erblickte, hob er die Hand und krähte: »Heil Hitler, Fräulein!« Darüber musste ich herzlich lachen.

Daraufhin fragte mich einer der Amerikaner, offensichtlich der Ranghöhere, der auch einigermaßen Deutsch konnte, alles Mögliche. Zusammenfassend stellte er fest: »Sie sind eine typische Deutsche.«

»Ja, warum auch nicht?«, antwortete ich unbefangen. »Und ich bin stolz darauf.«

Diese Äußerung hat mir eingebracht, dass ich mich jeden Morgen auf der Kommandantur melden musste. Dabei konnte ich noch von Glück reden, dass ich nicht hinter Gitter gebracht worden bin.

Bei der erstbesten Gelegenheit, als die Truppe weiterzog, es war mittlerweile schon Herbst geworden, nahm ich mein Köfferchen und wanderte durch den Wald nach Kaiserslautern zu meinen Eltern. Aber auch dort machte man mich bald ausfindig. Wie andere Hilfslehrerinnen wurde ich zum Trümmerräumen abkommandiert. In meiner Heimatstadt war wie an so vielen Orten auch viel zerstört worden.

Da ich zu verstehen gegeben hatte, dass ich mit Pferd und Wagen umzugehen wusste, wurde mir die Aufgabe zugeteilt, den Wagen, den ich zuvor mithilfe anderer Frauen vollgeladen hatte, zu einem bestimmten Platz zu fahren und dort abzuladen. Das sah so aus: Mit einer Schippe musste ich ganz allein den Bauschutt abladen, eine Kippvorrichtung gab es ja noch nicht. War mein Wagen leer, kutschierte ich wieder zurück, und das gleiche Spiel begann von vorn. Doch bereits nach einigen Wochen geruhte das Amt für Verteidigungslasten mich anderweitig einzusetzen. Zunächst musste ich für einige Monate dolmetschen, da ich in der französisch besetzten Zone lebte und durch den Besuch der Mittelschule passable Französischkenntnisse aufweisen konnte.

Anschließend schickte man mich zu den Amerikanern, bei denen ich zum Trainings-Officer ausgebildet wurde, indem man meine Englischkenntnisse aufpolierte und mir Management-Unterricht zuteilwerden ließ. Kaum war diese Ausbildung beendet, musste ich selbst schon in diesen Fächern ausbilden, und zwar Deutsche und Amerikaner. Das bedeutete, dass ich den Amerikanern Deutsch beibringen musste und den Deutschen Englisch, damit sie als Arbeitskräfte auf beiden Seiten einsetzbar waren. Man kann die Menschen ja nicht einfach in eine Anstellung schicken, ohne dass sie die nötige Sprache beherrschen. Zu meinen Aufgaben gehörte es auch, die Leute im Maschinenschreiben und Stenografieren auszubilden.

Dass ich das Pflichtjahr auf dem Land ableisten musste, sehe ich heute nur positiv. Als es hieß: »Du musst ein Pflichtjahr machen«, sah ich mich in etwas hineingedrängt, das ich nicht wollte. Doch schon bald war ich mit der Arbeit und den Menschen so vertraut, dass ich mich wie zu Hause fühlte. Für mein ganzes Leben profitierte ich von den praktischen Dingen, die ich dort gelernt habe. Auch der Umgang mit Tieren hat mein Leben ungemein bereichert, ebenso wie zu erleben, dass die Arbeit vom Ablauf der Jahreszeiten bestimmt war. Noch heute bin ich Familie Engel dankbar für die schöne Zeit, die ich bei ihr verbringen durfte. Der Kontakt besteht bis auf den heutigen Tag, bis in die vierte Generation.

Ausgebombt

*Lotti, Jahrgang 1930, aus Frankfurt am Main,
Pflichtjahr 1944/45*

Zur Welt gekommen bin ich in Frankfurt am Main in einem schönen alten Fachwerkhaus, das meinem Großvater väterlicherseits gehörte, einem ausgesprochenen Familienmensch. Mit meiner Großmutter hatte er sieben Kinder und bewohnte das Erdgeschoss seines vierstöckigen Hauses in der Altstadt. Die anderen Wohnungen – auf jeder Etage befanden sich zwei – waren vermietet. Sobald aber eines seiner Kinder heiratete, kündigte er einem Mieter, damit das junge Ehepaar einziehen konnte.

So kam es, dass zu der Zeit, an die ich mich zurückerinnere, Opas ganzes Haus von unten bis oben mit seinen Nachkommen bevölkert war. Für mich gab es also jede Menge Tanten und Onkel dort, und ich konnte in jeder Wohnung nach Belieben hinein- und hinausspazieren. Nun sollte man meinen, dass bei einer so großen Kinderschar, die meine Großeltern in die Welt gesetzt hatte, noch mehr an Enkeln herauskommen sollte. Zu Opas Bedauern hatte er aber nur vier Enkelkinder: neben mir meine Cousine Erika, die ein Jahr jünger war als ich, Cousin Herbert, mein Jahrgang, und Cousin Fritz, der ein Jahr älter war als ich. Jedes von uns vieren war ein

Einzelkind. Das empfanden wir aber gar nicht so, denn wir verbrachten viele Stunden des Tages miteinander, mal in der einen Wohnung, mal in der anderen. Oft spielten wir auch zusammen im Freien, in Opas Garten oder auf der Straße, auf der damals noch keine Gefahr lauerte.

Wir vier Geschwisterkinder hatten viel Spaß miteinander und genügend Zeit zum Spielen, denn für uns gab es noch keine Pflichten. Ich verlebte also eine wunderbare, glückliche Kindheit. Selbst mit der Schulzeit fing für mich der Ernst des Lebens noch nicht an. Mit Herbert und Fritz legte ich den Schulweg gemeinsam zurück, und selbst unterwegs fiel uns immer allerlei Kurzweil ein. In der Schule war ich ausgesprochen gern, denn das Lernen fiel mir leicht. Auf Empfehlung des Lehrers meldete mich der Vater nach der vierten Klasse auf der Mittelschule an. Ich träumte schon davon, danach eine Ausbildung zur Sportlehrerin zu machen. Diese Träume zerplatzten aber jäh, als der Zweite Weltkrieg ausbrach.

Mein Vater war von Beruf Kaufmann, und einer seiner Brüder ebenfalls. Diese beiden und sogar meine Mutter mussten täglich in aller Herrgottsfrühe das Haus verlassen, weil sie auf dem Großmarkt in Frankfurt arbeiteten. In dieser riesigen Halle wurden Waren aller Art angeliefert und von den Einzelhändlern für ihre Läden eingekauft. Einige Male durfte ich mit und war überwältigt von der Größe der Halle und dem riesigen Warenangebot.

Leider wurde mein Vater schon sehr bald zum Kriegsdienst herangezogen, seine Brüder und Schwäger ebenfalls. Nun übernahmen meine Mutter und eine ihrer Schwägerinnen die Arbeit auf dem Großmarkt allein, sie mussten ja Geld für unseren Lebensunterhalt verdienen. Ich aber trottete weiterhin brav zur Mittelschule, obwohl es immer häufiger Bombenalarm gab. Wenn der mich auf dem Hin- oder Rückweg überraschte, rannte ich ins nächstbeste Haus – das war so ausgemacht – und verbrachte die Zeit in einem fremden Keller mit fremden Leuten.

War während der Unterrichtszeit Alarm, so flüchteten alle Schüler in den Luftschutzkeller der Schule. Meist wurden wir von dem Alarm aber am Abend oder in der Nacht überrascht, dann stürzten wir alle in unseren eigenen Keller, den Opa einigermaßen wohnlich eingerichtet hatte. Natürlich hatten wir durch Rundfunk und Zeitung von Bombenangriffen auf andere Großstädte gehört, vom Vernichten ganzer Stadtteile war da die Rede gewesen, und davon, dass viele Menschen umgekommen seien. Aber in unserem Keller fühlten wir uns absolut sicher, wir hatten ausreichend Wasser, Kerzen und Lebensmittel gehortet. In Flugblättern wurde zwar angekündigt, dass wir mit vernichtenden Angriffen zu rechnen hätten, doch wir Kinder nahmen das nicht ernst. Als im August 1943 erste Schulklassen, ja sogar ganze Schulen evakuiert wurden, fanden wir das eher interessant als bedrohlich. Unsere Mütter dagegen erfüllte diese Entwicklung mit großer Besorgnis.

Wenn es draußen brummte und krachte, fühlten wir uns in unserem Keller sicher und geborgen und glaubten, dass es bis zum Ende des Krieges in Frankfurt auch so bleiben würde. Doch am 29. Januar 1944 wurde mit einem Schlag alles anders. Zunächst saßen wir friedlich wie immer in unserem wohnlich eingerichteten Nest. Wir hörten das Brummen von sich nähernden Flugzeugen, und die Einschläge der Bomben klangen nicht lauter als sonst. Dann hörten wir, dass sich die Flugzeuge wieder entfernten und rechneten damit, dass es bald Entwarnung gab und wir wieder hinaus ans Tageslicht durften.

Doch plötzlich wurde die Kellertür aufgerissen, und ein alter Mann schrie: »Euer Haus brennt!« Sofort stürzten wir alle ins Freie.

Nie werde ich diesen schrecklichen Anblick vergessen: Unser schönes Haus stand in hellen Flammen. Aber nicht nur das, rundum sah ich aus vielen Häusern Flammen lodern und Rauch aufsteigen. Alles rannte und schrie durcheinander. Ich schnappte Begriffe auf wie »Brandbomben« und »Flächenbrand«.

Uns blieb jedoch keine Zeit, uns mit der Betrachtung anderer Häuser aufzuhalten. Mit dem Eingreifen einer Feuerwehr konnte man nicht rechnen, hier half nur eigenes Handeln.

Sogleich ergriff Opa das Kommando: »Ihr Mädchen füllt die Eimer, ihr Buben schleppt sie herbei, die Frauen und ich kippen sie ins Feuer.«

Am nächstgelegenen Hydranten füllten Erika und ich die Eimer – die für einen solchen Fall im Keller bereitgestanden hatten –, und die Buben trugen sie zum Haus. Obwohl wir uns so abmühten, dass wir vor Erschöpfung fast zusammenbrachen, war von dem Gebäude nichts mehr zu retten. Nicht nur das Gemäuer war verloren, auch unsere ganze bewegliche Habe war dahin. An Kleidung besaßen wir nur noch das, was wir auf den Leibern trugen, und das Bisschen, das sich im Notfallkoffer befand, der auch alle wichtigen Papiere enthielt. Weinend vor Erschöpfung und Enttäuschung standen wir schließlich vor den Überresten des einst so stolzen Frankfurter Bürgerhauses.

Wie es dann weiter vonstattenging, weiß ich nicht mehr so genau. Wir wurden auf einen Lastwagen verfrachtet, der uns aus der Stadt brachte. Überall sah man Flüchtende in Richtung Bahnhof eilen. Ob noch Züge fuhren und wie viele, weiß ich nicht. Später hörte ich den Begriff »Massenflucht«. Immer wieder hielt der Lkw an, und es sprangen Leute ab, auch meine Verwandten. Für mich, meine Mutter und einige andere Mitfahrende war in dem kleinen Dorf Schaafhausen bei Dieburg Endstation. Das war der letzte Ort in Hessen, der nächste lag bereits in Bayern.

Verloren standen wir mit unserem Notfallköfferchen vor dem Rathaus. Endlich kam jemand, der sich unserer annahm. Man stellte uns einen Einquartierungsschein aus, den man dringend benötigte, um eine Unterkunft zu bekommen. Umgehend begaben wir uns zu der angegebenen Adresse. Eine Frau von etwa vierzig, in dunkelblauem Kleid mit weißer Schürze, öffnete die Tür und sah uns fragend an.

Mutter zeigte ihr den Einquartierungsschein. Die Miene der Frau verfinsterte sich, dennoch bat sie uns, ihr zu folgen. Sie führte uns in das Wohnzimmer, in dem eine Frau im Rollstuhl saß, die zwischen fünfundsechzig und siebzig sein mochte. Mit den Worten: »Gnädige Frau, wir haben Einquartierung« stellte die »Empfangsdame« uns vor.

Die gnädige Frau rückte ihre Brille zurecht und musterte uns von oben bis unten. »Hat es uns jetzt also auch erwischt«, stellte sie fest. »Da kann man nichts machen. Alma, führen Sie die Damen ins Gästezimmer.«

Ohne ein weiteres Wort zu verlieren, kam die Hausangestellte dieser Aufforderung nach.

Wir betraten einen Raum, der mit den üblichen Möbeln als Doppelzimmer eingerichtet war, das Doppelbett war mit den damals obligatorischen goldfarbenen Steppdecken belegt. Darüber schwebten die Plumeaus, die in schneeweißen Bezügen steckten. Am Kopfende prangten die unvermeidbaren Paradekissen in ihren reich mit Rüschen verzierten Hüllen.

Auf leisen Sohlen verschwand der dienstbare Geist, nicht ohne sich von meiner Mutter unsere Lebensmittelkarten aushändigen zu lassen, damit sie für uns mit einkaufen könne.

Zum Abendessen rief Alma uns dann herunter, wo sie uns in der Küche ein einfaches Mahl servierte, an dem sie selbst, die Hausherrin und ihr Sohn teilnahmen. Er mochte noch keine vierzig sein, war groß gewachsen und schien kerngesund. Deshalb wunderte ich mich, dass er nicht an der Front stand. Zunächst fiel mir an ihm gar nichts auf. Er bewegte sich sicher im Raum und aß ohne Probleme mit Messer und Gabel.

Erst als er bat: »Mutter, beschreib mir doch mal unsere beiden Gäste«, schaute ich genauer hin und merkte nur an kleinen Unsicherheiten, dass er anscheinend nicht sehen konnte.

Nachdem die Mutter uns beschrieben hatte, erzählte er bereitwillig aus seinem Leben. Er war nicht von Geburt an blind gewesen, durch eine Augenkrankheit hatte er als Kind sein Augenlicht verloren und in Marburg die Blindenschule besucht. Dort hatte man ihm nicht nur die Blindenschrift beigebracht und wie man sich als Blinder in der Welt zurechtfand, sondern ihn auch das Korbflechten gelehrt, damit er sich sein Brot selbst verdienen konnte.

In den folgenden Tagen beobachtete ich ihn bei der Arbeit. Es war erstaunlich, wie gut er mit den Händen »sehen« konnte und welch tadellose Körbe er damit zustande brachte. Unter seiner Geschicklichkeit entstanden Körbe verschiedener Größen und Formen.

Diese wurden gern von den Bauern des Dorfes gekauft, sogar Bauern aus bayerischen Dörfern gehörten zu seinen Kunden. Sie brauchten Körbe, um Holz ins Haus zu tragen, sie benötigten sie bei der Kartoffelernte, für Obst und Nüsse und noch vieles andere.

Nachdem wir in dem kleinen Dorf einigermaßen in Sicherheit waren, erfuhren wir, dass es meine Heimatstadt noch wesentlich schlimmer getroffen hatte. Am 22. März 1944 hatte ein Feuerorkan aus der Altstadt eine Trümmerwüste gemacht und auch die Markthalle weitgehend zerstört.

Für mich selbst bedeutete die Umsiedlung nach Schaafhausen eine große Umstellung, hier gab es nämlich keine Mittelschule. Da ich aber noch einige

Monate Schulpflicht vor mir hatte, musste ich im Dorf die Volksschule besuchen. Zu Ostern 1944 stand nicht nur die Schulentlassung an, sondern auch meine Konfirmation. An dieser nahm ich in einem geliehenen Kleid teil. Der Pfarrer gab sich Mühe, die kirchliche Feier für uns so schön wie möglich zu gestalten. Um aber anschließend eine weltliche Feier folgen zu lassen, fehlte es meiner Mutter an den nötigen Mitteln.

Doch unsere Hausfrau überraschte uns. Von Alma hatte sie eigens einen Kuchen backen und einen Kaffee aus echten Kaffeebohnen aufbrühen lassen. So feierten wir im kleinen Kreis mit ihr, mit dem dienstbaren Geist und dem Sohn des Hauses.

In den letzten Schulmonaten hatte es für uns Mädchen nur ein Thema gegeben: das Pflichtjahr. Dass wir es ableisten mussten, stand außer Frage, aber wir machten uns Gedanken, wo man uns wohl hinschicken würde. Die Bauerntöchter allerdings, deren Eltern ein einigermaßen großes Anwesen hatten und ihre Töchter dringend brauchten, konnten damit rechnen, dass sie daheimbleiben durften. Wir anderen aber, die Töchter von Handwerkern und wir Flüchtlingsmädchen, schwankten zwischen Neugier und Bangen: Hoffentlich kommen wir nicht zu weit weg, hoffentlich verschlägt es uns nicht in ein Gebiet, wo es gefährlich ist.

Am vorletzten Schultag erfuhren wir unsere Einsatzorte und auch, dass wir dort gleich nach Ostern zu erscheinen hätten. Ich hatte riesiges Glück. Man schickte mich nicht sonstwohin, sondern gleich zu dem Bauern gegenüber. Hatte man das mit Rücksicht darauf getan, weil wir ausgebombt und heimatlos waren? Meine Mutter war jedenfalls glücklich, dass ich so jeden Abend heimkommen und die Nächte bei ihr verbringen konnte. So brauchte sie sich keine Sorgen machen, dass ich unter die Räder kam, und fühlte sich nicht so verlassen in dem fremden Haus.

Am Osterdienstag trat ich meinen Dienst an – ohne großes Aufheben. Ohne viele Umschweife überreichte man mir ein Paar Gummistiefel, eine Arbeitsjacke sowie eine Arbeitsschürze, und schon ging's hinaus aufs Feld. Mit mir zogen der Altbauer, die Jungbäuerin und Franjek, ein Zwangsarbeiter, den man der Familie als Ersatz für den in den Krieg geschickten Jungbauern zugeteilt hatte. Der vierjährige Sohn der Bauersleute blieb unter Aufsicht der Oma zurück.

Kaum, dass man mir gezeigt hatte, wie man Rübenpflänzchen setzte, wurde mir eine lange Reihe zugeteilt, und ich musste sie selbstständig bepflanzen. Diese monotone Tätigkeit wurde nur dreimal am Tag unterbrochen: Um zehn Uhr war Frühstückspause, mit Muckefuck, versteht sich. So nannte man den Kaffeeersatz aus gerösteten und gemahlenen Gerstenkörnern. Um zwölf aßen wir im Stehen die mitgebrachten Butterbrote, um drei am Nachmittag durften wir wieder eine Kaffeepause einlegen.

Da ich den ganzen Tag in ungewohnt gebückter Haltung arbeiten musste, hatte ich am Abend das Gefühl, das Kreuz bräche mir ab und ich könne nie wieder Rüben pflanzen. Wie war ich froh, nach dem Nachtessen heimgehen und mich in mein Bett verkriechen zu können! Dort schlief ich dann wie ein Murmeltier.

Am folgenden Morgen erwachte ich so erholt, dass ich die anstrengende Tätigkeit wieder aufnehmen konnte. Am Abend war ich aber wieder genauso kaputt wie am ersten Tag. Für mich als Stadtmädchen waren auch alle nachfolgenden Arbeiten ungewohnt und belasteten mich so schwer, dass ich dachte, das schaffe ich nicht. Aber jammern durfte und wollte ich auch nicht, denn alle anderen arbeiteten ebenso schwer. Ja, meist noch schwerer, denn nach der Feldarbeit mussten der alte Mann und der junge Pole im Stall weitermachen, wo sechs Kühe zu melken, zu füttern und auszumisten waren.

Unterdessen bereitete ich in der Küche mit der Jungbäuerin das Nachtessen vor. Manchmal spielte ich auch mit dem kleinen Jungen, weil er mich so lieb darum bat. In mir schien er doch so etwas wie ein Kind zu sehen, obwohl ich schon die Größe einer Erwachsenen hatte. Den ganzen Tag nur mit der Großmutter zusammen zu sein, war ihm offenbar langweilig.

An Taschengeld bekam ich im Monat fünf Reichsmark. Damit ließen sich keine großen Sprünge machen, doch beklagen konnte ich mich auch nicht, denn hin und wieder steckte mir die Bäuerin etwas für meine Mutter zu: mal ein Ei, mal ein Stück Brot, mal einen Zipfel Wurst oder eine Scheibe Speck. Alles Dinge, die meine Mutter mit großer Dankbarkeit entgegennahm. So hatte sie immer wieder mal einen zusätzlichen Bissen zu der spärlichen Zuteilung, die es auf Karten gab.

Ende Juni ging es ins Heu. Das machte mir, nachdem man mich eingewiesen hatte, richtig Spaß. Ich half beim Wenden, beim Zusammenrechen und durfte schon bald auf den Heuwagen steigen, um das Heu ordnungsgemäß draufzupacken. Mächtig stolz war ich, als mich der alte Bauer für meine erste selbstständig gepackte Fuhre lobte.

Das Rübenhacken dagegen war wieder eine Arbeit, die mir nicht so lag. Sie war äußerst anstrengend und belastete meinen armen Rücken erneut. Dennoch erledigte ich es ohne Widerspruch, weil ich die Notwendigkeit einsah. Wir hatten Runkelrüben und Zuckerrüben. Erstere würden im Winter als Viehfutter dienen, die anderen wurden im Herbst zur Zuckerfabrik geliefert, wo man aus ihnen Zucker und Rübenkraut herstellte, einen in jener Zeit besonders zum Frühstück beliebten Brotaufstrich. Obwohl man im Sommer und Herbst genug Beeren und Obst erntete, konnte man nicht viel Marmelade und Gelee daraus kochen, da die Zuckerzuteilung recht knapp ausfiel.

Schon bald nach der Heuernte stand die Getreideernte an. Als Erstes lernte ich, aus Strohhalmen Seilchen zu drehen, die man zum Garbenbinden brauchte. Während der Pole mit der Sense mähte, banden die Bäuerin und ihr Schwiegervater die Garben. Bald brachte man aber auch mir das Garbenbinden bei. Beim Aufstellen der vielen Kornhäuschen halfen schließlich alle mit.

Nachdem wir von Frankfurt nach Schaafhausen geflüchtet waren, hatten wir geglaubt, vor den Bomben in Sicherheit zu sein. Anfangs war das auch so.

Aber je länger der Krieg dauerte, desto häufiger gab es auch in unserem abgelegenen Dorf Alarm. Befanden wir uns auf dem Feld, warfen wir uns platt auf den Boden. Waren wir aber im Haus, egal ob bei dem Bauern oder bei unseren Quartiergebern, hieß es: »So schnell wie möglich in den Keller!«

Dort saßen meine Mutter und ich bangend und betend mit den anderen zusammen, weil wir daran denken mussten, was mit unserem Haus in Frankfurt geschehen war. Wie schon so oft hörten wir Flugzeuge heranbrausen und sich wieder entfernen, ohne dass Bomben abgeworfen wurden. Doch einmal vernahmen wir eine ferne Detonation und spürten eine Erschütterung.

Zunächst war uns nicht klar, was das zu bedeuten hatte. Dann klärte uns der alte Bauer auf. Das Dorf, in dem wir Zuflucht gefunden hatten, lag genau zwischen zwei Flugplätzen, nämlich dem von Groß-Ostheim und dem von Babenhausen. Diese waren immer wieder das Angriffsziel feindlicher Kampfflieger.

Im September ging es in die Kartoffelernte, wobei uns die von Bernhard gefertigten Körbe gute Dienste leisteten. Wieder musste ich viele Stunden in gebückter Haltung verbringen. Die Kartoffeln, die vom Bauern und vom Franjek ausgehackt wurden, mussten die Bäuerin und ich aufsammeln und der Größe nach in drei Körbe sortieren, die wir sodann gemeinsam in Säcke abfüllten. Kurz vor Feierabend luden die Männer die Säcke auf den Handwagen und zogen sie nach Hause. Ein Teil der Erdäpfel wanderte in den Keller hinunter, der andere Teil musste abgeliefert werden. Überhaupt musste von allem, was am Hof erzeugt wurde, immer etwas abgeliefert werden, man brauchte schließlich Nahrungsmittel für die Bevölkerung und für die Soldaten.

Noch bevor die Rübenernte begann, erhielt meine Mutter ein Schreiben vom Roten Kreuz. Ihr Mann sei in amerikanische Kriegsgefangenschaft geraten und befinde sich in den USA, stand darin. »Gott sei Dank«, gab sie ihrer Erleichterung Ausdruck.

Diese Äußerung fand ich zunächst befremdlich, bis mir meine Mutter erklärte: »In der Gefangenschaft ist er sicher. Da kann ihm nichts mehr passieren.« Nun dankte auch ich dem lieben Gott.

Nach der Rübenernte gab es für mich auf den Feldern nichts mehr zu tun, in den Stall brauchte ich auch nicht. Aber jeden Abend zur Fütterungszeit musste ich in der Scheune mit einer speziellen Maschine Rüben für die Kühe und Schweine häckseln. Auch benötigte die Hausfrau immer wieder in der Küche meine Hilfe, sodass ich nebenbei das Kochen lernte.

Mit dem kleinen Peter, der wirklich ein lieber Kerl war, durfte ich mich auch immer wieder beschäftigen, was der sehr zu schätzen wusste. Manchmal saß ich auch in der Stube, wo die Oma das Spinnrad surren ließ, während ich Socken aus handgesponnener Wolle strickte. Es sah so leicht aus, wie sie das Spinnrad so gleichmäßig drehte und sich unter ihren Händen ein gleichmäßiger Faden bildete, der die Spule füllte. Deshalb bat ich darum, auch mal spinnen zu dürfen.

Nachdem die alte Bäuerin mein erstes Paar Socken begutachtet und für gut befunden hatte, ließ sie mich tatsächlich an ihr Spinnrad heran. Zunächst musste ich üben, wie man mit dem kleinen Trittbrett das Rad gleichmäßig in Schwung brachte. Als das klappte, gab sie mir einen Arm voll Rohwolle. Diese musste ich zwischen meinen Fingern so vordrehen, dass das Spinnrad sie aufnehmen und einen Faden daraus machen konnte. Anfangs war der noch sehr ungleichmäßig, dicke Stellen wechselten mit dünnen ab. Darüber war ich so unzufrieden, dass ich alles hinwerfen wollte.

Oma aber zeigte unendlich viel Geduld. »Es ist schließlich noch kein Meister vom Himmel gefallen«, und »Übung macht den Meister« waren ihre Sprüche, mit denen sie mich zu motivieren verstand.

Tatsächlich: Nach einigen Tagen hatte ich den Dreh raus. Mein Faden war fast so fein und gleichmäßig wie der ihre.

Bei der Weihnachtsbäckerei lernte ich, mehrere Sorten Plätzchen zu backen, obwohl Zutaten nur in beschränktem Maß vorhanden waren. Einen ganzen Teller voll davon gab man mir mit, damit ich mit meiner Mutter auch Weihnachten feiern konnte. Außerdem bekam ich als Geschenk das erste Paar Socken, das ich gestrickt hatte. An den Plätzchen wollte ich auch unsere Gastgeber teilhaben lassen, weil sie so gut zu uns waren. Wir feierten gemeinsam in ihrem Wohnzimmer unter einem kleinen, bescheidenen Baum, unter dem für jeden von uns ein rotbackiger Apfel und einige Nüsse aus dem eigenen Garten lagen. Wir wünschten uns gegenseitig ein frohes Fest, und jeder fügte hinzu: »Hoffentlich ist dies unser letztes Kriegsweihnachten!«

Nach den Feiertagen ging mein Pflichtjahr noch dreieinhalb Monate weiter. Außer der Aufgabe, in der Küche und beim Waschen zu helfen, übertrug man mir auch das Bügeln und Putzen. Ja, als es auf Ostern zuging und die ersten Krokusse und Primelchen aus der Erde lugten, war der Frühjahrsputz fällig. Dabei lernte ich wieder viele Arbeitsgänge kennen, von denen ich vorher keine Ahnung gehabt hatte.

Genau nach einem Jahr war mein Pflichtjahr um. Es endete genauso sang- und klanglos, wie es begonnen hatte. Wie jeden Abend verabschiedete ich mich nach dem Abendessen und begab mich nach Hause. Ach nein, vorher drückte mir die Hausfrau noch mein Zeugnis in die Hand, in dem sie sich sehr zufrieden über meine Arbeit zeigte.

Zum Glück fand nach drei Wochen auch tatsächlich der Krieg ein Ende, und das Leben konnte ganz langsam beginnen, sich wieder zu normalisieren.

Das Mädchen mit der Ziehharmonika

*Herta, Jahrgang 1925, aus Gau-Odernheim,
Pflichtjahr 1941/1942*

Mein Vater, Landwirt und Winzer, hatte von seinem Vater ein mittelgroßes Anwesen übernommen. Im Jahre 1910 heiratete er eine Winzertochter, die einen ansehnlichen Weinberg als Mitgift einbrachte. Übers Jahr schenkte sie ihrem Mann einen gesunden Sohn und nach einem weiteren Jahr einen zweiten, ebenso gesunden Buben. Die junge Familie hätte also rundum glücklich sein können, doch das Schicksal schlug gleich in zweifacher Weise zu.

Kaum hatte das Jahr 1914 begonnen, erkrankte die junge Mutter an Tuberkulose. Damit sie ihre Kinder nicht anstecke, brachte man diese zu ihren Eltern, die im selben Dorf wohnten. Am ersten August desselben Jahres brach der Erste Weltkrieg aus, und der Jungbauer wurde schon bald zu den Waffen gerufen. Seine betagten Eltern bewirtschafteten den Hof weiter, so gut es ging, mithilfe eines alten Knechtes und einer treuen Magd, die schon lange in ihren Diensten stand. Nebenbei oblag ihnen die Aufgabe, die kranke Schwiegertochter zu pflegen. Diese schloss noch vor Jahresende für immer die Augen, für den an der Front stehenden Jungbauern ein harter Schlag. Der einzige Trost war ihm, dass er seine Söhne bei seinen Schwiegereltern gut aufgehoben wusste. In seinen kurzen Fronturlauben besuchte er sie immer, damit sie sich ihm nicht entfremden sollten.

Nach Jahresfrist starb die alte Magd, deshalb sah sich der Altbauer genötigt, nach einer neuen Hilfe Ausschau zu halten. Diese fand er in Babette, einem Mädel aus dem Odenwald. In jener Zeit war es üblich, dass sich Mädchen aus armen Gegenden wie Odenwald oder Bayern schon in jungen Jahren weit weg von zu Hause verdingten. Babettes Vater, von Beruf Wagner, lebte in einem kleinen Dorf und tat sich schwer, seine elfköpfige Kinderschar satt zu kriegen, daher mussten sich alle seine Kinder gleich nach der Schulentlassung ihr Brot selbst verdienen. Die beiden ältesten Töchter fanden in Mannheim in vornehmen Haushalten eine Anstellung.

Auch die dritte, Babette, ging zunächst in die ehemalige Residenzstadt, wo ihre Schwestern für sie eine Stelle als kleines Dienstmädchen gefunden hatten. Dort lernte sie alles, was man zur Haushaltsführung brauchte, einschließlich kochen. Das Stadtleben passte ihr aber auf die Dauer nicht. Sie wollte wieder aufs Land.

So kam es, dass sie in Rheinhessen bei einem Großbauern landete. Dort war sie eine von vielen Mägden und lernte mit der Zeit alles, was mit Ackerbau, Viehzucht und Winzerei zu tun hatte. Als sie erfuhr, dass man auf dem Grub-Hof eine neue Magd suchte, bewarb sie sich sofort. Es reizte sie die Aufgabe, als einzige Magd gewissermaßen schalten und walten zu können, zumal die Bäuerin doch schon recht alt und gebrechlich zu sein schien. Sie selbst war zu der Zeit – Jahrgang 1886 – bereits neunundzwanzig Jahre alt. Mit dem alten Grub kam sie überein, die Stelle zunächst für ein Jahr auf Probe anzunehmen.

Er bereute seine Wahl nicht. Mit der neuen Magd, die sich in allen Bereichen gut auskannte, sich als sehr geschickt und fleißig erwies, hatte er einen guten Griff getan. Als die Altbäuerin nach wenigen Monaten bettlägerig wurde, pflegte sie diese aufopfernd, und noch bevor das Probejahr um war, starb die alte Frau Grub. Nun war der Bauer erst recht froh, dass er das Mädchen aus dem Odenwald rechtzeitig ins Haus geholt hatte, und bot ihr einen unbefristeten Arbeitsvertrag an. Sie, der das selbstständige Arbeiten auf dem Hof gefiel, schlug sofort ein.

Daher fand der Jungbauer, als er Ende 1918 aus dem Krieg zurückkehrte – zum Glück ohne nennenswerte Verwundungen – ein wohlgeordnetes Hauswesen vor. Er hatte damals keinen sehnlicheren Wunsch, als seine beiden Söhne, mittlerweile sechs und sieben Jahre alt, wieder nach Hause zu holen. Die neue Magd sorgte nicht nur vortrefflich für ihn und seinen Vater, sie schloss auch seine mutterlosen Söhne gleich ins Herz. Diese Entwicklung beobachtete der junge Witwer mit Freuden, und da die Magd mit ihren nunmehr dreiunddreißig Jahren eine ansehnliche Person war, trat er nach etwa einem halben Jahr vor sie hin mit der Frage: »Willst du meine Frau werden?«

In diesem Augenblick muss die Magd sehr verdattert gewesen sein, wie sie mir später gestand. Sie hätte nämlich nie und nimmer damit gerechnet, jemals zu heiraten. Mädchen ihres Standes dienten üblicherweise bis an ihr Lebensende als Magd.

Nachdem sie sich einigermaßen gefasst hatte, stellte sie eine Gegenfrage: »Meinst du das im Ernst?«

»Natürlich«, antwortete der junge Grub. »So eine Frage stellt man nicht zum Spaß.«

Nun ja, vermutlich gab es wohl gleich einen Verlobungskuss, und wenige Monate später trat man bereits vor den Traualtar. Am Hochzeitstag soll der Altbauer seinem Sohn gegenüber den Ausspruch getan haben: »Da bin ich aber froh, dass wieder eine junge Bäuerin auf dem Hof ist. Mit der machst du bestimmt keinen Fehler.«

Noch im selben Jahr begann das strebsame Paar damit, einen Neubau zu errichten, denn das alte Wohnhaus wies arge Mängel auf. Durch das Dach regnete es herein, und die Fensterrahmen waren so undicht, dass der Wind auf der einen Seite ins Haus hineinpfiff und auf der anderen Seite wieder hinaus. Bei dieser Gelegenheit hat man auch gleich das Elektrische legen lassen, da das Dorf seit einigen Monaten ans Stromnetz angeschlossen war. Selbstverständlich wurde im neuen Haus auch gleich eine Wasserleitung verlegt.

Das neue Nest war noch nicht ganz fertig, da kam Babette nieder – mit einem Sohn. Im Jahre 1925 gesellte ich mich dazu, als erstes Mädchen in der Familie. Zwei Jahre später folgte meine Schwester Gisela.

Meine Mutter war sehr gerecht, sie machte keinen Unterschied zwischen uns und ihren Stiefkindern. Jahrelang wusste ich gar nicht, dass diese nur meine

Halbbrüder waren, sie gehörten einfach dazu. Babette war eine liebe, gütige Mutter und hatte immer ein offenes Ohr für alle unsere Kümmernisse. Akkurat zeigte und erklärte sie uns geduldig, wie was zu machen war. Das hat uns stark geprägt. Heute denke ich noch mit viel mehr Dankbarkeit an sie als in jungen Jahren.

Bei uns im Dorf existierte bereits ein Kindergarten, für die Bäuerinnen eine äußerst nützliche Einrichtung. Während sie den ganzen Tag auf dem Feld arbeiteten, wussten sie ihre Kleinen gut verwahrt. Ja, mehr als Verwahren war das auch nicht – eine private Einrichtung, die sich hochtrabend »Kinderschule« nannte, in Wirklichkeit aber nicht mehr als eine Kinderbewahranstalt abgab und von einer Frau geleitet wurde, die keine entsprechende Ausbildung vorweisen konnte. Das störte aber niemanden.

Nun ja, meine drei Kindergartenjahre durchlief ich ohne Zwischenfälle und jegliche Erinnerung daran. Das Einzige, was mir aus dieser Zeit erhalten geblieben ist, war meine Freundin Helga. Wir beide wurden bald unzertrennlich. Zu Ostern 1931 kamen wir gemeinsam in die Schule.

An meinen ersten Schultag erinnere ich mich aber absolut nicht. Ich weiß noch nicht mal, wer mich hinbegleitet hat. Ja, aus den ersten beiden Schuljahren – wir waren immer zwei Jahrgänge in einem Raum zusammengefasst – fehlt mir jede Erinnerung. Nur einen Satz, den unsere Lehrerin in dieser Zeit mal einer Mitschülerin gegenüber äußerte, habe ich mir bis auf den heutigen Tag gemerkt: »Na, Vivi, heute Nacht ist bei euch ein Schwesterchen angekommen.«

An die späteren Schuljahre erinnere ich mich sehr wohl. Meine Freundin Helga hatte noch drei Schwestern, sie selbst war die Drittälteste in dem Quartett. Wir hingen so aneinander, dass ich nie an ihrem Haus vorbeigehen konnte, ohne wenigstens kurz Hallo zu sagen, umgekehrt ebenso. Unsere Hausaufgaben erledigten wir stets gemeinsam und stets gewissenhaft, entweder bei ihr oder bei mir. Egal ob bei uns oder bei ihnen, immer fanden wir, wenn wir von der Schule heimkamen, auf dem Tisch einen Zettel vor mit einem Auftrag: *Salat putzen, Kartoffeln abkeimen, Küche putzen, Unkraut jäten, Hof kehren* oder Ähnliches. Dieser Arbeit kamen wir immer prompt und gemeinsam nach, damit wir schneller an unsere Hausaufgaben kamen. Wir waren sehr strebsam, und das Lernen fiel uns leicht.

Im April 1939 wurden wir aus der Schule entlassen. Mir kam aber gar nicht die Idee, ich könnte einen Beruf erlernen. Dass Mädchen einen Beruf hatten, war in Bauernkreisen nicht üblich, bei den Buben schon eher. Mein ältester Halbbruder arbeitete bei der Bahn, doch der andere und mein »richtiger« Bruder waren bei uns auf dem Hof tätig. Selbstverständlich hatte ich auf diesem auch schon von klein auf mithelfen müssen.

Als ich der Schule entwachsen war, wurden meine Aufgaben natürlich vielfältiger und umfangreicher. Daneben musste ich einmal pro Woche nach Worms in die Berufsschule, die ich leicht per Bahn erreichen konnte. Nach einem Jahr legte meine Mutter Wert darauf, dass ich auf die Haushaltungsschule nach Alzey wechselte. Dort legte ich im Frühjahr 1941 die

Hauswirtschaftsprüfung ab. Danach wurde ich aufgefordert, mein Pflichtjahr anzutreten. Man bot mir zwei Möglichkeiten: kinderreicher Haushalt oder Landwirtschaft.

In dieser Zeit standen der zweite und der dritte Sohn meines Vaters bereits an der Front, der eine in Russland, der andere in Frankreich. Sie waren beide gleich zu Beginn des Krieges eingezogen worden. Aus diesem Grund wurde mein Vater bei dem entsprechenden Amt mit der Bitte vorstellig, dass ich mein Pflichtjahr bei ihm ableisten dürfe, weil ihm ja die Arbeitskraft der Söhne fehle.

Zunächst lehnte man sein Ansinnen strikt ab mit der Begründung, er bekäme ja ein anderes Pflichtjahrmädchen zugeteilt. Es könne ihm doch egal sein, ob seine eigene Tochter auf dem Hof Dienst tue oder ein fremdes Mädchen. Doch mein Vater argumentierte, ich sei mit dem Betrieb bestens vertraut und bereits so routiniert, dass sie in mir eine wirkliche Hilfe fanden. Ein anderes Mädchen, das er erst mühsam einarbeiten müsse, würde im Betrieb eher hinderlich als nützlich sein. Die strengen Herren hatten ein Einsehen, und ich durfte daheimbleiben.

Geschont wurde ich wahrlich nicht. Wie ein Knecht musste ich ran, ob im Stall, auf dem Feld oder im Wald. Mit der Drumsäge, so nannte man bei uns eine Zugsäge mit großem Sägeblatt und zwei Holzgriffen, fällte ich mit dem Vater Bäume; mit der Axt half ich ihm, diese zu entasten, und auch beim Stapeln und Heimtransport ging es nicht ohne meine Hilfe.

Von morgens um sechs bis abends um neun gab es nichts anderes als Arbeiten. Dabei war man doch jung und hätte so gern Spaß gehabt, aber an Vergnügungen war nicht zu denken. Sicher, es existierte seit einigen Jahren im Dorf ein Kino, da durfte man schon mal hin. Noch gut erinnere ich mich, dass ich ganz begeistert war von der jungen Magda Schneider. Zu Beginn des Krieges hatte es auch mal die eine oder andere Tanzveranstaltung gegeben, aber ich war damals noch zu jung, um daran teilnehmen zu dürfen. Als ich endlich alt genug gewesen wäre, fand nichts dergleichen mehr statt. Auch das Kino hatte längst dichtgemacht. Der Krieg hatte inzwischen so ernste Formen angenommen, dass fröhliche Veranstaltungen nicht mehr zulässig waren. Auch in unserer Familie stand uns nicht mehr der Sinn danach.

Mein Pflichtjahr war noch nicht zur Hälfte um, da kamen zwei schwarz umrandete Briefe ins Haus, im Abstand von nur sechs Wochen. Mein jüngerer Halbbruder war in Russland gefallen, und mein Bruder hatte sein Leben für das Vaterland in Frankreich lassen müssen. In dieser Zeit gab es für uns nur Trauer und Arbeit, unsere Jugend ist also spurlos an uns vorübergegangen. Man musste von heute auf morgen erwachsen sein.

Die einzige Ablenkung, die man uns gestattete, bzw. zu der man uns ab unserem zehnten Lebensjahr verpflichtet hatte, waren die Zusammenkünfte im Bund Deutscher Mädchen, kurz BDM genannt. Einmal in der Woche musste man zu so einem Treffen erscheinen, die Jüngeren am Nachmittag, die Älteren abends. Dort wurde gesungen und musiziert, gebastelt und erzählt, oder wir unternahmen Wanderungen. Natürlich gehörten politische Vorträge mit zum Programm. Dabei hörte aber niemand richtig zu, weil wir das stinklangweilig fanden. Man pflegte ein interessiertes Gesicht aufzusetzen, ließ das Vorgetragene zum einen Ohr rein und zum anderen wieder raus, während die Gedanken in der Gegend herumschweiften und sich mit völlig anderen Dingen beschäftigten. Am Schluss applaudierte man dann brav.

Als ich etwa fünfzehn war, fand ich auf dem Dachboden eine Ziehharmonika – sicher verpackt in dem dazugehörigen Kasten –, die noch von meinem Großvater stammte. Ihn selbst habe ich leider nicht mehr bewusst erlebt. Er soll ein sehr musikalischer Mann gewesen sein. Interessiert packte ich das Instrument aus, wusste aber nichts damit anzufangen. Es machte einen durchaus brauchbaren Eindruck, deshalb bedauerte ich umso mehr, dass ich es nicht spielen konnte. Aber für Musikunterricht waren bei uns weder Geld noch Zeit vorhanden.

In unserer Jungmädel-Gruppe aber gab es eine, die Marianne, die es verstand, einem Akkordeon wundervolle Weisen zu entlocken. Sie hatte nie Unterricht gehabt, sie war ein Naturtalent. Ich hatte sie mal spielen gehört, als sie das Instrument von einem älteren Gruppenmitglied in die Hand gedrückt bekam. Inzwischen hatte diese geheiratet und war mitsamt ihrer Ziehharmonika weggezogen. Nun brachte ich Opas Instrument zu unserem nächsten Treffen mit, und Marianne spielte darauf, zur Begeisterung von uns allen. Entweder sangen wir zu ihren Melodien oder tanzten dazu, nur wir Mädels. Wir waren unter uns, hatten aber schon beim ersten musikalischen Treffen so riesigen Spaß, dass ich das Akkordeon zu allen weiteren Versammlungen mitbrachte.

Als ich achtzehn war, schied unsere bisherige BDM-Führerin wegen Heirat aus. Weil man glaubte, dass ich Führungsqualitäten besäße, drängte man mich in diesen Posten. Einerseits erfüllte es mich mit Stolz, dass man mir diese Aufgabe zutraute, andererseits war mir das zuwider, weil es für mich Mehrarbeit bedeutete. Zu jedem Treffen musste ich als Erste da sein, um den Raum aufzuschließen, und als Letzte gehen, damit ich ihn wieder abschließen konnte. Auch gab es einiges vor- und nachzubereiten. Zudem war eine Liste zu führen über die An- bzw. Abwesenheit der Mädchen. Sonst änderte sich für mich nicht viel. Sicher, ich musste einige Weiterbildungen mitmachen, mir ideologische und politische Vorträge anhören, damit ich den Inhalt an meine Mädels weitergeben konnte. Da ich aber wie gewohnt nach dem Prinzip lebte: »zu einem Ohr rein, und zum andern wieder raus«, blieb bei mir nicht viel haften, das ich meinen Mädels hätte vermitteln können. Das Gruppengefühl, das Tanzen, die Musik waren uns wesentlich wichtiger.

Ja, und dann hieß es plötzlich: »Der Krieg ist aus!« Da war der Jubel bei allen groß.

Doch kurz darauf gab es für uns neue Schrecken: Amerikanische Soldaten besetzten das Dorf. Das bedeutete, man musste am Abend rechtzeitig das Hoftor und die Fensterläden schließen. Auch wagte man es nicht mehr, auf die Straße zu gehen, sobald es dunkelte. Uns waren nämlich einige Fälle von Vergewaltigung zu Ohren gekommen. Eine Zeit lang waren sogar ein Ausgehverbot verhängt und Vorschriften erlassen worden, wie lange man sich auf dem Feld und im Wingert aufhalten durfte. Diese Maßnahmen dienten zu unserer Sicherheit, vor allem aber auch zur Sicherheit der Besatzungssoldaten.

Nun muss ich ein trauriges Kapitel einfügen. In unserem Dorf hatte es einen Mann gegeben, der im Sommer 1944 Knall auf Fall von den Nazis verhaftet worden war. Wenig später hatte man ihn in Frankfurt am Main hingerichtet, wegen Landesverrats. Der Vorwurf lautete, er habe unerlaubterweise ausländische Sender abgehört und mit Polen konspiriert. Von dem Zeitpunkt an standen seine Kinder unter ständiger Beobachtung von Parteiangehörigen. Man befürchtete, von ihnen könne eine ähnliche Gefahr ausgehen.

Nach Kriegsende wurden im Haus dieser Familie einige amerikanische Soldaten einquartiert. Die Besatzer waren jung, die Töchter des Hauses ebenso, und weil es ihnen langweilig war, wollten sie ein bisschen tanzen. Es fehlte jedoch die Musik dazu. Eine der Töchter, sie war in meiner Mädelgruppe gewesen, erinnerte sich, dass ich eine Ziehharmonika besaß. Eines Abends schickte sie den Feldschütz zu mir. Der verlangte, dass ich mein Instrument herausgebe.

»Ich denke gar nicht daran«, gab ich patzig zur Antwort. »Es stammt noch von meinem Opa und gehört mir.«

Der Feldschütz stand am nächsten Abend erneut vor unserer Tür und musste wieder unverrichteter

Dinge abziehen. Weil ich nichts Gutes ahnte, versteckte ich das Akkordeon auf dem Dachboden unserer Scheune im Heu. Und richtig, am folgenden Abend klopfte es abermals an unseren Fensterladen. Wir öffneten ihn einen Spaltbreit und erblickten den siebzehnjährigen Bruder der Mädchen. Er war aber nicht allein. Er befand sich in Begleitung eines amerikanischen Soldaten, der ein Gewehr umhängen hatte.

»Gib uns die Ziehharmonika!«, forderte der Bruder.

Wieder weigerte ich mich, sie herauszugeben.

»Du wirst nicht drum herumkommen«, redete mir mein Vater gut zu. »Du wirst noch die ganze Familie in Schwierigkeiten bringen. Sei also vernünftig und rücke das Instrument raus.«

Noch immer zögerte ich. Ich hing so an dem Instrument – einerseits, weil es ein Vermächtnis meines Großvaters war, andererseits, weil es mich an die fröhlichen Stunden erinnerte, die wir damit verbracht hatten. Das hatte wirklich nichts mit Politik und Ideologie zu tun gehabt, es war uns nur um Geselligkeit, ein bisschen Spaß und Abwechslung in den tristen Kriegsjahren gegangen. Inzwischen war ich zwanzig, und die Ziehharmonika bedeutete für mich Erinnerung an meine Jugend. Welcher Teufel mich in diesem Moment ritt, kann ich mir bis heute nicht erklären. Als ich die Ausweglosigkeit meiner Lage erkannte, ergriff ich wild entschlossen die Axt, die hinter der Scheunentür stand, und kletterte auf den Heuboden.

Ich wühlte die Harmonika aus dem Heu, öffnete den Kasten und hieb mit der Axt mitten hinein in das unschuldige Instrument. Dann öffnete ich die Luke, die dem Hoftor am nächsten war, und warf meine geliebte Ziehharmonika mit Schwung auf die Straße. Wenn ich sie schon nicht mehr haben darf, dann sollen die sie auch nicht haben, war mein einziger Gedanke.

Der junge Mann rief mir zu: »Das wird dich teuer zu stehen kommen!«

Es kam mich wirklich teuer zu stehen. Doch in diesem Augenblick hatte ich in meinem jugendlichen Leichtsinn nicht an Folgen gedacht.

Fünf Monate später, an einem strahlenden Oktobertag – den Vorfall mit der Ziehharmonika hatte ich fast vergessen –, war die Traubenlese voll im Gang. Meine Eltern, meine Schwester und ich sangen wie so oft im Wingert ein fröhliches Lied. Vermutlich war das Singen ein alter Trick, damit wir bei der Ernte nicht so viele Trauben naschten. In diesem Jahr klangen unsere Lieder vermutlich noch fröhlicher, weil der schreckliche Krieg endlich aus war. Plötzlich stoppte ein Jeep am Rande des Weinbergs. Interessiert beobachteten wir das Geschehen. Zwei junge Soldaten sprangen heraus. Sie näherten sich uns mit vorgehaltenen Gewehren. Unwillkürlich ließen wir unsere Traubenscheren fallen und hoben die Hände hoch.

»Wer Herta?«, brüllte einer uns an.

Sogleich fiel mir die Szene mit der Harmonika ein. Damit die anderen keine Schwierigkeiten kriegen sollten, meldete ich mich freiwillig. Einer packte mich rechts am Arm, der andere links. So zerrten sie mich wie einen Schwerverbrecher zum Jeep, schoben mich hinten hinein und schlossen die Klappe. Dann sprangen sie vorn hinein und brausten los über Stock und Stein.

Ich wurde nur so durchgeschüttelt. Um einen klaren Gedanken zu fassen war ich zu perplex. Das träumst du bloß, dachte ich immer wieder, als es auf der Landstraße Richtung Alzey ging. Dort warf man mich, so wie ich war, in meiner Arbeitskleidung, verdreckt und verklebt von den Trauben, ins Gefängnis. Da saß ich nun, wusste nicht, was aus mir werden sollte, und hatte Zeit genug zum Grübeln. Schon bald kam mir ein Verdacht, wem ich diese Verhaftung zu verdanken hatte. Dass ich damit richtig lag, wurde mir später bestätigt. Es war der Racheakt eines Siebzehnjährigen gewesen, er hatte mich denunziert, weil ich die Ziehharmonika nicht bereitwillig herausgerückt hatte.

In den folgenden Tagen wurde ich mehrmals in einen Raum zum Verhör geführt. In diesem saßen einige ranghohe Offiziere – erkennbar an ihren Uniformverzierungen –, die von mir eine ganze Menge wissen wollten. Mittels eines Dolmetschers befragten sie mich nach meiner Tätigkeit als BDM-Führerin.

Nach einer Woche etwa erschien überraschend meine Schwester vor meiner Zellentür. Schon glaubte ich, aufatmen zu können, denn ich nahm an, sie wolle mich abholen. Ich begrüßte sie freudig und lautstark, sie aber legte diskret den Finger auf den Mund und machte eine fast unmerkliche Kopfbewegung nach hinten. Da erst entdeckte ich, dass sie von einem bewaffneten Soldaten eskortiert wurde. Also hielt ich mich mit Äußerungen zurück.

Durch die Gitterstäbe reichte sie mir Waschzeug, Zahnbürste und meinen Wintermantel. Aha, dachte ich mit Beklemmung, mein Aufenthalt soll sich noch bis in den Winter hinziehen. Meine Schwester wagte es nicht, mich zu fragen, wie es mir ergehe, und ich wagte auch nicht – in Anbetracht des Soldaten –, von mir aus etwas zu erzählen. Ich gab ihr nur liebe Grüße an meine Eltern mit und behauptete, es gehe mir gut.

Am folgenden Vormittag führte man mich auf den Gefängnishof zu einem Jeep, in dem schon mehrere Personen saßen. Kaum war auch ich eingestiegen, fuhr er los.

»Ich bin mal gespannt, wo sie uns jetzt hinbringen«, äußerte ein Mann von etwa fünfzig Jahren.

»Das werden wir bald merken«, antwortete eine Frau, die Mitte dreißig sein mochte.

Die anderen drei wagten es genauso wenig wie ich, den Mund aufzumachen. Nicht nur ich befürchtete, Fahrer oder Beifahrer könnten uns womöglich hören und verstehen, denn jedes Wort konnte uns eventuell zum Nachteil ausgelegt werden.

Wir landeten in Idar-Oberstein und wurden in eine ausrangierte Kaserne einquartiert. Mit elf anderen weiblichen Personen wurde mir ein Schlafsaal zugewiesen, in dem vier dreistöckige Betten standen: grob zusammengezimmerte Holzgestelle mit eingehängten Metallrosten. Darauf lagen schon sehr durchgelegene Strohsäcke. Die winzigen Kopfkissen enthielten nur wenig Federn, zum Zudecken musste man seinen Mantel verwenden. Trotzdem schliefen wir wie die Murmeltiere. Wenn man jung ist, hat man noch keine Schlafprobleme.

Zu den Mahlzeiten beorderte man uns immer in einen Speisesaal, in dem nur Frauen saßen. Für die Männer gab es vermutlich einen eigenen Essraum. Anfangs nahmen wir unsere Mahlzeiten nahezu schweigend ein. Die Verpflegung war nicht schlecht, obwohl mir so manches davon unbekannt war, eben amerikanisch.

Nachdem wir uns ein bisschen beschnuppert hatten, wagten wir, uns im Schlafraum mit gedämpfter Stimme zu unterhalten, zunächst nur über belanglose Dinge. Allmählich taute man aber so weit auf, dass man sich gegenseitig erzählte, warum man interniert worden war. Einige der Damen waren Frauenschafts-Führerinnen, einige BDM-Führerinnen gewesen. In den nächsten Tagen hatten wir bereits ein richtig kameradschaftliches Verhältnis untereinander. Zwei Mädchen waren dabei, bei denen wir uns nicht erklären konnten, warum man sie aufgegriffen hatte. Die eine hatte keinerlei Amt innegehabt, sondern war lediglich Jungmädel gewesen, wie das damals alle sein mussten. Die andere war Scharführerin gewesen, wirklich keine bedeutende Position. Wahrscheinlich war es den beiden wie mir ergangen, und sie waren aus irgendeinem nichtigen Grund aus Rache von jemandem denunziert worden. Ohne meine Ziehharmonika-Geschichte wäre wahrscheinlich niemand auf die Idee gekommen, mich als BDM-Führerin anzuzeigen. Mit der Zeit erfuhr ich, dass alle Internierten – überwiegend Männer – im Dritten Reich bedeutende Ämter bekleidet hatten, wie Gauleiter, Kreisleiter, Bauernführer.

Von Idar-Oberstein wurden wir einige Wochen später nach Kaiserslautern verlegt. Ein ganzes Jahr lang schob man uns hin und her, und meine Eltern hatten keine Ahnung, wo sich ihre mittlerweile zwanzigjährige Tochter befand.

Niemand wusste so recht, was er mit uns anfangen sollte. Trotz der Ungewissheit, die uns umgab, hatte ich überhaupt keine Angst; ich ließ alles auf mich zukommen. Die meisten der internierten Frauen waren zwischen dreißig und fünfzig, und fast alle waren Frauenschafts-Führerinnen gewesen. Eine Großbäuerin war dabei, eine ganz nette, sie war unsere »Mutti«. Sie kümmerte sich um uns drei Küken liebevoll wie eine Glucke.

Auf unserer Odyssee landeten wir auch mal in Trier: auf dem Petersberg, in einem ehemaligen RAD-Lager. Da wimmelte es nur so von Wanzen und Flöhen. Wir waren froh, als wir uns von denen wieder verabschieden konnten.

Unsere letzte Station war Landau in der Pfalz. Dort waren wir wieder in einer Kaserne untergebracht. Das war von allen unseren Stationen die beste, obwohl es dort nicht satt zu essen gab. Deshalb stand hier die Kameradschaft im Vordergrund. Wir unterhielten uns, wir lasen alles, was uns an Geschriebenem in die Finger fiel, wir sangen und machten gemeinsam Gymnastik, um nicht einzurosten. Ja, vor lauter Hunger schrieben wir alle Kochrezepte auf, die uns einfielen; Papier und Bleistifte fanden wir zum Glück genug. In der Kaserne gab es eine kleine Küche, die durften wir benutzen. Da kochte mal die eine, mal die andere eine zusätzliche Suppe aus Wildkräutern, von denen im Kasernengelände – das wir frei betreten durften – genügend wuchsen. Außer Kräutern, Salz und Wasser war in der Suppe nicht viel drin. Sie sättigte auch nicht für lange, aber das Kochen als solches machte schon Spaß, und das Gefühl, etwas Warmes in sich hineinzulöffeln, war ein Genuss.

Es folgte eine Zeit, da wurde eine nach der anderen von uns in ein Büro gerufen. Als die ganze Reihe durch war, ging das Ganze wieder von vorn los. Jedes Mal wurden wir von einem anderen französischen Offizier verhört. Vor allem wollte man von mir wissen, welche Position ich im Dritten Reich innegehabt, wie lange ich dieses Amt bekleidet hatte und welches meine Aufgaben gewesen waren. Nachdem ich die Fragen beantwortet hatte, zuckte jeder der Diensttuenden mit den Schultern und entließ mich. Anscheinend kam man einhellig zu dem Schluss, dass ich keine großen Verbrechen begangen hatte.

Die Sache mit der Ziehharmonika habe ich allerdings nie vorgebracht. Inzwischen war ich vorsichtiger geworden. Mir war nämlich nicht klar, ob mir das schaden oder nutzen würde. Man hatte mich auch nie danach gefragt. Einige der Offiziere, die mich verhörten, sprachen einigermaßen Deutsch, aber auch sie hatten einen Dolmetscher dabei, damit nur ja keine Missverständnisse aufkommen sollten. Schließlich hatte man wohl den Eindruck gewonnen, dass ich eine ungefährliche Person sei. Zur Sicherheit musste ich aber noch der ganzen Ideologie des Naziregimes abschwören.

Nachdem ich ein ganzes Jahr lang durch die Lande transportiert worden war, kam völlig überraschend die sogenannte Jugendamnestie, und ich wurde ganz plötzlich entlassen. In den Entlassungspapieren, die man mir aushändigte, stand es schließlich schwarz auf weiß, dass von mir keine Gefahr ausgehe. »Entnazifizierung« wurde dieser Prozess genannt, den wir Internierten durchlaufen hatten. Aber auch einige Zeit, nachdem ich wieder in Freiheit war, musste ich mich noch in regelmäßigen Abständen bei der Sûreté nationale melden.

Meine Eltern waren überglücklich, als ich so unverhofft wieder vor der Tür stand. Obwohl das bei uns nicht der Brauch war, schlossen sie mich ganz fest in die Arme. Sie haben mir nie Vorwürfe gemacht.

Am Anfang unserer »Inhaftierung« hatten wir nicht arbeiten dürfen, wir saßen nur herum und unterhielten uns. Das gehörte wohl mit zum »Umerziehungsprogramm«, man wollte uns abstumpfen. Und doch war es die Zeit, in der ich viele Impulse mitbekam. Obwohl ich mich zeitweilig fast zu Tode langweilte, empfinde ich im Nachhinein diese Zeit als persönliche Bereicherung.

Eine Bergmannstochter

Anna B., Jahrgang 1925, aus Bad Gastein, Österreich, Pflichtjahr von 1941 bis 1943

Nachdem Österreich 1938 an das Deutsche Reich angeschlossen war, mussten auch die österreichischen Mädchen ein Pflichtjahr absolvieren.

Meine frühe Kindheit war überschattet vom Tod meiner Mutter. Mir sind nur wenige Erinnerungen an sie geblieben. Am Abend saß sie öfter mit mir in der Küche auf der Bank und erzählte mir Geschichten, wobei sie immer traurig aussah. Auch erinnere ich mich, dass sie eines Morgens zu mir sagte: »Anna, du musst jetzt ganz tapfer sein, ich muss ins Spital.«
»Nein, Mutter, nicht weggehen«, jammerte ich, meine Tränen liefen, und ich klammerte mich an ihre Hand.
»Sei ein braves Mädchen, lass mich gehen. Ich habe immer so Bauchweh und muss ins Spital, damit die mich wieder gesund machen. Wenn ich heimkomm, kriegst einen großen Sack Zuckerl.« Dieses Versprechen ließ tatsächlich meine Tränen versiegen. Aber obwohl ich erst viereinhalb war, bemerkte ich, dass die Mutter Tränen in den Augen hatte.
Die Tage vergingen, ich weiß nicht, wie viele, da kam ein junger Onkel zu uns ins Haus. Er war erst

vierzehn Jahre alt und spielte mit mir und meinem Bruder Franz, der anderthalb Jahre älter war als ich, Verstecken und Fangen. Auch machte er allerlei Blödsinn mit uns, was uns zum Lachen brachte. Erst viel später sollte ich erfahren, dass der Onkel hatte auf uns aufpassen müssen, während alle anderen auf der Beerdigung meiner Mutter gewesen waren. Uns Kinder hatte man mit der traurigen Tatsache nicht konfrontieren wollen. Das war gewiss richtig so gewesen.

Mit der Zeit verblasste das Bild meiner Mutter in mir immer mehr, und ich habe nie wieder nach ihr gefragt. Ich nahm es einfach hin, dass sie nicht mehr da war. Nach dem Sack Zuckerl fragte ich auch nie wieder. Es dauerte weitere Jahre, bis ich erfuhr, dass meine Mutter an einem Magenleiden, ich vermute Krebs, gestorben war. Sie ist nur zweiunddreißig Jahre alt geworden. Ihr Spitalaufenthalt hatte die Familie auch finanziell stark belastet.

Die Abwesenheit der Mutter nahmen wir Kinder deshalb nicht so stark wahr, weil wir weiterhin gut versorgt wurden – und zwar durch Tante Irma, die siebzehnjährige Schwester meiner Mutter. Sie war immer fröhlich und sehr nett zu uns. Dass Irma zu uns zog, verdankten wir meiner Großmutter, in deren Haus wir wohnten.

Die Großeltern, die von Südtirol eingewandert waren, betrieben im Anlauftal ein Gasthaus, daher fanden sie keine Zeit für uns Kinder. Während der Beerdigung hatte meine Großmutter ihren beiden anderen Töchtern ans Herz gelegt: »Ihr müsst dem Franz helfen, damit die Kinder nicht ins Waisenhaus kommen.«

Irma, die Jüngere, von Mitleid ergriffen, gab sofort ihre Stelle in Wien auf, wo sie damals als Dienstmädchen arbeitete. Später wäre sie gern wieder dorthin zurückgekehrt. Wie sollte es aber anders sein: Mein Vater, ein Mann von fünfunddreißig Jahren, so allein, das hübsche junge Mädchen im Haus ... Da ist es halt passiert. Als die beiden merkten, dass ein Kind unterwegs war, haben sie im Dezember 1931 geheiratet, und aus unserer Tante wurde unsere Stiefmutter, die wir ab da »Mama« nannten.

Im Januar 1932 brachte sie Pauline zur Welt, und ich freute mich, von nun an eine kleine Halbschwester zu haben. Im Alter von zwei Jahren wurde dieses Kind ernstlich krank. Da man aber in keiner Krankenkasse war, konnte man sich keinen Arzt leisten. Irgendwie wurde die Kleine dann doch wieder gesund. Fünf Jahre später jedoch, Pauline war gerade sieben, starb sie an einem Nierenleiden. Irma trauerte sehr um sie, und ich trauerte mit ihr.

Im Jahre 1939 wurde ihr Trost zuteil, Tochter Helga ward geboren, und im Jahr darauf kam ein Sohn hinzu, mein Halbbruder Walter. Es wurde natürlich meine Aufgabe, die beiden Kleinen zu hüten, aber das übernahm ich gern.

Das Jahr 1932 war ein sehr glückliches für mich, denn ich durfte endlich in die Schule gehen. Wie hatte ich meinen »großen« Bruder beneidet, der schon ein Jahr zuvor diesen Weg hatte antreten dürfen! Eine kleine Schiefertafel, ein Griffel, ein Schwamm und ein Stoffleckerl war alles, was mir die Stiefmutter in die Schultasche aus Pappe packte. Trotz dieser spärlichen Ausrüstung lernte ich viel und begeistert.

Noch heute sehe ich das betrübte Gesicht meines Vaters vor mir, als ich ihm nach der vierten Klasse freudestrahlend mein gutes Zeugnis präsentierte, in dem sich der Vermerk befand: »Zum Aufsteigen in die Bürgerschule geeignet.«

Seine Worte dazu waren für mich niederschmetternd: »Sehr schön, Anna, aber ich kann mir das nicht leisten.«

Für beide Seiten war es hart, in jener Zeit habe ich das aber noch nicht ganz ermessen können. Weiterhin tappte ich also brav in die Volksschule zu Böckstein, während mein Bruder mit der Bahn nach Bad Hofgastein fuhr, wo er die Bürgerschule besuchte. Für ihn musste der Vater Schulgeld und Fahrgeld zahlen. Es wäre ihm unmöglich gewesen, dieses für ein zweites Kind aufzubringen; damals war er nämlich schon eine ganze Weile arbeitslos.

Mein Wissensdurst in dieser Zeit war aber so groß, dass ich alles, was ich an Lesbarem erwischen konnte, regelrecht verschlang.

Nun ein Wort zu den Eltern meines Vaters. Sie hatten im Burgenland gelebt, wo sein Vater im Kohlenbergwerk tätig war, um die Familie zu ernähren. 1907 gab es im Grenzgebiet zu Ungarn, damals ein Teil der Doppelmonarchie Österreich-Ungarn, einen Aufstand. An diesem nahmen mein Großvater und einige seiner Brüder teil. Der Aufstand wurde niedergeschlagen, und sie wurden mit vielen anderen gefangen genommen und eingesperrt. Deshalb musste mein Vater, Jahrgang 1895, als Ältester von acht Geschwistern schon mit zwölf Jahren im Bergwerk arbeiten, um die Familie zu erhalten.

Anfang der Zwanzigerjahre »wanderte« er aus: nach Böckstein, das heute zu Bad Gastein gehört, wo auf dem Radhausberg nach Gold gegraben wurde. Das bedeutete, dass der junge Bergmann, ebenso wie seine Kollegen, am Montag in der Frühe auf den Berg hinaufsteigen musste und erst wieder am Samstagabend nach Hause kam. Unten im Tal grünte es schon, aber oben auf dem Berg lag noch Schnee, wie er uns berichtete.

1926 wurde der Bergbau eingestellt, weil die Erträge so gering ausfielen, dass sich der Abbau nicht mehr lohnte. Dadurch wurde der Vater arbeitslos wie so viele andere, ein schwerer Schlag für die Familie. Da wir im Haus meiner Großeltern wohnten und er sich zu kleinen Gelegenheitsarbeiten verdingte, konnte er uns über Wasser halten.

Zu essen gab es für uns nur noch Kartoffeln, Brot, Sauerkraut, Spinat aus Brennnesseln, Löwenzahnsalat und Maisgrieß, der oft Würmer enthielt. Fleisch kannte man in der Zeit nicht. Als die Engländer 1937 das Bergwerk wieder aufmachten – ich weiß nicht, ob sie es gekauft oder gepachtet hatten –, bekam unser Vater wieder eine Anstellung. Da ging es uns dann ein bisserl besser, was sich beim Essen bemerkbar machte.

Noch lebhaft erinnere ich mich an meine erste »Braunschweiger«, eine bestimmte Wurstsorte. An jenem Abend gab es für jeden ein Stück davon, mit einem Stück Brot. Für mich ein himmlisches Essen!

Als Österreich 1938 zu Deutschland kam, übernahm die Preussag das Bergwerk, und die Engländer verließen das Land. Nun grub der Vater im Stollen auf dem Naßfeld in Sportgastein nach Gold und Arsen. Er ist nicht eingezogen worden – zum einen, weil er wohl schon zu alt war, zum andern, weil er eine wichtige Position bekleidete: Da er ein erfahrener Bergmann war, hatte man ihn zum Vorarbeiter befördert. Als solcher hatte er viele französische Kriegsgefangene zu beaufsichtigen und anzulernen.

In Naßfeld befand sich auch eine große Anlage zur Aufbereitung des Goldes. In diesem Gebiet waren zeitweilig über tausend Arbeiter beschäftigt. Nach Kriegsende entließ die amerikanische Besatzung die Franzosen in ihre Heimat und schickte wieder mehr einheimische Bergleute in die Stollen, diesmal aber in eine wesentlich höher gelegene Schicht. Sie sollten erkunden, ob noch so viel Gold zu finden sei, dass sich der Abbau lohnte.

Statt auf Gold sind sie aber nur auf warme Luft gestoßen. Ja, es war so heiß in diesen Gängen – zwischen 37 und 42 Grad Celsius –, dass die Männer nur wenige Stunden in der Lage waren, zu arbeiten. Dabei machten sie eine merkwürdige Entdeckung: Männer, die trotz ihrer Leiden wie Asthma, Rheuma, chronischer Bronchitis oder Hautkrankheiten eingefahren waren, zeigten mit der Zeit keine Beschwerden mehr. Ja, in der eigenen Familie konnten wir eine solch »wundersame Heilung« beobachten: Mein Onkel, der an einer Staublunge gelitten hatte, war, nachdem er immer wieder mit der kleinen Lok in den Berg eingefahren war, plötzlich gesundet.

Nachdem Ärzte und Bergwerksbetreiber davon Kenntnis erlangt hatten, stellte man durch zahlreiche Untersuchungen fest, dass die Luft in diesen Stollen 44 Becquerel Radon enthielt. Man gelangte zu der Erkenntnis, dass wohl die Kombination von Radon, Hitze und hoher Luftfeuchtigkeit für die Heilung, bzw. Besserung der Beschwerden verantwortlich sei.

In den folgenden Jahren half mein Vater bei der Erschließung des Bergwerkes im Radhausberg mit, das man künftig zu Heilzwecken nutzen wollte. Ab 1951 wurde es dann als Heilstollen in Betrieb genommen. Bis zu seiner Pensionierung im Jahre 1957 arbeitete er an der Erweiterung der Gänge, damit der zunehmende Strom von Heilung Suchenden Aufnahme finden konnte.

Mittlerweile sind es Hunderttausende von Menschen, die bei den unterschiedlichsten Leiden, so auch bei Fibromyalgie und der Bechterew'schen Krankheit, Linderung im Bad Gasteiner Heilstollen erfuhren. Diese Entdeckung ist doch mehr wert als Gold!

Bevor ich aus der Schule entlassen wurde, ereignete sich in der Familie ein schrecklicher Unfall. Meine kleine Schwester Helga, noch nicht ganz zwei Jahre alt, fiel in ein Fass mit heißer Waschlauge. Ihr ganzer Rücken war verbrannt. Es gab so gut wie keine Medikamente, nur Salbe in kleinen Tuben zum Einschmieren. Da das Kind vor Schmerzen kaum liegen konnte, trug die Mama es stundenlang herum. Deshalb musste ich der Schule fernbleiben. Ich musste ja auf den kleinen Bruder schauen und den Haushalt machen. In der Schule versäumte ich aber tatsächlich nicht viel. Die oberen drei Jahrgänge, also sechstes, siebtes und achtes Schuljahr, waren zusammengefasst, sodass man praktisch drei Jahre lang das Gleiche hörte.

Da für mich an eine Berufsausbildung nicht zu denken war, arbeitete ich nach meiner Schulentlassung in der Gaststätte meiner Großeltern mit. Nach einem Jahr etwa erging die Aufforderung an mich, mein Pflichtjahr anzutreten. Statt dieses einen machte ich sogar zwei. Denn noch bevor die Aufforderung zum Ableisten an mich erging, hatte ich von einem Angebot erfahren, das der NSV-Frauenhilfsdienst der Nationalsozialistischen Volkswohlfahrt offerierte. Da hieß es, wer sich für zwei Jahre verpflichtete, hätte anschließend die Möglichkeit, auf Staatskosten eine Berufsausbildung zu machen. Das war es, was ich anstrebte!

Am 26. Juli 1941 wurde ich vom Frauenhilfsdienst nach Krimml in ein Müttererholungsheim geschickt, das in einem Hotel untergebracht war. Krimml liegt im Oberpinzgau, gefühltermaßen am Ende der Welt. Dennoch hatte er schon damals einen gewissen Bekanntheitsgrad. Seine malerischen Wasserfälle sind mit 385 Metern die höchsten in Österreich, im Nationalpark Hohe Tauern.

Wir zehn Mädchen dort waren alle zwischen vierzehn und sechzehn Jahren alt und hatten etwa siebzig Erholung suchende Mütter zu betreuen. Als »Vorschülerinnen« wurden wir praktisch zu allen Arbeiten herangezogen: Küchenarbeit, Stopf- und Flickdienst, Servieren, Wäschereidienst, Putzen, Gartenarbeit. Alle vier Wochen wurde gewechselt.

Nach einem halben Jahr wurde das Mütterheim geschlossen, und wir wurden samt und sonders nach Schloss Oberrain bei Unken versetzt, das als Mütterheim neu eröffnet werden sollte. Doch bevor die Mütter Einzug halten konnten, mussten wir Mädchen das Schloss renovieren. Obwohl wir keine Ahnung von der Sache hatten, mussten wir den ganzen Malerputz selbst durchführen.

Anschließend war der sehr verwohnte Parkettboden – der zusätzlich durch unsere Malerarbeiten stark verschmutzt war – im ganzen Schloss zu schrubben, mit Wachs einzulassen und zu polieren. Dafür glänzte und blinkte nachher auch alles, und wir waren mächtig stolz auf unser Werk.

In diesem Gebäude waren wir ebenfalls zu den gewohnten Diensten eingeteilt. Ich weiß nicht, warum, aber die Heimleiterin mochte mich. Immer wieder zog sie mich von meinem eigentlichen Dienst ab und ließ mich Bürodienst machen. Da ich ausgesprochen schüchtern war, war es mir eher peinlich, wenn sie mich in ihre heiligen Hallen rief, schon wegen der anderen Mädchen. Die hätten ja neidisch werden können. Im Büro gab es wirklich wenig für mich zu tun, deshalb brachte sie mir das Schachspielen bei und lauschte mit mir klassischer Musik.

Unter den Mädchen gab es mehrere mit dem Vornamen Anna. Damit es nicht dauernd zu Verwechslungen kam, mussten sich einige von uns einen anderen Namen zulegen. Die anderen Annas wählten ihren Zweitnamen, ich aber wählte für mich selbst den Namen Renate aus, weil er mir so gut gefiel.

In St. Johann im Pongau befand sich eine Schwesternschule, die einem Spital angeschlossen war. Diese litt über Weihnachten 1941 unter Personalknappheit. Deshalb hieß es bei uns, eine der Vorschülerinnen müsse dort aushelfen. Es hat sich keine darum gerissen; das Los fiel auf mich. Mir blieb keine Wahl, am Heiligen Abend saß ich im Zug nach St. Johann.

Draußen regnete es in Strömen, und drinnen rannen meine Tränen. Während der Fahrt musste ich ständig an zu Hause denken. Dies würde mein erstes Weihnachtsfest sein, das ich in der Fremde verbrachte. Auf einmal durchzuckte mich ein Gedanke: Was wäre, wenn ich ganz einfach weiterfahre, nach Hause? Doch diesen Gedanken verwarf ich ganz schnell wieder und stieg wie geplant am Zielort aus. Mir war bewusst geworden: *Wenn* ich jetzt weiterfahre, *versalze* ich mir die ganze Suppe.

In St. Johann schob ich dann drei Wochen Dienst und bin danach wieder zurückgefahren nach Oberrain.

Auch 1942 war ich an Weihnachten nicht zu Hause. Nach einer sehr anstrengenden Woche hat es schon mal einen freien Sonntag gegeben, wenn Mütterwechsel war, aber nie über Weihnachten. Auch sonst gab es keinen freien Tag, nur am Mittag hatten wir täglich zwei Stunden frei. Dann durfte man schon mal in den Ort hinunter, um etwas einzukaufen. Man musste sich aber jedes Mal ab- und wieder anmelden. Es war unerwünscht, dass wir mit der Bevölkerung Kontakt aufnahmen. An den freien Sonntagen bin ich nicht heimgefahren, das lohnte sich nicht. Stattdessen habe ich es genossen, länger zu schlafen als sonst. Daher war ich meist diejenige, die mittags für die anderen Mädel kochen musste.

Ein paarmal unternahmen wir auch Ausfahrten, entweder war die Heimleiterin dabei oder die Wirtschaftsleiterin. Allein durften wir nicht fort. Einmal sind wir ins Krimmler Tal zu den Wasserfällen gefahren, unser größter Ausflug. Sonst haben wir nichts von der Welt gesehen.

Gegen Ende meiner zwei Jahre dauernden Pflichtzeit besuchte mich eine Frau vom NSV und erkundigte sich, welchen Berufswunsch ich hätte. Sie bot mir mehrere Möglichkeiten an: Kindergärtnerin, Krankenschwester, Volkspflegerin (später Fürsorgerin). Letzteres hätte mir am meisten zugesagt, aber dazu musste man ein bestimmtes Alter haben. Deshalb schlug die Beraterin mir vor, ich solle zuerst Kindergärtnerin werden, danach könne ich die Ausbildung zu meinem Wunschberuf anhängen. Also entschied ich mich dazu, Kindergärtnerin zu werden.

Zunächst musste ich in St. Gilgen im Salzkammergut ein paar Wochen als Helferin im Kindergarten arbeiten. Im Herbst 1943 schickte man mich dann ins baden-württembergische Esslingen in Deutschland in die Landeskindergartenschule. Das war für mich geradezu eine Weltreise.

In Ulm fragte der Schaffner offenbar nach meiner Fahrkarte, aber ich verstand kein Wort. Er sprach nämlich Schwäbisch. In der Schule wurde zum Glück weitgehend Hochdeutsch geredet, denn die Mädchen kamen aus den unterschiedlichsten Gegenden Deutschlands. Ich war die einzige Österreicherin.

Es war eine schöne Zeit in Esslingen, wir hatten viel Spaß, trotz der ständigen politischen Infiltration und des stetigen Gefühls, eingesperrt zu sein. Denn auch hier wollte man nicht, dass wir Kontakt zu den Einheimischen pflegten.

In Esslingen erlebte ich auch die ersten Fliegerangriffe. Wir suchten oft Zuflucht in einem Heizungskeller, in dem war es wenigstens warm. Er war allerdings nur geschützt durch Betonblöcke vor den Fenstern, und in 500 Metern Luftlinie von uns befand sich eine Flak-Stellung. Auch Stuttgart in der Nähe war ein bevorzugtes Angriffsziel. Als dann wirklich mal eine Bombe in unserer Nähe einschlug, flogen die Betonklötze davon wie Pappschachteln.

Nach jedem Angriff wurden wir zum Einsatz gerufen. Wir mussten uns um die Esslinger Flüchtlinge und die Ausgebombten kümmern und sie mit Nahrung und Kleidung versorgen, alles Dinge, die mit unserer Ausbildung eigentlich nichts zu tun hatten.

Bis zum Frühjahr 1945 waren wir zahlenmäßig stark gewachsen – es waren Schülerinnen aus Schulen, die Bombenangriffe abbekommen hatten, zu uns gestoßen. Deshalb verteilte man uns auf drei verschiedene Luftschutzkeller. Ich gehörte zu der Gruppe, die bei Alarm in einen Weinkeller musste. Dieser schien einigermaßen sicher, war aber kühl und roch nach Wein. Für Wein interessierte ich mich damals aber noch nicht.

Im März legten wir vorzeitig unser Examen ab, weil es in Esslingen immer gefährlicher wurde. Es bestand aus drei Teilen, einer schriftlichen, einer praktischen und einer mündlichen Prüfung. In allen dreien schnitt ich mit der Note »Eins« ab und nahm voller Stolz mein Zeugnis entgegen. Nun stand meiner Heimreise nichts mehr im Wege.

Voller Freude packte ich meine ganze Habe in meinen Koffer, einschließlich meiner Lehrbücher und Hefte – und natürlich auch mein Zeugnis, damit es in meiner Handtasche nicht zerknittert werde. Diesen Koffer gab ich auf, damit er mich bei dem häufigen Umsteigen nicht belastete. Trotz mehrerer Fliegerangriffe, so mussten wir beispielsweise zwischen Ulm und Augsburg auf freier Strecke stehen bleiben, weil in den Bahnhöfen Gefahr drohte, kam ich am ersten April 1945 wohlbehalten in Böckstein an. Mein Koffer aber nicht. Er blieb verschwunden, bis auf den heutigen Tag.

Dass ich meine ganze Kleidung eingebüßt hatte, empfand ich noch als geringstes Problem. Aber wie sollte ich nachweisen, dass ich eine examinierte Kindergärtnerin war? Das Einzige, was ich vorweisen konnte, war ein Halbjahreszeugnis, das ich in der Handtasche hatte. So glaubte man mir wenigstens, dass ich die entsprechende Ausbildung in Esslingen gemacht hatte, und beauftragte mich sogleich damit, in Böckstein einen Kindergarten aus dem Nichts einzurichten. Vielleicht hätte ich dort viele Jahre weiter vor mich hin wuseln können. Mich aber beunruhigte es, dass ich nichts in Händen hatte. Man wusste ja nicht, wie sich die Dinge entwickeln würden. Vielleicht würde man mich auf die Straße setzen, wenn eine examinierte Kindergärtnerin daherkam? Das Risiko erschien mir zu groß.

Deshalb fuhr ich im Mai 1946 nach Salzburg zum Landesschulrat. Ich trug ihm die Geschichte von meinem verlorenen Koffer vor und bat darum, die Externistenprüfung ablegen zu dürfen. Er schaute mich überrascht an und sagte: »Sie sind die Erste, die das will. Glauben S', Fräulein Anna, da kommen S' nie durch. Wollen S' die trotzdem machen?«

»Ja!«, antwortete ich vernehmlich und innerlich sagte ich mir: »Jetzt erst recht.«

Drei Wochen hat man mich in die Mangel genommen, wieder gab es eine schriftliche, eine praktische und eine mündliche Prüfung. Wieder schnitt ich in allen drei Teilen mit »sehr gut« ab. Nun konnte ich offiziell als Kindergärtnerin eingesetzt werden, ohne befürchten zu müssen, hinauszufliegen. Ich blieb immer an derselben Stelle, bis zu meiner Pensionierung.

Solange mein Vater lebte – er starb 1969 –, hat er immer wieder beteuert, wie leid es ihm täte, dass er mich nicht, wie von mir gewünscht, auf die Bürgerschule hatte schicken können.

Dann war ich es, die ihn trösten musste. »Du brauchst dich nicht zu grämen, Vater, du siehst doch, dass trotzdem etwas aus mir geworden ist.«

Das Milchmädchen

*Berta, Jahrgang 1928, aus Reit im Winkl,
Pflichtjahr 1943/44*

Wenn ich abends mit meinen Kindern beisammensaß, wollten sie immer, dass ich von früher berichtete. Einmal, als ich so mitten im Erzählen war, seufzte ich: »Mei, darüber könnt man glatt ein Buch schreiben.«

»Dann schreib halt eins«, ermunterten mich die Kinder. Das war leichter gesagt als getan. Dennoch überlegte ich mir, ich könnt es ja mal probieren. Nun, ein ganzes Buch wird es nicht werden, aber immerhin eine Geschichte, die nicht nur für meine Nachkommen interessant sein dürfte, dachte ich bei mir. Aber ich muss weit vorn anfangen, bei meinen Urgroßeltern; das geht gut hundertfünfzig Jahre zurück.

Mein Urgroßvater Engelbert wuchs mit seinem Bruder Bartholomä auf dem elterlichen Bauernhof »Bretterleit'n«, einem stattlichen Anwesen, auf. Barthl, der Erstgeborene, sollte dieses zu gegebener Zeit übernehmen. Doch in der Schule wurde er als äußerst gescheit entdeckt, und so ließen der Herr Lehrer und der Herr Pfarrer seinem Vater keine Ruhe mehr. Er solle den Buben unbedingt studieren lassen.

Die Eltern wagten es nicht, dem »Glück« ihres Sohnes im Wege zu stehen, und schickten ihn unter finanziellen Opfern aufs Gymnasium. Danach erhob sich die Frage: Was soll er studieren? Bei der Entscheidungsfindung muss der Herr Pfarrer ein bisschen nachgeholfen haben, denn der Abiturient und seine Eltern beschlossen gemeinsam, er solle Geistlicher werden.

Also rückte Engelbert, der Zweitgeborene, als Hoferbe nach. Das war diesem auch ganz recht, denn er werkelte eh schon von Kindesbeinen an von früh bis spät auf dem »Bretterleit'n«. Er hatte sich auch schon eine Braut ausgeguckt, Franziska, eine Bauerstochter aus dem Nachbardorf.

Sein großer Bruder, der Herr Student, verbrachte alle Jahre seine Vakanz daheim. Da es Sommerszeit war, wo es für den Bauern das meiste zu tun gibt, wurde er ganz schön eingespannt. Das war nur recht, denn schließlich musste das väterliche Anwesen unter anderem auch das Geld für sein Studium aufbringen.

Am Samstag gab es für die jungen Leute immer wieder mal einen fröhlichen Abend, mal auf dem einen, mal auf dem anderen Hof. Damit wollten die Eltern sie für die wöchentliche Plackerei belohnen und sie auch bei Laune halten, damit sie in der neuen Woche wieder fleißig zupackten. Solche Treffen waren gleichzeitig ein wichtiger Heiratsmarkt. Es musste ja nicht nur das tägliche Brot geschaffen werden, man musste ja streng genommen auch die »Art« erhalten.

Bei so einem lustigen Zusammentreff geschah es, dass sich der Herr Theologie-Student, der mit seinen

Studien schon weit fortgeschritten war, verliebte. Ausgerechnet er, der ja eigentlich nichts dazu beitragen sollte, die Art zu erhalten, verguckte sich in die Nachbarstochter Maria.

Ihm war klar, dass er das von seinem Stand her nicht durfte. Sobald er wieder in München war, bemühte er sich, die schöne Nachbarin zu vergessen. Doch kaum war die nächste Vakanz, flammte die Liebe wieder auf. Er konnte und konnte das Madl nicht vergessen und kam aus diesem Konflikt nicht heraus. Kurz vor dem Empfang der Priesterweihe zog er endlich die Konsequenzen und sprang ab.

Seine Maria machte er damit glücklich, seine Eltern aber todunglücklich. Sie waren nicht nur unglücklich, weil sie das schöne Geld umsonst rausgeschmissen hatten, es war auch eine Blamage im ganzen Ort. Ja, mehr noch, sie waren blamiert in der ganzen Region, und außerdem sahen sie ihr Seelenheil gefährdet. Nun konnten sie Gott keinen Priester vorweisen, einen, der für sie die Geschäfte mit dem Himmel geregelt hätte. Ihnen blieb nichts anderes übrig, als sich mit der Tatsache abzufinden.

Wer ebenfalls unter dieser Entwicklung leiden sollte, war Engelbert, also mein Urgroßvater, denn sein Bruder pochte nun auf sein Recht als Hoferbe.

Schwer enttäuscht verließ der Zweitgeborene den väterlichen Hof. Die Erbauszahlung seines Bruders ermöglichte es ihm, in Petting ein kleines Anwesen mit sechs Kühen und vier Rindern zu erwerben. Er heiratete 1876 seine Franziska, die auch etwas »Gut« einbrachte. Nebenbei betrieb Engelbert Viehhandel, um seiner Familie wenigstens einen etwas höheren Lebensstandard zu ermöglichen. Aus dieser Ehe ging nur ein Kind hervor, das den Namen seiner Mutter Franziska bekam, die meine Großmutter werden sollte.

Ein Jahr nach seinem »Absprung« heiratete Barthl seine Maria. Das Paar bekam ein Kind, ein Dirndl, das sie nach seiner Mutter Maria nannten. Sie war ein sehr fleißiges Mädchen und setzte sich auf dem Hof voll ein.

Zum Leidwesen von Engelbert und seiner Frau zeigte Tochter Franziska aber keinerlei Interesse an der Landwirtschaft. Sie wollte unbedingt einen Beruf erlernen – als ob Bäuerin kein solcher wäre! So wurde sie in einem Hotel in Traunstein zur Köchin ausgebildet, wofür die Eltern auch noch Lehrgeld zahlen mussten.

Nachdem Franziska ausgelernt hatte, arbeitete sie als Köchin in einem Hotel, in dem ein gewisser Wastl als Metzger beschäftigt war. Er stammte aus einem großen Bauernanwesen aus der Erdinger Gegend. Kaum hatte die junge, gut aussehende Köchin ihre Stelle angetreten, machte der Wastl ihr schöne Augen, und sie fiel prompt darauf herein. Ehe sie sich versah, war sie in anderen Umständen. Wastl hatte die ehrliche Absicht, sie zu heiraten und mit ihr ein Wirtshaus zu betreiben, ihr aber fehlten der Schneid dazu und wohl auch die hundertprozentige Liebe.

Sie brachte ihr Kind, also meine Mutter, am 17. März 1903 unehelich zur Welt und gab es zu ihren Eltern in Pflege. Dort war es in bester Obhut. Nur stand man vor dem Problem, welchen Namen man dem kleinen Mädchen geben sollte. Früher war es Brauch, dass man dem ersten in der Ehe geborenen Kind den Namen der Mutter bzw. des Vaters gab. Bei einem ledig geborenen Kind war das unmöglich, also musste sich Franziska, die junge Mutter, etwas anderes einfallen lassen. Sie ließ das Kind auf den Namen Berta taufen, was eine Ableitung von dessen großväterlichem Namen Engelbert war. Den Großvater hat's gefreut, und das Dirndl hatte einen Namen. Taufpatin wurde die Cousine von Franziska: Maria, die einzige Tochter von Barthl und Maria.

Einige Jahre später kam meine Großmutter Franziska doch noch zum Heiraten; 1908 ehelichte sie einen gewissen Georg aus Siegsdorf und wohnte mit ihm in Eisenärzt. Vier Jahre später starb Franziskas Mutter, also meine Urgroßmutter, in Petting; da musste sie notgedrungen ihre kleine Berta, also meine Mutter, zu sich nehmen.

Da Franziska, die Köchin, noch immer kein Interesse an der Landwirtschaft zeigte, verkaufte ihr Vater Engelbert seinen ganzen Besitz in Petting und vermachte ihr den größten Teil des erzielten Geldes. Von diesem erwarb sie mit ihrem Mann 1912 in Eisenärzt eine kleine Wirtschaft. Von dem Rest seines Geldes kaufte sich Vater Engelbert in Waging am See in ein Altersheim ein. Zu seiner Tochter wollte er nicht ziehen. Er starb 1920.

Meine Mutter Berta fühlte sich in Eisenärzt gar nicht wohl. Inzwischen gab es drei Halbgeschwister, neben denen sie gar nichts galt. Zudem war ihr Stiefvater Georg wohl selbst der beste Gast in seinem

Wirtshaus, was seine Frau, also meine Großmutter, vor viele – vorsichtig ausgedrückt – Probleme stellte.

Als Tochter Berta ihre Schulzeit beendet hatte, wollte sie unbedingt aus dieser Umgebung weg. Daher kam ihr das Angebot ihrer Taufpatin Maria, die unverheiratet geblieben war, wie gerufen. Die wollte sie zu sich auf den Bretterleit'n-Hof nehmen, sie einarbeiten und zu ihrer Erbin machen.

Berta griff zwar mit beiden Händen zu, wurde aber nicht glücklich auf dem Hof. Die Patin, die selbst ihr ganzes Leben lang schwer gearbeitet hatte, um den Hof zu erhalten, verlangte das auch von dem Dirndl. Nach zwei Monaten aber schmiss die Fünfzehnjährige das Handtuch. Gewiss, es wäre eine schöne Heimat gewesen, ein alleinstehender Hof, ringsum nur Äcker und Wiesen. Auch hätte sich der Kreis geschlossen. Berta hätte genau auf dem Hof gesessen, auf dem einst ihr Großvater Engelbert hatte Herr werden sollen, bis ihm sein älterer Bruder, der Herr Theologie-Student, den vor der Nase weggeschnappt hatte. Aber nein, sie hatte alles Für und Wider abgewogen. »Nie net mag ich Bäuerin werden!« ist ihr überlieferter Ausspruch.

Berta verließ den Hof und wandte sich an Wastl, ihren leiblichen Vater, der immer Kontakt zu seiner ledigen Tochter gehalten hatte. Mittlerweile war auch er verheiratet und besaß in München-Schwabing den Gasthof »Rosengarten«. Da er mit seiner Frau nur zwei Söhne hatte, war ihm die Tochter gerade willkommen.

In das Gastgewerbe einzusteigen, war aber nicht nach ihrem Sinn. Stattdessen machte sie eine Lehre als

Näherin bei »Loden-Frey«. Daran hatte sie viel Freude. Da sie jedoch in der Familie ihres Vaters wohnte, wurde sie in jeder freien Minute in der Wirtschaft und in der hauseigenen Metzgerei zu allen anfallenden Arbeiten herangezogen, als Mädchen für alles.

Ihr Vater schätzte ihre Tüchtigkeit und war gut zu ihr, die Stiefmutter allerdings machte ihr das Leben schwer. Deshalb zog Berta mit neunzehn wieder aus und kehrte zurück zu ihrer Mutter nach Eisenärzt. In deren Wirtschaft herrschte viel Betrieb, deshalb kam ihr die Tochter wie gerufen.

Zum Mittag- und zum Abendessen kamen täglich die Arbeiter, die an der Bahnstrecke zwischen Ruhpolding und Reit im Winkl bauten. So kam meine Mutter eines Abends mit einem Gast ins Gespräch: »Was, aus Reit im Winkl bist du?«, fragte sie bewundernd. »Da war ich noch nie.«

»Reit im Winkl ist schön«, lobte der Mann seinen Heimatort. »Weißt was? Am Samstagmittag fahr ich heim. Am Abend ist Trachtentanz. Hast a Radl?« Sie nickte. »Dann fahr halt mit.«

»Mögen tät ich schon. Aber wann fährst wieder zurück?«

»Am Sonntag auf d'Nacht, weil ich am Montag wieder in Ruhpolding an der Bahn arbeiten muss.«

»Ich kann doch nicht allein um Mitternacht auf Eisenärzt fahren«, sorgte sie sich.

»Das brauchst auch nicht. Übernachtest halt in Reit im Winkl, dann fahren wir am Sonntag mitsammen zurück.«

»Und wo bittschön soll ich übernachten?«, fragte sie bekümmert.

»Du kannst bei meiner Schwester schlafen«, beruhigte er sie und fügte gleich eine Frage an: »Hast a Dirndl-Gwand?«
»Freilich hab ich eins. Es ist noch wie neu. Ich hab's nur einmal angehabt, im letzten Jahr beim Maitanz in München, da war ich Schützenliesl.«
Nachdem das alles geklärt war, stand einem Ausflug in den Heimatort des Bahnarbeiters nichts mehr im Weg. Sie radelten also am Samstagnachmittag von Eisenärzt nach Reit im Winkl. Berta, meine Mutter, war voller Neugier und Vorfreude. Bei Familie S., der Schwester des Bekannten, wurde sie herzlich aufgenommen. Nachdem sich die beiden Besucher in ihre »Tracht« geschmissen hatten, ging's zum Trachtentanz in die »Post«.
Meine Mama, ein sauberes Madl, brauchte nicht lange auf einen Tänzer zu warten. Immer wieder wurde sie von einem flotten Schuhplattler mit schneidigem Bart zum Tanzen aufgefordert. Er wollte wissen, wie sie heiße und woher sie komme. Zufälligerweise hieß er selbst Wastl, genau wie Bertas Vater. Schnell hatte er sie dazu überredet, sich doch in Reit im Winkl eine Stelle zu suchen, weil er sie gern öfter sehen wollte.
Die Stelle fand sie bereits am nächsten Morgen, nämlich bei Familie S., bei der sie genächtigt hatte. Diese führte damals schon eine kleine Fremdenpension und brauchte dringend Hilfe. Berta hätte schon am nächsten Tag dort anfangen können, aber sie musste zurück nach Eisenärzt. Sie wollte nicht nur anstandshalber ihrer Mutter Bescheid sagen, sondern musste auch ihre bescheidene Habe zusammenpacken und abholen.

Am Mittwoch, also drei Tage später, fing sie bereits als »Haustochter« an. Das bedeutete, sie arbeitete praktisch für Kost und Logis. Das karge Trinkgeld musste sie sich mit Johanna, der Tochter des Hauses, teilen. Am Jahresende bekam sie achtundzwanzig Mark ausbezahlt, den Lohn für ein ganzes Jahr Arbeit. Die Zeit der Inflation war eben brutal.

Meine Mutter nahm das alles in Kauf, weil es ihr in Reit im Winkl gut gefiel. Vor allem aber war sie glücklich, in der Nähe ihres Wastls zu sein.

Im März 1924 merkte sie, dass ihr das Gewand zu eng wurde. Als sie in der Karwoche zur obligatorischen Osterbeichte ging, musste sie natürlich auch ihren »Fehltritt« bekennen. Darauf die Frage des Beichtvaters: »Wer ist denn der Verursacher?«

»Der Osenstätter-Wastl«, gestand meine Mutter.

Die Antwort des Pfarrers erschöpfte sich in einem: »Dieser Lackl, dieser Lackl!«

Doch Berta hielt fest zu ihrem Wastl und er zu ihr. Nur ans Heiraten konnten sie nicht denken, es fehlte am finanziellen Grundstock. Also wechselte meine Mama über in den Gasthof »Unterwirt«, wo sie eine Arbeit als Beschließerin bekam. Das war nicht nur eine Vertrauensstellung, dort verdiente sie auch endlich richtig.

Kurz vor der Geburt ihres Kindes nahm sie mit der Hebamme Verbindung auf. Diese verhalf ihr zu einem Zimmer, in dem sie der Geburt ihres Kindes gelassen entgegensehen konnte. In den letzten Tagen davor strickte und häkelte sie eifrig für ihr Baby, gut umsorgt vom werdenden Vater. Am zweiten September 1924 brachte sie einen kräftigen Buben zur

Welt, dem sie nach seinem Taufpaten den Namen Raimund gaben.

Der dicke Wermutstropfen bei der Geschichte: Sie konnten immer noch nicht heiraten, und weil es noch keinen Mutterschutz gab, war meine Mutter darauf angewiesen, schon wenige Tage nach der Entbindung wieder zu arbeiten. Ihr blieb nichts anderes übrig, als das Neugeborene bei ihrer Mutter Franziska abzugeben, die mittlerweile von Eisenärzt nach Achtal umgezogen war.

In Reit im Winkl wollte Berta nicht mehr bleiben. Sie schämte sich so sehr, eine ledige Mutter zu sein. In einem Dorf galt dies in jenen Tagen noch als Schande. Sie ging also zurück nach München und arbeitete wieder in der Wirtschaft ihres Vaters.

Es folgten drei schwere Jahre für meine Eltern, besonders für meine Mutter. Am 13. Januar 1928 konnten sie endlich heiraten. Von den sechs Geschwistern meines Vaters hatten einige das Elternhaus verlassen, so war dort endlich Platz für die junge Familie. Inzwischen hatte sich meine Mama eine ganze Aussteuer zusammengespart. Von ihrem Vater bekam sie als Hochzeitsgeschenk eine Singer-Nähmaschine, etwas ganz Besonderes. Diese funktioniert heute noch!

Nun konnten meine Eltern endlich ihren kleinen Sohn zu sich holen. Das war aber gar nicht so einfach, wie sie sich das vorgestellt hatten. Klein-Raimund war schließlich so an Oma Franziska gewöhnt, dass ihm die Trennung sehr schwerfiel. Er weinte oft herzzerreißend, was wiederum zu Tränen bei seiner Mama führte. Es dauerte über drei

Monate, bis er sich an die neue Umgebung gewöhnt hatte.

Bald schon meldete sich erneut Familienzuwachs an. Am Andrätag, dem 30. November 1928, erblickte ich das Licht der Welt. Wie es der Brauch ist, bekam ich als erstes ehelich geborenes Kind den Namen meiner Mutter: Berta. Der Winter 1928/29 war der kälteste seit Jahrzehnten, und meine Mutter hatte zu tun, mich gesund durch die eisige Jahreszeit zu bringen, wie sie mir oft erzählte.

Meine eigenen Erinnerungen gehen zurück bis zum Jahreswechsel 1932/33. Ich weiß noch gut, dass ich zu Weihnachten 1932 meine ersten Ski bekam – und die nötigen Anleitungen dazu von meinem Bruder, der mittlerweile acht Jahre alt war. Wir bildeten uns eine schöne Ski-Bahn, und schon ging's los. Skihosen gab es für Mädchen damals noch nicht, und so kam ich meist mit patschnassen Röcken und Unterhosen heim. Aber ich ließ nicht locker. Überhaupt verlebte ich mit meinem Bruder eine wunderschöne Kindheit, denn auch im Sommer unternahmen wir mit seinen Freunden sehr viel.

Ab dem Sommer 1935 war es jedoch mit meiner Freiheit weitgehend vorbei. Am 3. August 1935 wurde meine Schwester Marianne geboren. Fortan musste ich die Kindsmagd spielen, während mein Bruder verduftete. Im September desselben Jahres wurde ich eingeschult, und von da an war es ganz aus mit meiner Freizeit.

Für die junge Familie, inzwischen auf fünf Personen angewachsen, wurde es im Haus meiner Großeltern ziemlich eng. Der Traum meines Vaters war es schon seit Langem gewesen, ein eigenes Haus zu besitzen. Als tüchtiger Maurerpolier, der auf allen Baustellen sehr geschätzt war, sollte es ihm nicht schwerfallen, endlich für sich selbst ein Heim zu bauen.

All die Jahre über hatten meine Eltern äußerst sparsam gelebt, daher verfügten sie endlich über das nötige Kleingeld, um an eine Verwirklichung von Vaters Traum zu denken. Eines Sonntags im Jahre 1937, ich erinnere mich noch so genau, als sei es gestern gewesen, machten die Eltern mit uns Kindern einen Spaziergang zum »Schweinebichl«. Plötzlich blieb der Vater stehen und beschrieb einen weiten Bogen mit der rechten Hand: »Schaut's her, Kinder, da steht in einem Jahr unser eigenes Haus.«

Nach einem Jahr hatte er den Plan tatsächlich verwirklicht.

Aber ehe es so weit war, gab es eine arge Schinderei – für ihn, für meine Mutter und für meinen Bruder. Der Vater selbst schaffte natürlich das meiste. Meine Mutter rührte den Mörtel an, und unser dreizehnjähriger Raimund trug die Steine auf dem Buckel hinauf. Deshalb liebe ich noch heute jeden Stein von meinem Elternhaus.

Zum August 1943 stand meine Schulentlassung an. Einige Wochen vorher fragten mich meine Eltern beim Nachtessen: »Berta, was möchtest du denn gern werden?«

»Säuglingsschwester«, kam es wie aus der Pistole geschossen, weil ich schon längst eine solche Frage erwartet hatte. Doch schon lange vorher hatte ich – unternehmungslustig, wie ich war – meine Fühler in die entsprechende Richtung ausgestreckt. Mit der zuständigen Schule in München stand ich längst im Briefwechsel. Auf meine Anfrage hatte man mir geschrieben:

Liebes Fräulein Osenstätter, Ihnen ist sicher bekannt, dass Sie zuerst ein Pflichtjahr machen müssen, ehe Sie an eine Berufsausbildung denken können. In Ihrem Fall kommt noch hinzu, dass Sie selbst danach noch zu jung sein werden, um in unserer Schule Aufnahme zu finden. Sobald Sie das sechzehnte Lebensjahr vollendet haben, können Sie sich gern wieder bei uns melden.

Diese Antwort fand ich einerseits erfreulich – man war bereit, mich zu nehmen – andererseits war es unerfreulich, dass ich noch so lange warten sollte. Dennoch zeigte ich dieses Schreiben voller Stolz meinen Eltern.

Mein Vater, der gerade auf Fronturlaub war, überflog es und legte sogleich sein Veto ein: »Du gehst mir nicht nach München! Auf gar keinen Fall! Was meinst du, was da los ist? Ein Luftangriff nach dem anderen – in München ist es gefährlicher als an der Front.«

»Aber geh, Papa, mach dir darüber doch keine Sorgen. Meine Ausbildung fängt doch erst in zwei Jahren an, bis dahin ist der Krieg längst aus.«

»Gebe Gott, dass du recht hast! Daran kann ich leider nicht glauben. Nein, das halte ich nicht aus, dich in München zu wissen. Tu mir das nicht an, schreibe der Schule ab!«

Nun ja, gehorsam, wie man damals als Tochter zu sein hatte, verabschiedete ich mich schweren Herzens von dem Wunsch. Nun galt es also, mich auf mein Pflichtjahr zu konzentrieren. Schon lange war mir bekannt, das dieses entweder in einem kinderreichen Haushalt oder in der Landwirtschaft abzuleisten war. Deshalb hatte ich schon auf eigene Faust eine entsprechende Stelle gesucht. Diese hatte ich bei meiner Tante Uschi, einer Schwester meines Vaters, gefunden. Die Tante lebte in Traunstein und hatte neun Kinder.

Die Stelle wäre genau das Richtige für mich, war ich sicher. Nicht nur, dass ich bei Tante Uschi in einem kinderreichen Haushalt sein würde, so hätte ich schon mal die richtige Vorbereitung für meinen Wunschberuf. Außerdem käme ich auch mal von zu Hause weg, hinaus aus der Enge des Dorfes, hinein in die Stadt. Dort hatte man sicher ganz andere Möglichkeiten der Zerstreuung.

Bevor ich meinen Dienst dort aufnehmen konnte, musste mich die Tante beim Arbeitsamt anmelden. Wenige Tage später erhielt ich von diesem die Mitteilung, dass man das Pflichtjahr nicht bei Verwandten ableisten dürfe. Man bot mir stattdessen zwei Stellen zur Auswahl. Die eine bei einer kinderreichen Familie in Schleching, die andere in der Molkerei zu Ruhpolding.

Ehe ich mich festlegte, schaute ich mir erst mal beide Stellen an. Meine Mutter begleitete mich. Weil uns kein anderes Verkehrsmittel zur Verfügung stand, radelten wir beide Strecken ab. Bis Schleching waren es sechzehn Kilometer, bis Ruhpolding sogar vierundzwanzig. In Schleching betraten wir ein armseliges Häuschen, in dem ein Schuster mit seiner Frau und fünf Kindern im Alter von einem bis sieben Jahren lebte. Nebenbei betrieb er noch eine bescheidene Feierabendlandwirtschaft.

In Ruhpolding dagegen fanden wir uns auf einem bärigen Bauernhof von enormem Ausmaß wieder, mit einer richtig großen Landwirtschaft. Im hinteren Teil des Bauernhauses befand sich die Molkerei.

Egal welchen von beiden Plätzen ich wählte, an Arbeit würde es mir nicht fehlen. Die Entscheidung fiel mir deshalb recht schwer. Einerseits zog es mich zu den Kindern hin, weil ich hier, wie bei meiner Tante, eine gute Vorbereitung für meinen eigentlichen Beruf gehabt hätte. Andererseits sah es dort so ärmlich aus, dass ich das Gefühl hatte, ich würde denen etwas wegessen. In der Molkerei, so hatte ich den Eindruck, würde für mich genug an Essen abfallen, ohne dass einer der Familie Not leiden musste.

Völlig ratlos schaute ich meine Mutter an: »Was soll ich denn machen?«

»Das musst du selbst wissen«, antwortete sie. »Aber du bist nicht zu beneiden. Mit fünf kleinen Kindern wärst du gewiss überfordert. Gehst du aber in die Molkerei, musst du hart arbeiten, zum Beispiel die schweren Milchkannen schleppen. Dort würdest du aber gewiss genug zu essen kriegen.« In der Kriegszeit war das ein wichtiges Argument.

Daher half mir diese Aussage bei meiner Entscheidung, da mir ja schon ähnliche Gedanken durch den Kopf gegangen waren. Also wählte ich die Molkerei.

Am ersten August 1943 trat ich mein Pflichtjahr in Ruhpolding an. In der Familie gab es zwar auch zwei kleine Kinder, aber mit denen hatte ich wenig zu tun. Man teilte mir gleich andere Aufgabengebiete zu. Meine Kammer lag im ersten Stock. Um halb sechs in der Frühe musste ich mich erheben und um sechs Uhr meinen Dienst antreten. Erst mal hieß es, einen Haufen Schuhe putzen. Das war schon eine harte Arbeit. Mit diesen Schuhen war man ja im Stall und auf den Feldern gewesen, daher waren sie von Dreck und Mist verkrustet.

Waren die Schuhe sauber, musste ich der Hausfrau helfen, das Frühstück zu richten, immerhin für vierzehn Leute: für die Bäuerin, den Bauern, seine Eltern, die beiden Kinder, die drei Mägde und mich. Außerdem lebten auf dem Hof noch eine alte Tante und ein behinderter Bruder des Hausherrn. Zwei Zwangsarbeiter gab es zusätzlich, den Russen Pjotr und den Franzosen René. Man hatte sie dem Hof als Ersatz zugewiesen für die beiden Knechte, die in den Krieg mussten. Dass der Hausherr, obwohl er kerngesund und im wehrfähigen Alter war, nicht eingezogen wurde, verdankte er der Tatsache, dass er Molkereimeister war. Ohne ihn wäre die Molkerei zum Erliegen gekommen. Das durfte aber nicht sein, weil sie ernährungspolitisch von großer Bedeutung war, sowohl für die Zivilbevölkerung als auch für das Militär.

Jeder bis auf die Kinder, der an den Frühstückstisch kam, hatte schon eine Menge Arbeit erledigt. So hatten die Zwangsarbeiter bereits die erste Fuhre an Milch aus dem Umkreis zusammengeholt, im

Sommer mit einem Pritschenwagen, im Winter mit dem Schlitten. Es wurden stets die braunen Pferde vorgespannt, die Kaltblüter. Sie waren jedoch keine wirklich schweren Ackerpferde, sondern eher von mittlerer Statur, also daher sehr gut als Zugpferde geeignet.

Nach dem Frühstück musste ich spülen, und dann ging es ab in die Molkerei. Dort arbeiteten zwei der Mägde. Die Tante des Bauern sowie sein behinderter Bruder halfen ihren Fähigkeiten entsprechend mit. Nach und nach wurde ich zu allen Arbeitsgängen herangezogen. Zunächst musste ich kontrollieren, wie viel Milch sich in den eingesammelten Kannen befand. Dann war der Fettgehalt der Milch zu testen, damit wir wussten, ob es wirklich Vollmilch war oder ob die Bauern uns Magermilch angedreht hatten. Sodann wurde ein Teil in einer großen elektrischen Zentrifuge entrahmt, während die übrige Vollmilch in ein großes Bassin gekippt wurde, von wo aus sie in den Verkauf kam. Die Magermilch wurde zu Käse verarbeitet. Damit hatte ich nichts zu tun, das war das Ressort der Tante und der beiden Mägde.

Das Buttern übernahm der Chef selbst. Das heißt, der Rahm wurde in ein großes Metallfass geschüttet, das oben eine Klappe hatte. Dann drückte er auf einen Knopf, und schon wurde elektrisch gebuttert. An meinem ersten Tag in diesem Betrieb schaute ich staunend zu. In meiner Kindheit hatte ich bei unseren Nachbarn nur kleine hölzerne Butterfässer gesehen, bei denen man von Hand eine Kurbel drehen oder sich mit einem Stampfer abmühen musste.

Nach einiger Zeit öffnete mein Dienstherr die Klappe an dem elektrischen Butterfass und rief: »Berta, Buttermilch!«

Das ließ ich mir nicht zweimal sagen. Mit einem Halbliterglasl stieg ich eine Stufe hoch, und er schöpfte damit für mich oben aus dem Fass. Wunderbare Buttermilch hatte ich da, in der kleine Butterstückchen schwammen. Mit Genuss trank ich das ganze Glas leer und hatte den Eindruck, noch nie etwas Köstlicheres getrunken zu haben. Von da an bekam ich jeden Morgen meine Ration frische Buttermilch. Obwohl zahlreiche Butterkrümel darin schwammen, wurde ich nicht dick davon. Das Problem, welches heutzutage die jungen Mädchen haben, die jammern »Ich bin zu dick, ich bin zu schwer« und dauernd Kalorien zählen, kannte man damals nicht. In jenen Tagen war man froh, dass man satt wurde. Und da man körperlich schwer arbeitete, wurden ganz schön viele Kalorien verbraucht.

War die Butter fertig, öffnete der Meister unten eine Klappe, dann lief die Buttermilch in einen Eimer und wurde an die Schweine verfüttert. Kein Wunder, dass die Tiere dabei prächtig gediehen. Wenn die Butter aus dem Fass kam, war sie noch nicht wirklich fertig. Sie wurde gewaschen und gewaschen, damit sie wirklich sauber war, und anschließend geschlagen, damit das restliche darin enthaltene Wasser rausfloss.

Endlich hatten wir saubere dicke Butterklumpen. Diese gaben wir in eine andere Maschine, aus der ordentliche rechteckige Halbpfundstücke fielen, wie man sie heute noch kennt. Jedes Stück fiel auf ein Blatt Pergamentpapier mit dem Aufdruck *Deutsche Markenbutter*. Dieses Papier wurde automatisch um die Butterstücke zugeklappt.

Meine Aufgabe bestand darin, die fertig verpackten Stücke blitzschnell wegzunehmen und in Kartons zu packen. Außerdem hatte ich im Büro die Milchlisten zu schreiben. Auf einer Schreibmaschine! Ich tippte mit zwei Fingern, denn niemand hatte mir das Maschineschreiben beigebracht, ja, ich hatte nie zuvor ein solches Gerät gesehen. Nachdem der Chef mir erklärt hatte, wie die Listen zu führen waren, musste ich täglich eintragen, wie viel Milch jeder Bauer abgegeben hatte und wie hoch der Fettgehalt war. All diese Arbeiten habe ich wirklich gern gemacht.

Zu meinen täglichen Pflichten gehörte es auch, den Boden zu schrubben und die Wände abzuwaschen. In der Molkerei waren Boden und Wände aus Hygienegründen gefliest, Milch ist schließlich ein leicht verderbliches Nahrungsmittel. Fliesen lassen sich wesentlich leichter sauber halten als Holzböden oder Holzwände, wie sie damals allgemein üblich waren.

Es gab Bauern in der Region, die wohnten so weit außerhalb oder so hoch in den Bergen, dass es für die Molkerei zu beschwerlich oder zeitraubend gewesen wäre, jeden Tag die Milch bei ihnen abzuholen. Sie durften ihre Milch selbst entrahmen, den Rahm zu Butter und die Magermilch zu Käse verarbeiten und die fertigen Produkte bei uns abliefern, wie das die Senner schon immer getan hatten. Auch diese Lieferungen musste ich immer ganz exakt in Listen eintragen.

Obwohl das Einsammeln der vollen Milchkannen bisher Aufgabe der Zwangsarbeiter gewesen war, schickte man mich Anfang Januar 1944 los, damit ich die Milch von drei besonders entfernt liegenden Höfen abholte. Der eine Arbeiter war krank und der andere voll damit ausgelastet, die Milchkannen von allen anderen Bauern einzusammeln. Zu der Zeit war ich fünfzehn Jahre alt und hatte mit Pferden noch nie etwas zu tun gehabt. Außer den zwei braunen Gäulen, mit denen Pjotr unterwegs war, gab es noch einen Schimmel auf dem Hof, der üblicherweise die Familie am Sonntag zur Kirche brachte.

Der Molkereimeister beschrieb mir den Weg und wies mich kurz ein, wie ich mit Pferd und Schlitten umzugehen hatte und wie ich Zügel und Peitsche handhaben sollte. Schon fuhr ich los. Stolz wie ein König thronte ich auf dem »Kutschbock« und genoss die wunderschöne, verschneite Landschaft. Auf den Verkehr brauchte ich nicht zu achten, außer meinem Schlitten war ja niemand unterwegs.

Der Schimmel war zum Glück lammfromm und reagierte sofort auf jede meiner Zügelbewegungen. Rechts und links der Fahrbahn lag der Schnee etwa zwei Meter hoch aufgetürmt. Damit die Bauern von den Einödhöfen nach Ruhpolding gelangen konnten, ließ die Gemeinde den Weg immer wieder mal mit dem Schneepflug abfahren. Der Winter 1943 auf 1944 war sehr streng. Es gab nicht nur viel Schnee, es war auch bitterkalt, was mir aber nichts ausmachte. Vielleicht lag es daran, dass ich in meinem ersten

Lebensjahr schon den strengen Winter 1928/29 überstanden hatte. Schnee und Kälte mochte ich also immer gern, obwohl es noch nicht so gute Winterkleidung gab wie heute. Anscheinend war man damals noch nicht so empfindlich. Mit je einem Schaffell unter mir und einem über den Knien legte ich den Weg frohgemut zurück.

Mein Chef hatte mir erklärt, dass es bis zum ersten Bauernhaus etwa sechs Kilometer seien. Ich brauche nur dort aufzuladen und könne dann umkehren. Mit den Bauern von den beiden hinteren Gehöften hatte man ausgemacht, dass sie ihre Milch immer bis zum ersten Hof bringen sollten. Die einzige Sorge machten mir die vollen Milchkannen. Eine leere Vierzig-Liter-Kanne hatte schon ein ganz anständiges Gewicht. Die konnte ich gerade noch hochheben. Wenn die aber voll ist, wiegt sie über einen Zentner.

Auf meinem Hörnerschlitten – ein Meter breit und zwei Meter lang – hatten genau drei Kannen Platz. Bevor ich also mein Ziel erreichte, dachte ich besorgt: Wie soll ich die schweren Kannen auf meinen Schlitten kriegen? Ob ich den Bauern um Hilfe bitten kann? Dann ging alles wesentlich einfacher als gedacht. Am Straßenrand hatte der Bauer eine »Milchbank« aufgestellt. Auf dieser standen die vollen, markierten Kannen ordentlich nebeneinander. Für eine vierte Kanne war auch noch Platz. Auf diesen Platz schob ich eine meiner leeren Kannen, nachdem ich meinen Schlitten ganz dicht und parallel zur Bank manövriert hatte. Die Höhe der Bank hatte man klugerweise genau der Höhe des Schlittens angepasst. Nun brauchte ich nur noch eine der vollen Kannen auf meinen Schlitten zu ziehen und auf den frei gewordenen Platz wieder eine leere Kanne schieben. Das Ziehen der vollen Kannen erwies sich allerdings als deutlich schwerer denn das Schieben der leeren. Trotzdem hatte ich nach kurzer Zeit ohne allzu große Mühe alle vollen Milchbehälter an Bord. Die vollen Kannen vom Boden hochzuheben, hätte ich nie und nimmer geschafft.

Da ich meine Milch problemlos und ohne Verluste zur Molkerei brachte, betraute man mich in Zukunft öfter mit dieser Aufgabe. Es machte mir richtig Spaß, mit dem Pferd umzugehen. Überhaupt hatte ich Freude an Tieren. Deshalb huschte ich in jeder freien Minute in den Stall, um beim Füttern und Ausmisten der Kühe und Schweine zu helfen.

Raimund, mein Bruder, war, kaum achtzehnjährig, 1942 zu den Waffen gerufen worden, und wenig später musste auch mein Vater einrücken. Wie alle zurückbleibenden Ehefrauen, Mütter und Kinder beteten wir täglich, dass der furchtbare Krieg bald aufhöre und unsere Lieben unversehrt heimkehren mochten. Wie freuten wir uns immer, wenn zu Hause ein Brief oder eine Karte von ihnen ankam!

Im Januar 1944 war ich sehr erstaunt, als mich in Ruhpolding ein Brief meines Bruders erreichte. Er schrieb, nach einem Lehrgang sei er kürzlich zum Leutnant befördert worden, und im Moment absolviere er noch einen anderen Kurs. Wörtlich schrieb er: *Liebe Berta, am Wochenende komme ich nach Hause, und anschließend muss ich gleich an die Front.*

Warum schickte er mir diesen Brief an meine Arbeitsstelle? Bestimmt will er mich wiedersehen, dachte ich. Auch ich verspürte den dringenden Wunsch, ihn wieder in die Arme zu schließen, und so überlegte ich, wie ich es am besten anstellen konnte, einen Tag frei zu bekommen. Das war selbst an Sonntagen schwierig, weil die Molkerei von sieben bis zehn Uhr geöffnet war, damit die Leute ihre frische Milch holen konnten.

Meinen ganzen Mut zusammennehmend, fragte ich meine Chefin: »Darf ich am Sonntag heimfahren? Mein Bruder kommt übers Wochenende nach Hause. Ich habe ihn lange nicht gesehen, und am Montag muss er an die Front.«

»Ist gut, Berta. Wenn du mit dem Laden fertig bist, darfst gehen.«

Bis zehn Uhr stand ich also im Laden. Dann musste ich ihn noch putzen – auch hier war alles gefliest. Dennoch dauerte es bis viertel vor elf, bis ich fertig war. Dann raste ich in meine Kammer und zog meine wärmsten Sachen an, alles handgestrickt aus Wolle: Strümpfe, Weste, Schal, Mütze, Handschuhe. Da ich selbst keine Winterschuhe besaß, hatte mir meine Mutter, als ich mein Pflichtjahr antrat, die ihren mitgegeben, mit den Worten: »Nimmst sie halt mit, du wirst sie notwendiger brauchen als ich.«

Die halbhohen Schnürstiefel waren mir zwar um zwei Nummern zu groß. Dennoch war ich froh, sie zu haben. Damit sie mir nicht an den Füßen schlotterten, hatte ich mir rechtzeitig Einlegesohlen aus Zeitungspapier zugeschnitten. Damals gab es ja noch keine zu kaufen. Eine Papiersohle nach der anderen hatte ich in die Schuhe gelegt, bis sie mir endlich passten. Die vielen Sohlen boten zudem den Vorteil, dass meine Füße nach unten gut gegen die Kälte isoliert waren. So ausgestattet, lief ich los.

Von Ruhpolding bis Seehaus war die Straße weitgehend geräumt. Auf der festgefahrenen Schneedecke ließ es sich zügig marschieren. Doch plötzlich war der Weg wie abgeschnitten, ab Seehaus war keine Straße mehr zu erkennen. Da es im Winter keinen Omnibusverkehr gab – die Bahnverbindung, die es von 1923 bis 1931 gegeben hatte, war wegen der häufigen Lawinenabgänge eingestellt worden –, hielt man es wohl nicht für nötig, die Straße weiterhin offen zu halten.

Da stand ich nun. Was tun? Umkehren? Nein! Ich muss nach Hause! Ich muss meinen Bruder wiedersehen! Vielleicht ist es das letzte Mal, dass ich ihn sehe. Mir blieb nichts anderes übrig, als durch den Schnee zu »waten«. Der reichte mir bis zur Mitte des Bauches. Jeder Schritt bedeutete eine Kraftanstrengung. Auf einmal vernahm ich eine Stimme: »Ja, Dirndl, wo möchtest' denn hin?«

Überrascht schaute ich mich um und erblickte eine Frau, die aus einem der Fenster vom Seehaus schaute.

»Auf Reit im Winkl möcht' ich«, schrie ich ihr zu.

»Ja, du bist narrisch! Das geht net. Das derpackst du nie!«

»Ich muss aber 'umi.«

»Ich sag dir, geh z'ruck! Geh her!«

Diesem freundlichen Befehl kam ich nach.

»Warum bildest du dir jetzt ein, dass du auf Reit im Winkl musst?«

»Weil ich meinen Bruder wiedersehen möcht', ehe er an die Front muss.«

Dafür zeigte die Frau volles Verständnis. »Weißt was? Wir leihen dir ein Paar Ski. Damit kannst den Weg schon gehen.«

Aus dem Stadl brachte sie mir Skier und Stöcke. Die Bretter legte ich mir gleich an. Aber wie! Ich hatte ja keine Skischuhe. An Mutters Winterstiefel ließ sich die Bindung ja hinten nicht einhängen. Nur an den Schuhspitzen fand sie Halt. Mit eisernem Willen und wilder Entschlossenheit schaffte ich mich trotz der schlotternden Skier immer näher an meinen Heimatort heran. Fix und fertig war ich, als ich mein Elternhaus endlich um viertel nach fünf erreichte. Ich konnte mich nur noch auf einen Sessel fallen lassen.

»Ja, Berta, wo kommst denn du her?«, rief mein Bruder erstaunt.

»Von Ruhpolding bin ich mit Skiern 'umig'fahrn«, stieß ich schwer atmend hervor.

»Ja, was machst für Sachen! Du musst ja stundenlang auf den Brettern gestanden sein«, bewunderte er mich.

»Ich wollt dich halt gern mal wiedersehen, bevor du an die Front kommst.«

»Mei, Berta, was du für mich getan hast, das hab ich doch mein Lebtag nicht verdient.«

Den ganzen Abend haben wir beisammengesessen und geredet und geredet, über alles Mögliche, auch über den Krieg. Es waren sehr ernste Gespräche, die wir führten.

Mittendrin machte ich die Bemerkung: »Ich kann mir gar nicht vorstellen, wie das dann alles sein wird, wenn der Krieg wirklich aus ist.«

Dazu meinte die Mama: »Dann werdet ihr jungen Leute auch wieder fröhlich sein. Dann könnt ihr wieder tanzen gehen. Ich hab ja so leidenschaftlich gern getanzt.«

Es war kurz vor Mitternacht, als wir endlich unsere Betten aufsuchten. Nach drei Stunden musste ich mich schon wieder auf den Weg machen. Großzügigerweise hatte meine Chefin erlaubt, dass ich an diesem Montag meinen Dienst erst um neun Uhr antrat. Ich schaffte es sogar, einige Minuten früher da zu sein.

Wie froh war ich, dass ich diese ganzen Strapazen auf mich genommen hatte für das kurze Wiedersehen mit meinem Bruder, der an diesem Morgen Richtung Front abreisen musste. Es war das letzte Mal, dass ich ihn gesehen habe.

Etwa zwei Monate später, am 25. März 1944 ist er im Alter von zwanzig Jahren gefallen. Der Bescheid kam aber erst Anfang Juli bei uns an. Das war ganz schlimm für uns alle, besonders aber für meine Eltern. Mein Vater, der gerade auf Heimaturlaub war, weinte wie ein kleines Kind. Man hatte mir extra einen Tag frei gegeben, damit ich ihn wiedersehen konnte.

Diesmal hatte es mit meiner An- und Abreise kein Problem gegeben, denn im Sommer fuhr ja der Bus. Am nächsten Tag musste der Vater wieder nach Russland. Wir erhielten noch einmal Post von ihm, dann war die Verbindung wie abgeschnitten.

Nach einigen Monaten Bangen und Hoffen erreichte uns ein offizielles Schreiben mit dem Inhalt, dass mein Vater seit der Schlacht bei Minsk vermisst werde. Wie furchtbar! Die Mutter hatte den Tod ihres Sohnes noch nicht verkraftet, und nun diese neuerliche Schreckensnachricht. Wie sich ein Ertrinkender an einen Strohhalm klammert, klammerte sich meine Mutter an das Wort »vermisst«.

»Das bedeutet doch, dass er noch gefunden werden kann«, wiederholte sie immer wieder.

Ein paar Monate später sollte auch diese Hoffnung zunichte gemacht werden. Wir bekamen einen privaten Brief von einem Kameraden unseres Vaters. Er müsse uns die traurige Mitteilung machen, dass Wastl O. im Nahkampf gefallen sei. Das habe er mit eigenen Augen gesehen.

Zunächst war meine Mutter am Boden zerstört, und wir Töchter natürlich auch. Mit der Zeit trösteten wir uns aber damit, dass diese schreckliche Gewissheit weniger quälend sei als die bohrende Ungewissheit. Unter »vermisst« hatte man sich alle möglichen schlimmen Dinge ausgemalt, nun hatte der Mann und Vater wenigstens ausgelitten.

Im Juli 1946 bekamen wir Post von einem Unbekannten. Gespannt öffnete meine Mutter den Brief und begann zu lesen. Sie erblasste und ließ das Schreiben sinken.

Deshalb griff ich danach, um es selbst zu lesen. Ich konnte einfach nicht glauben, was da schwarz auf weiß stand:

Sehr geehrte Frau Osenstätter!

Vor einigen Tagen bin ich aus russischer Kriegsgefangenschaft heimgekehrt. Da ich ernstlich krank bin, hat man mich vorzeitig entlassen. Wann meine Kameraden drankommen, lässt sich nicht vorhersagen. Jedenfalls versprach ich Ihrem Mann, mich nach meiner Heimkehr bei Ihnen zu melden. Hiermit löse ich das Versprechen ein. Neben den schönen Grüßen, die er für Sie mitgegeben hat, soll ich Ihnen versichern, dass es ihm verhältnismäßig gut geht. Er macht sich große Sorgen um seine Familie, weil er seit zwei Jahren nichts mehr von Ihnen gehört hat, obwohl er Ihnen ein paarmal geschrieben hat. Im Juni 1944 sind wir beide nach einer Schlacht bei Minsk in russische Gefangenschaft geraten.

Mit freundlichen Grüßen, unbekannterweise,
Heinrich B.

Ich bin sicher, nach der Lektüre dieses Briefes war ich ebenfalls leichenblass. Nun griff meine Schwester, mittlerweile elf Jahre alt, nach dem Blatt. Als Einzige von uns reagierte sie mit dem Ausruf: »Juhu, der Papa lebt!« Aus ihr sprach die Unbeschwertheit des Kindes.

Wir anderen konnten aber nicht so recht glauben, was wir da lasen. Nach den widersprüchlichen Meldungen, die uns innerhalb von zwei Jahren erreicht hatten, waren wir sehr verunsichert.

»Womöglich kommt in einigen Monaten ein Schreiben von einem Kameraden, der wieder etwas anderes beobachtet hat«, befürchtete meine Mutter. »Vielleicht ist der Vater aber auch inzwischen in der Gefangenschaft gestorben.«

Erst als einige Monate später drei Karten von ihm eintrafen, auf denen eindeutig seine Handschrift zu erkennen war, kam bei uns wirkliche Freude auf. Obwohl die Nachrichten im Abstand von mehreren Wochen aufgegeben worden waren, kamen sie bei uns gleichzeitig an. Sie waren monatelang unterwegs gewesen – kein Wunder bei der Strecke und dem lange Zeit stillgelegten Postwesen. Nun hatten wir endlich eine Adresse und konnten ihm auch schreiben. Es dauerte aber immer sehr lange, bis wir Antwort erhielten, was aber nicht in der Hand des Vaters lag.

Nach dem Krieg hatten wir, wie alle im Dorf, das Haus voller Flüchtlinge; selbst auf dem Dachboden nächtigten sie. Meine Mutter stellte ihnen die letzten Kissen und Decken zur Verfügung. Die Fremden waren aus Ostpreußen und den Sudeten gekommen. Ich erinnere mich noch deutlich an meine Empfindung, als ich den ersten Treck sah: eine Planwagen-Kutsche, vor die vier Pferden gespannt waren. Eine Gutsherrin mit ihren Kindern saß darin. Nach der gefährlichen und strapaziösen Flucht war sie überglücklich, endlich wieder ein festes Dach über dem Kopf zu haben.

Eines Abends im Oktober 1947, die Mutter und wir Kinder saßen in der Küche beim Nachtmahl, klopfte es an der Tür. Wir dachten, es sei eine der Flüchtlingsfrauen, die einen Wunsch habe. Marianne, meine Schwester, riss die Tür auf. Da sahen wir eine abgemagerte Gestalt in abgerissener und völlig verdreckter Militärkleidung vor uns stehen.

Noch ehe wir realisieren konnten, wer das war, rief der Mann: »Was ist? Wollt ihr mich nicht reinlassen?«

Da sprangen auch die Mutter und ich auf und stürzten uns mit Marianne auf den Vater. Wir umarmten und herzten ihn dermaßen, dass er lachend stöhnte: »Ja, was ist denn das? Wollt ihr mich umbringen? Das, was die Russen nicht geschafft haben, wollen meine drei Weiber jetzt nachholen!«

Wir konnten unser Glück gar nicht fassen, dass er endlich wieder da war. Es kam uns allen vor wie ein Wunder!

In den folgenden Wochen hatte meine Mutter nichts Wichtigeres zu tun, als ihren Mann wieder aufzupäppeln. Es dauerte Monate, bis er endlich in der seelischen Verfassung war, über den Krieg und seine Gefangenschaft zu berichten. Dann erfuhren wir endlich die Wahrheit. In der Schlacht bei Minsk war er nach einer Kopfverletzung bewusstlos zu Boden gestürzt. Als er die Augen wieder öffnete, hatte er sich in einem russischen Lager wiedergefunden. Seine Wunde war relativ schnell verheilt und er wieder arbeitsfähig gewesen.

Als die Gefangenenaufseher erfuhren, dass er Maurer war, hatten sie gleich einen passenden Auftrag für ihn. Da er seine Sache gut machte, wurde er immer wieder mit Maurerarbeiten betraut, sogar außerhalb des Lagers. Einen so tüchtigen Maurer wollte man bei Kräften halten, deshalb wurde er besser verpflegt als die meisten seiner Mitgefangenen. Nach drei Jahren endlich stand seine Entlassung an. Wie hatte er sich auf zu Hause gefreut, wie sehr darauf, seine Familie wiederzusehen! Endlich würde er wieder ein freier Mann sein und ein normales Leben führen können!

Mit Herzklopfen hatte er seine Entlassungspapiere entgegengenommen und war mit gleichfalls entlassenen Kameraden zum Bahnhof marschiert, sein spärliches Gepäck auf dem Rücken. Er sah den Zug einlaufen und die Freiheit zum Greifen nah vor sich. Gerade als er in den Zug hatte einsteigen wollen, war er von zwei russischen Soldaten mit den Worten zurückgehalten worden: »Nix abfahren, Kamerad. Hierbleiben. Noch wichtiger Auftrag.«

In diesem Moment musste meinem Vater eine Welt zusammengebrochen sein. Aber was half es? Er hatte keine Chance, sich zu wehren. Er musste tun, was man von ihm verlangte.

Nachdem sein erster neuer Auftrag erledigt war, hatte man eine zweite Baustelle für ihn und eine dritte. Ich arbeite zu gut, dachte er oft, deshalb werde ich wohl nie nach Hause dürfen. Sollte ich in Zukunft vielleicht schlampiger arbeiten? Diesen Gedanken verwarf er jedoch gleich wieder. Seine Wärter würden sofort die »böse« Absicht erkennen, und wer weiß, was ihm dann geblüht hätte. So arbeitete er weiter, Monat um Monat.

Nach einem guten halben Jahr hatte er erneut Entlassungspapiere in Händen gehalten. Diesmal war seine Freude wesentlich verhaltener ausgefallen als beim ersten Mal. Selbst als er tatsächlich im Zug saß, war noch kein Gefühl von Freiheit aufgekommen.

Erst als dieser die deutsche Grenze passiert hatte, jubelte er innerlich. Einige Wochen musste er noch im Auffanglager Friedland verbringen, dann endlich hatte ihn der Zug in Richtung Heimat gebracht.

Aber zurück zu meinem Pflichtjahr. Am ersten August 1944 sollte es zu Ende sein, also lange bevor mein Vater zurückgekehrt war. Daher sah es meine Mutter als ihre Aufgabe an, meine Zukunft in die Hand zu nehmen. In ihrer Sorge um mich hatte sie es sich angewöhnt, mich jeden Sonntag in der Molkerei anzurufen, wo es selbstverständlich schon Telefon gab. Die Mama aber musste immer von der Telefonzelle aus anrufen.

In der Molkerei hätten sie mich gern behalten, das sagten sie ihr auch. Und ich wäre auch gern geblieben. Da wäre ich gut untergebracht gewesen. Dort hätte ich so weitergemacht wie bisher: Milch einsammeln, Milch verkaufen, den Laden und den Milchraum putzen und mit Zwei-Finger-Such-System Milchlisten schreiben. Denn um in der Säuglingspflegeschule anzufangen, war ich immer noch zu jung. Außerdem hatte ich doch meinem Vater versprochen, nicht nach München zu gehen, weil der Krieg, wie er befürchtet hatte, noch immer andauerte.

Rührig, wie die Mama war, hatte sie bereits eigene Pläne. Eines Sonntags rief sie in Ruhpolding an: »Du, Berta, ich habe eine Lehrstelle für dich.«

»Ja, wie? Wo? Was?«

»Du gehst zum Steuerbüro Huber.«

Es hat nicht geheißen: »Was möchtest du denn werden?« Mit einer Stimme, die keinen Widerspruch zuließ, bestimmte sie: »Du tust das, und damit hat sich die Sache. Das ist nie von Schaden. Ein Steuerbüro ist immer gut. Sobald du heimkommst, stellst du dich vor.«

An einem der folgenden Sonntage fuhr ich am Nachmittag mit dem Radl auf Reit im Winkl und begab mich in die Wohnung des Steuerberaters.

Nachdem ich ihm einige Fragen beantwortet hatte, sagte er: »Gut, du kannst am ersten September anfangen.« Damit war die Sache erledigt.

Sehr zur Enttäuschung meines Molkereimeisters, erklärte ich ihm am nächsten Tag: »Die Mama hat für mich eine Lehrstelle.«

Auf seine Bitte hin blieb ich dann noch bis zum 15. August, um das neue Pflichtjahrmädchen einzuarbeiten. Einerseits hätte es mir gefallen, weiterhin das Milchmädel zu spielen, andererseits war es mir auch wichtig, einen richtigen Beruf zu erlernen. In der Molkerei hätte ich doch immer nur Hilfsdienste leisten müssen.

Im September 1944 begann ich also im Steuerbüro eine dreijährige Lehre.

Schon als Lehrling musste ich per Radl zu vielen Kunden fahren, um ihre Buchführung zu machen. Auf diese Weise lernte ich den Kreis Traunstein ganz gut kennen. Wenn ich allerdings in unsere Kreisstadt musste, versuchte ich das immer so zu legen, dass ich eine Mitfahrgelegenheit hatte. Entweder nahm mich mein Onkel Hans, der eine Spedition betrieb, in seinem Lkw mit, oder ein gewisser Fuhrunternehmer Wagner. Beide besaßen einen sogenannten Holzgaser, wie das nach dem Krieg üblich war, denn Benzin war Mangelware. Auf der Strecke von nur vierzig Kilometern mussten wir zweimal anhalten, um nachzuheizen. Gestunken hat das Ganze wie die Pest. Aber ich dachte immer: Besser schlecht gefahren als gut geradelt.

Offenbar stellte ich mich als Lehrling sehr geschickt an, denn man schenkte mir ein halbes Jahr Lehrzeit. Schon nach zweieinhalb Jahren durfte ich bei der Industrie- und Handelskammer in München meine Prüfung ablegen. In dem Steuerbüro hätte man mich danach gern übernommen. Aber ich hatte anderes im Sinn.

Vor dem Zweiten Weltkrieg war Reit im Winkl ein reines Bauerndorf gewesen, wo es mit der Milch- und Butterversorgung keine Probleme gab. Mit dem Krieg strömten aber immer mehr Flüchtlinge in unser Dorf, die auch Milch und Butter brauchten. Hinzu kam, dass ab dem 28. August 1939, also vier Tage vor Kriegsausbruch, alles bewirtschaftet wurde. Das bedeutete, man brauchte Bezugscheine für Benzin, Kleidung und alle sonstigen Güter. Für Lebensmittel wie Milchprodukte brauchte man spezielle Marken. Daher musste der Milch- und Butterhandel gut organisiert werden. Dazu richteten die Gemeindeväter eine eigene Verkaufsstelle für Butter ein, welche von der »Butter-Frieda« geleitet wurde. Die Bauern lieferten dort ihre Butter ab, und die Nicht-Bauern kauften sie.

Für den Milch-Verkauf gab es eine gesonderte Stelle, für diese war die »Milch-Anni« zuständig. Zu ihr trugen die Bauern ihre Milch in Butten auf dem

Rücken, und die anderen Bürger gingen mit Blechkannen hin, um welche zu kaufen. Nach dem Krieg kamen viele Heimatvertriebene dazu, und es erschienen immer mehr Feriengäste in unserem Dorf, denn viele Bauern vermieteten ein bis zwei Zimmer, um sich etwas dazuzuverdienen. Auch diese Leute brauchten Milch und Butter, wenn auch immer noch alles rationiert wurde. Das funktionierte einige Jahre prima.

Als Frieda und Anni aber ihr Amt aus unterschiedlichen Gründen niederlegten, mussten sich die Gemeindevertreter etwas einfallen lassen. Kurz entschlossen boten sie der Molkerei in Traunstein beide »Geschäfte« an. Diese zeigte sich auch sofort bereit, in Reit im Winkl einen gemeinsamen Laden für Milch und Butter zu eröffnen. Man fand bald eine geeignete Stelle, wo man sogleich begann, ein ordentliches »Milchhäuschen« zu errichten. Vor allem sollte der neue Laden schön gefliest sein, aus Hygienegründen.

Während der Bautätigkeit suchte man bereits nach einer geeigneten Leitung für die Filiale. Das wäre doch was für mich, dachte ich, denn auf die Dauer war es mir in dem Steuerbüro doch zu trocken. Außerdem war ich es leid, immer in der Gegend umherfahren zu müssen. Den Umgang mit Molkerei-Produkten war ich ja gewohnt, und der gefiel mir wesentlich besser als die Bürotätigkeit. Also bewarb ich mich um die Stelle als Filialleiterin. In meinem Bewerbungsschreiben erwähnte ich nicht nur, dass ich gelernte Buchhalterin sei, sondern auch, dass ich ein Jahr Erfahrung im Molkereigewerbe habe.

Die Antwort kam prompt. Es lägen bereits mehrere Bewerbungen vor, schrieb man mir, aber sie hätten sich noch nicht entschieden. Zu gegebener Zeit würde man sich wieder bei mir melden. Für mich folgten einige Tage, in denen ich voller Ungeduld wartete, denn zu gern hätte ich diese Stelle angetreten. Endlich erhielt ich eine Einladung zu einem Vorstellungsgespräch.

Freudig erregt fuhr ich mit dem Bus gen Traunstein. Als ich mit Herzklopfen vor dem hohen Chef stand, sagte der: »Sie sind bereits die vierzehnte Bewerberin.«

Oje, dachte ich, dann sind deine Chancen gleich null. Ich war ja erst einundzwanzig. Die würden sich gewiss eine ältere und erfahrenere Person auswählen.

Der Herr stellte mir einige Fragen und wollte unter anderem wissen, was meine Tätigkeiten in der Molkerei gewesen seien und was ich als Buchhalterin gemacht hatte. Schon nach wenigen Minuten beendete er das Gespräch mit der Bemerkung: »Sie hören von uns.«

Mit sehr gemischten Gefühlen fuhr ich nach Hause. Nach einer Woche kam die Nachricht, ich könne sofort anfangen. Innerlich machte ich einen Luftsprung, in dem Hauptgeschäft in Traunstein trat ich aber »cool« auf. Denn dort musste ich, bevor ich in meiner Filiale loslegen konnte, eine vierwöchige Einarbeitungszeit absolvieren.

Wie ich später erfuhr, hatten sich Frauen und Mädchen aus verschiedenen Orten beworben. Mir aber hatte man den Vorzug gegeben, weil ich vor

Ort sei und im Winter nicht durch verschneite oder vereiste Wege von meiner Arbeit abgehalten würde.

Am ersten September 1949 ging es endlich in Reit im Winkl los mit der Milch- und Butterannahme und dem -verkauf, zunächst in provisorischen Räumen, da das Milchhäuschen noch nicht fertiggestellt war. Die Milch, die ich in meiner Sammelstelle annahm, wurde gleich wieder im Dorf verkauft. Manchmal reichten unsere eigenen Vorräte gar nicht aus, dann musste von Traunstein zusätzlich angeliefert werden.

Nach einigen Wochen kam der Chef persönlich.

»Ich muss doch mal schauen, wie es geht«, erklärte er.

In meiner lebhaften Art klagte ich: »Es ist recht langweilig. Gewiss, in der Frühe ist Betrieb, wenn die Bauern ihre Milch anliefern, und ab und zu wird auch mal Butter gebracht. Dann tut sich aber lange nichts. Gewiss, es kommt mal die eine oder andere Hausfrau, um ein oder zwei Liter Milch zu holen, doch die meiste Zeit habe ich Leerlauf. Für euch lohnt es sich also gar nicht, dass ich hier rumstehe.«

»Mein liebes Fräulein Berta, Sie reden sich ja um Ihre eigene Stelle. Sie möchten also aufhören?«

»Nein, nein, auf gar keinen Fall«, wehrte ich erschrocken ab. »Ich meine, man sollte das Sortiment erhöhen. Schaffen Sie mir Quark und Käse her, und abgepackte Butter, damit ich nebenher ein bisschen verkaufen kann.«

»Das hört sich gut an. Wenn Sie sich das zutrauen, machen wir das.«

Am nächsten Tag kam schon die erste Ladung an. Meine provisorische Filiale war aber in einem Raum ohne Kühlmöglichkeit untergebracht. Auch in den Privathaushalten gab es noch keine Kühlschränke. Deshalb mussten die Leute jeden Tag frisch einkaufen, und es musste von der Molkerei jeden Tag frisch geliefert werden. Wenigstens lag unser Verkaufsraum nach Norden, sodass er selbst an warmen Tagen einigermaßen kühl blieb.

In den Wintermonaten wäre die Kühlung sowieso kein Problem gewesen, aber bis dahin war ich längst in den neu erbauten Laden umgezogen. Voller Stolz eröffnete ich diesen am 9. November 1949. Ein schönes Geschäft, mit Kühlvitrine! Hinter dem Verkaufsladen befand sich ein Raum mit zwei gekühlten Voll- und Magermilchtanks. Von dort führten Leitungen in den Laden, sodass ich vor den Augen der Kundschaft die Milch nur in ihre Kannen zu »zapfen« brauchte, so, wie der Wirt das Bier zapft.

Es war ein wirklich schöner Laden, und die Leute kamen gern einkaufen. Alles hielt ich übersichtlich und sauber. Um mein Geschäft noch mehr anzukurbeln, stellte ich mich in jedem Wirtshaus und in jedem Café vor und zählte den Inhabern auf, was man bei mir alles kaufen könne. Sie zeigten sich hocherfreut darüber und wurden umgehend zu Stammkunden.

Als der Chef mal wieder bei mir auftauchte, drückte er unverhohlen seine Bewunderung aus: »Das ist jetzt unsere sechste Filiale, aber sie läuft von allen am besten.«

Da es bis dahin trotz der Währungsreform, die im Juni 1948 stattgefunden hatte, noch immer alles auf Marken gab, war es sehr zeitaufwendig, jedes Mal die entsprechenden Marken aus den Lebensmittelkarten herauszuschneiden. Aber das war noch das geringste Problem. Viel mühsamer war es, die kleinen Schnipsel richtig aufzukleben. Man musste aufpassen wie ein Luchs, dass keine Marke verloren ging. Es wurde ja nach diesen abgerechnet, da musste alles stimmen. Nach Ladenschluss saß ich immer stundenlang, sortierte und klebte Marken auf große Blätter.

Ende Februar 1950 rief mich mein Chef an – inzwischen waren wir so modern, dass wir Telefon hatten – und eröffnete mir: »Fräulein Berta, ab sofort dürfen Sie alles markenfrei abgeben!«

»Bitte, sagen Sie das noch mal! Ich bin nicht sicher, ob ich mich nicht verhört habe.«

»Sie haben richtig gehört. Laut dem neuesten Erlass sind die Marken für Lebensmittel aufgehoben worden.«

Das war eine umwerfende Neuigkeit! Nach der Währungsreform war jeder – auf Deutsch gesagt – eine arme Sau. Klamotten und Schuhe hatte es überhaupt noch nicht gegeben, weil ja noch immer alles bewirtschaftet war. Die hätte man sich auch kaum leisten können. Aber trotz der Geldknappheit fuhren die Städter in den Urlaub. Sie wollten raus aus der Stadt, raus aus den Trümmern, einfach raus – und sei es nur für eine Woche. Sie wollten ins Grüne, sie wollten Berge sehen, sie wollten wandern. Die Menschen mussten mal richtig durchatmen, mal richtig frei sein nach all dem Elend, das sie durchgemacht hatten.

Sie kamen aber nicht nur im Sommer, sondern auch bald zum Skifahren. Sobald der Skikurs um

16.00 Uhr aus war, strömten die Leute in meinen Laden und wollten fünfzig Gramm von diesem und fünfzig Gramm von jenem.

Nachdem mir mein Chef die Mitteilung über die »Markenfreiheit« gemacht hatte, stürmte ich in euphorischer Stimmung in den Laden, der voller Urlauber war und rief: »Meine Herrschaften, passen Sie auf. Ich habe gerade einen ganz erfreulichen Anruf bekommen. Ab jetzt darf ich alles markenfrei an Sie verkaufen.«

Das schlug ein wie eine Bombe. Zunächst ertönte ein ohrenbetäubender Jubelschrei. Dann erfolgten einige verhaltene Nachfragen: »Was? Stimmt das? Ist das wirklich wahr?«

»Wenn ich es Ihnen sage! Es stimmt! Mein Chef hat mich gerade informiert.«

Dann ging es aber rund. Der erste Kunde kaufte gleich zwei Pfund Butter.

Wenn das so weitergeht, befürchtete ich, dann sind meine Regale im Nu leer. Der Einkaufsrausch hielt sich aber in Grenzen, weil die meisten nicht so viel Geld dabei hatten. Trotzdem waren die Regale nach Ladenschluss wie leer gefegt.

Notgedrungen rief ich beim Chef privat an, denn Geschäft und Büro in Traunstein waren bereits geschlossen. »Sie müssen mir morgen gleich in der Frühe Nachschub schicken. Ich habe absolut nichts mehr, ich bin total ausverkauft.«

»Das gibt es nicht!«, rief er erfreut aus.

Dazu muss ich erklären, dass wir im Gegensatz zu den Filialen in anderen Orten gerade Saison hatten. Im Februar waren viele Skiurlauber da, natürlich nicht in solcher Skikleidung, wie man sie heute kennt. Die meisten trugen Skihosen, die sie sich aus ausrangierten Hosen selbst genäht hatten. Aber das tat der Urlaubsfreude keinen Abbruch. Urlaubsreif, wie alle waren, genossen sie die schöne Umgebung, ohne auf Äußerlichkeiten zu achten.

Meine Kunden haben natürlich ihren Gastgebern berichtet, dass man ab sofort keine Lebensmittelkarten mehr brauchte. Also stürmten auch diese am folgenden Morgen in meinen Laden und kauften und kauften.

»Du glaubst gar nicht, wie das bei uns gestern Abend zugegangen ist«, erzählte eine Pensionswirtin. »Nachdem unsere Gäste von deinem Laden kamen, haben sich die Leute die Butter fingerdick aufgeschmiert.«

Sie waren ja alle ausgehungert, kein Wunder bei den wenigen Kalorien, die jahrelang jedem zugeteilt worden waren. Dicke Menschen gab es damals keine, sie waren alle gertenschlank, ja, zum Teil sogar ausgesprochen mager.

Noch am selben Nachmittag trug ich meinem Chef vor, dass ich gern noch andere Waren in mein Angebot aufnehmen wollte.

»Und was stellen Sie sich vor?«

»Wenn die Leute ausgehungert vom Skifahren kommen, möchte ich ihnen gern heißen Kakao mit Schlagsahne anbieten.« Er stimmte tatsächlich zu!

Nach der Wintersaison gab es bei uns auch jede Menge Sommerfrischler. Deshalb hatte ich für meinen Chef wieder einen Vorschlag: Ich wollte nun etwas Sommerliches, nämlich Erdbeeren in Schälchen mit Schlagsahne verkaufen.

»Das dürfen Sie auch machen«, erlaubte er großmütig.

Weil ich mein Angebot so ausgeweitet hatte, konnte ich all die Arbeit allein nicht mehr bewältigen. Mir wurde also eine Verkäuferin zur Seite gestellt, und meine Schwester durfte als Lehrmädchen anfangen.

Zu damaligen Preisen auch noch ein Wort. Buttermilch galt damals als minderwertige Ware und wurde – wie wir uns erinnern – weitgehend an die Schweine verfüttert. Ich aber nahm sie in mein Angebot auf. Die städtische Kundschaft war wild darauf. Besonders im Sommer galt Buttermilch als beliebtes Erfrischungsgetränk. Mir wurde ein Liter für sieben Pfennig geliefert. Daraus machte ich zwei Becher à fünf Pfennig, also hatte ich die »üppige« Gewinnspanne von drei Pfennig! Man war damals eben sehr bescheiden.

Jedes Vierteljahr musste ich Inventur machen: Einkauf – Verkauf – Bestand, damit alles übersichtlich blieb. Bei mir hat immer alles gestimmt. Mir kam natürlich zugute, dass ich Buchhaltung gelernt hatte.

Nachdem wieder mal eine Inventur fällig gewesen war, wunderte sich der Direktor – also der Mann, der über meinem Chef stand – mit ernster Miene: »Sie haben in diesem Vierteljahr einen Überschuss von mehreren Hundert Mark erwirtschaftet.«

Verunsichert bat ich: »Erklären Sie mir bitte, was stimmt da nicht?«

»Da stimmt alles. Sie haben halt ausgezeichnet verkauft.«

»Ach ja«, begann ich zu begreifen. »Das ist unsere Arbeit, die wir zusätzlich ins Geschäft gesteckt haben.« Die Buttermilch musste ja in Becher abgefüllt und diese nachher wieder gespült, die Sahne geschlagen und auf die Erdbeerportionen verteilt und der Kakao gekocht, in Tassen abgefüllt und mit Sahnehäubchen versehen werden. Auch danach fiel allerlei Spülkram an. Deshalb wagte ich, einen Vorschlag zu machen: »Eigentlich müsste der Überschuss an die Verkäuferinnen verteilt werden. Die haben schließlich die zusätzliche Arbeit geleistet.«

Davon wollte der Direktor jedoch nichts wissen. Deshalb fragte ich in meiner spontanen Art, halb humorvoll, halb ernst: »Ja, was machen Sie denn jetzt mit dem vielen Geld? Wie verpulvern Sie das? Da lacht sich ja der Staat zu Tode bei so einem Überschuss.«

Kaltschnäuzig antwortete er: »Das geht Sie einen feuchten Kehricht an!«

»Also, das ist wohl das Ungezogenste, was ich je gehört habe«, rutschte mir heraus.

Wir im Laden wären ja gar nicht auf die Idee gekommen, für unsere Mehrarbeit etwas zu verlangen! Da er aber schon so erfreut von Überschuss redete, wäre es doch schön gewesen, wenn er jeder von uns als Anerkennung wenigstens zwanzig Mark gezahlt hätte. Als Direktor verfügte er bestimmt über ein bombiges Gehalt, aber wir mit unserem bescheidenen Verkäuferinnengehalt hätten uns über ein paar zusätzliche Mark sehr gefreut.

Einige Wochen danach sprach ich mit meinem Chef über diese Sache.

Der schüttelte befremdet den Kopf: »Das hätte nicht passieren dürfen.« Er spielte auf die kaltschnäuzige Aussage des Direktors an.

»Wissen Sie was?«, schob er nach. »Ich beteilige Sie ab sofort am Umsatz. Ab einem Umsatz von zehntausend Mark kriegen sie dreiviertel Prozent Provision.«

Davon wurde die Kuh auch nicht fett, aber immerhin, es war eine Anerkennung.

Bis jedoch dieses Angebot für mich zum Tragen kommen konnte, war meine Milchmädchen-Laufbahn bereits beendet. Doch das ist ein ganz anderes Kapitel.

Dazu muss ich zurückgehen in das Jahr 1949, in die Zeit, da man für die Milch noch Marken abgeben musste. Im Januar betrat ein Mann meinen Laden mit den Worten: »Ich weiß nicht, ob Sie mich kennen, mein Name ist Bichler.«

Irgendwie hatte ich schon von ihm gehört. »Sind Sie der Polizist aus Rosenheim?«

»Ja, ich bin kürzlich hierher versetzt worden.«

»Und warum erzählen Sie mir das?«

»Ich habe einen sehr unregelmäßigen Dienst, deshalb wird mein Bub immer die Milch holen. Er hat dafür einen Krug dabei.«

»Und Ihre Frau? Normalerweise holen die Frauen die Milch.«

Sein Gesicht wurde noch um eine Idee ernster. »Meine Frau ist sehr krank. Deshalb bekommt sie auch eine Zulage, also mehr Milch, als einer erwachsenen Person üblicherweise zugestanden wird.«

»Aha, das werde ich beachten.«

»Ich habe noch ein Anliegen: Kann ich am Ende der Woche bezahlen? Ich möchte dem Bub nicht jeden Tag Geld mitgeben.«

»Gut, das geht in Ordnung«, zeigte ich mich kooperationsbereit.

Der Bub, Horst war sein Name, kam dann jeden Tag seine Milch holen, und ich freundete mich regelrecht mit ihm an. Er war ein wirklich lieber Kerl, und sein Vater erschien jeden Samstag pünktlich zum Bezahlen. Bei diesen Gelegenheiten erfuhr ich immer ein bisschen mehr aus dem Leben von Herrn Bichler:

Er stammte aus Hirnsberg bei Rosenheim, war im Krieg gewesen und hatte sich mit einem Kameraden aus Reit im Winkl angefreundet. Im Januar 1946 hatte er diesen zum ersten Mal in unserem Dorf besucht. Dieser nahm ihn gleich am ersten Tag mit zu einem Skispringen, als Zuschauer, versteht sich. Die Frau des Kameraden und eine Cousine von ihr gehörten ebenfalls zu den Zuschauern. Der Polizist sah die Cousine und fand sie auf Anhieb sympathisch. Am Abend beim gemütlichen Beisammensein erzählte sie ihm ihre tragische Geschichte.

Im Frühjahr 1938 hatte sie geheiratet, einen Flugzeugführer. Mit dem Militär hatte er nichts zu tun. Es waren leichtere Maschinen, die er flog, in nicht allzu großer Höhe. Sein Begleiter, ein Berufsfotograf, hatte den Auftrag, von oben die Landschaft zu fotografieren, damit man nach den Fotos Landkarten erstellen konnte. Wenige Monate nach der Hochzeit geriet die Maschine in eine Turbulenz und stürzte ab, beide Insassen waren auf der Stelle tot.

Für die junge Witwe des Piloten, die sich in anderen Umständen befand, war das ein gewaltiger Schock. Im Januar 1939 brachte sie ihr Kind zur Welt, einen Buben. Sie nannte ihn Horst, nach seinem Vater. Inzwischen war der Bub sieben Jahre alt.

Diesen lernte Herr Bichler am nächsten Morgen kennen und schloss ihn sofort ins Herz. Nach wenigen Wochen machte er der Mutter des Buben einen Heiratsantrag, und im Juli 1946 fand bereits die Hochzeit statt. Den kleinen Horst akzeptierte er voll und ganz, als sei er sein eigenes Kind. Im Hause der Schwiegereltern fand die junge Familie eine kleine Wohnung, das Glück schien vollkommen. Doch nach einem Vierteljahr fing die junge Frau an zu kränkeln.

Nachdem sie mehrere Ärzte aufgesucht hatte, stand die Diagnose unverrückbar fest: Lungenkrebs. Tapfer kämpfte sie dagegen an und wanderte von Krankenhaus zu Krankenhaus, von Sanatorium zu Sanatorium – immer in der Hoffnung, man könne sie heilen. Aber nichts hat geholfen. Sie wurde immer schwächer und schwächer.

Eines Tages blieb der Bub aus und kam nicht mehr in den Laden. Da wusste ich, seine Mama brauchte keine Milch mehr. Sie musste ihren Kampf verloren haben. Das war im Juli 1950. Viele Leute folgten ihrem Sarg. Die junge Frau war ja eine Einheimische gewesen, und ihr Mann, der Polizist, war mittlerweile im Dorf sehr beliebt.

Herr Bichler blieb mit dem Buben weiterhin im Hause seiner Schwiegereltern wohnen, Horst war ja immerhin ihr Enkelkind. Die Schwiegermutter hatte schon vorher für die beiden »Männer« mitgekocht, seit ihre Tochter dazu nicht mehr in der Lage gewesen war. Es änderte sich also nicht viel im Leben der beiden. Doch hin und wieder kam Herr Bichler in meinen Laden zum Einkaufen, weil er auch mal was für sich und Horst kochen wollte.

Damals gab es um die Faschingszeit noch Hausbälle und Kaffeekränzchen in den verschiedenen Wirtschaften. Dort mussten sich die Geschäftsleute sehen lassen und auch etwas verzehren als Anerkennung dafür, dass die Wirtsleute das ganze Jahr über bei ihnen Kunden waren.

Ich weiß es noch wie gestern: Am 13. Januar 1951, einem Samstagabend, fand im Gasthof »Zur Post« ein Hausball statt.

»Herrje«, stöhnte ich mir kurz vor Ladenschluss selbst etwas vor, »jetzt muss ich da auch noch 'umigehn.« Dabei war ich total kaputt, denn auch am Samstag war mein Geschäft bis sechs am Abend geöffnet. Dann hieß es noch aufräumen und putzen, und umziehen musste ich mich auch.

Um halb neun konnte ich endlich hinüber zur »Post«. Es hatte geschneit, man konnte kaum einen Meter weit sehen. Aber egal, ich musste da durch. Verpflichtung war Verpflichtung.

Als Erstes bin ich in die Gaststube, weil ich ja etwas verzehren sollte und auch Hunger hatte. Im Eck am

Stammtisch saßen vier Männer und spielten Karten. Unter ihnen erkannte ich meinen Vater. Und wer saß da an der Ecke und schaute zu? – Der Herr Polizist!

Da ich noch nie auf den Mund gefallen war, sagte ich zu ihm: »Machen Sie sich nicht so breit, ich möcht mich gern neben meinen Vater setzen.«

»Was?«, antwortete er. »So g'schnappig?«

Soso, er fand mich also vorlaut. Trotzdem ließ er mich durch, und ich konnte meine Mahlzeit neben meinem Vater einnehmen.

Danach meinte Herr Bichler: »Dafür, dass Sie so g'schnappig san, tanzen wir jetzt mal miteinand'.«

Dann haben wir getanzt und getanzt und getanzt. Es wurde spät, bis er mich endlich nach Hause begleitete. Wir waren uns beide so sympathisch, er war ja auch ein Mann und kein Manderl. Ja, der Herr Bichler, der hat mir gefallen.

Nach einigen Wochen, so erfuhr ich, erklärte er seinen Schwiegereltern: »Das werdet ihr sicher verstehen, mit meinen achtunddreißig kann ich nicht alleinbleiben. Ich brauche wieder eine Frau. Es muss alles seine Ordnung haben. So 'ne Schlamperei hin und her, das mag ich nicht. Hoffentlich seid ihr mir nicht bös, wenn ich wieder heirate.«

Die Schwiegermutter antwortete: »Ja, Sepp, du bist gut. Das ist doch ganz natürlich, dass du wieder heiratest. Wer ist es denn?«

»Die Osenstätter-Berta.«

»Ja, was sagst denn? Die kannst uns schon gerne bringen!«

»Nein, wenn's euch wehtut, dass nun eine fremde Frau anstelle eurer Tochter ins Haus kommt, kann ich's schon verstehen. Dann akzeptier ich das. Dann schaue ich um eine Dienstwohnung. Die bekäme ich auch.«

»Nein, Sepp, tu uns das nicht an. Bleib da mit dem Buben, schließlich ist er unser Enkelkind. Wir machen so weiter wie bisher.«

Damit war unsere Wohnungsfrage geklärt.

Bevor Sepp mir aber die entscheidende Frage stellte, fragte er auch noch den Horst: »Was meinst denn, Horsti? Schauen wir uns nach einer neuen Mama um? Wir mögen ja nicht gern allein sein.«

»Ja, Papa!«, rief der Bub ganz begeistert aus. »Ja, Papa!«

Nun wagte sich der Sepp noch einen Schritt weiter vor: »Magst du die Fräulein Osenstätter von der Milchstelle?«

»Ja, die kenn ich ja. Bei der hol ich ja alleweil die Milch. Die ist immer so nett zu mir.«

Einige Tage nach diesem tiefschürfenden Gespräch mit seinem Vater kam der Bub zu mir, ganz schüchtern und ganz lieb. »Ich will dir was sagen: Morgen geh ich zum Faschingsumzug.«

»Das ist aber schön. Als was gehst denn?«

»Als Kohlenklau.«

Das fand ich sehr sinnig, denn seine Großeltern hatten eine Kohlenhandlung, und nach dem Krieg ging der Kohlenklau überall um.

Das Kostüm war einfach zu erstellen: Der Bub bekam einen Kohlensack übergestülpt, bei dem oben nur der Kopf rausschaute und rechts und links die Arme. So stellte er sich anderntags bei mir vor, ehe der Faschingsumzug losging.

»Schau mich an! Gefalle ich dir?« Er drehte sich vor mir wie ein Mannequin, damit ich ihn von allen Seiten begutachten konnte.

Ach, er sah ja so nett aus und war so lieb! Da konnte ich mit meinem Lob nicht zurückhalten: »Du schaust am besten aus von allen.«

Über dieses Kompliment freute er sich riesig.

Im Winter musste mein Polizist immer wieder mal für drei Tage zu einer Diensthütte, die in über 1.200 Metern Höhe lag, ganz in der Nähe der Hindenburghütte. Von dieser mussten immer einige Beamte an der Grenze Streife gehen.

Eines Tages im März war es mal wieder so weit. Da fragte ich den Horst, als er zum Milchholen kam: »Was meinst du? Besuchen wir den Papa mal auf der Hütte?«

»O ja!«, rief der Bub begeistert aus.

Als ich um 18:30 Uhr meinen Laden zugesperrt hatte, marschierten wir los, einen Schlitten zogen wir hinter uns her, von der Hindenburghütte führt nämlich eine vier Kilometer lange Schlittenbahn zu Tal.

Wir waren beide flott zu Fuß, wir waren ja beide noch junge Leute. Um neun kamen wir auf der Diensthütte an. Die Überraschung war uns geglückt. Der Sepp freute sich riesig. Leider konnten wir nur eine Stunde bleiben, dann sausten wir bei Mondschein zu Tal. Ach, hat das dem Horsti Spaß gemacht, mir aber auch!

Bereits am 4. Juli 1951 hielten wir Hochzeit, und ich habe meine Ehe mit einem elternlosen zwölfjährigen Kind begonnen. Das habe ich aber keinen Tag bereut. Der Bub war ja so was von gut erzogen! Deshalb fiel es mir sehr leicht, ihn wie mein eigenes Kind zu behandeln.

Als ich eigene Kinder bekam, machte ich auch nie einen Unterschied, und der Bub ist anhänglich bis auf den heutigen Tag.

Mit meiner Heirat war meine Karriere als Milchmädchen endgültig beendet.

Alle meine Pflichtjahrmädchen

In den vorhergehenden Geschichten ließ ich Frauen zu Wort kommen, die nach ihrer Schulentlassung ein Pflichtjahr abgeleistet haben. Die folgende Geschichte zeigt uns nun das Pflichtjahr aus einer anderen Perspektive. Anna M., eine Hausfrau, berichtet von ihren Erfahrungen mit Pflichtjahrmädchen. Ich hatte das große Glück, Maria zu begegnen – ihrer ältesten Tochter, die mir Einblick in die umfassenden Nachkriegs-Aufzeichnungen ihrer Mutter gewährte.

Anna M., Jahrgang 1904, aus Traben-Trarbach/ Mosel

Seit 1935 bin ich mit einem Dorfschullehrer verheiratet und lebte mit ihm in einem kleinen Ort an der Mittelmosel. Wie damals üblich, wohnten wir in der Dienstwohnung über dem Schulsaal der Oberstufe in der zweiklassigen Schule. Da wir kurz nacheinander drei Kinder bekamen, Fritz im Oktober 1936, Maria im März 1938 und Gisela im Dezember 1939, wurde uns für April 1940 ein Pflichtjahrmädchen angekündigt.

»O Gott, was soll ich denn mit dem?«, rief ich entsetzt aus. »Dann habe ich ja noch ein Kind mehr zu beaufsichtigen!«

Ganz so schlimm wurde es dann doch nicht, zumindest nicht bei dem ersten. Martha, Jahrgang 1926, wurde uns zum Pflichtjahr 1940/41 zugeteilt. Das Mädchen wurde mir vom Arbeitsamt vermittelt, und ich sollte ihr im Monat zehn Mark Taschengeld zahlen.

Martha erschien Mitte April bei uns, sie stammte aus einem kleinen Dorf im Hunsrück. Ihr Vater war Schäfer. Während er mit seiner Herde durch das Land zog, oblag der Mutter die Aufgabe, ihre stattliche Schar von sieben Kindern großzuziehen, wobei es recht ärmlich zuging.

Unser erstes Pflichtjahrmädchen war ein ganz einfaches, liebes junges Ding, mit dem ich wider Erwarten ganz gut zurechtkam. Meist brauchte ich ihr eine Sache nur einmal zu erklären oder zu zeigen, dann hatte sie es verstanden, egal ob es sich um Säuglingspflege handelte, ums Kochen oder um die Reinigung der Wohnung. Sie war anstellig, und ich empfand sie bereits nach einem Vierteljahr als wirkliche Hilfe. Ich war ein bisschen traurig, als ihr Jahr bei uns vorüber war.

Marthas Nachfolgerin Ilse, Jahrgang 1927, kam für das Pflichtjahr 1941/1942 aus demselben Hunsrückdorf. Aber was für ein Unterschied! Im Gegensatz zur naiven Martha ergab sich mit ihr ein ganz schwieriges Problem für mich. Sie war auch strebsam, begriff schnell und ging auch gut mit den Kindern um – das Wichtigste für mich –, aber sie war schwer zu hüten. Ihre Mutter war kurz vorher gestorben, und der Vater hatte mich gebeten, gut auf seine Tochter aufzupassen. Ich solle sie auf keinen Fall abends ausgehen lassen. Das versprach ich ihm, und das befolgte ich auch.

Zu dieser Zeit waren deutsche Soldaten, die aus dem Polenfeldzug zurückgekommen waren, in unserem Ort stationiert, wo sie auf einen neuen Einsatz warteten. Diese hatten es meiner Ilse angetan. Kaum war ich mal eine Stunde für Arztbesuche oder zum Einkaufen aus dem Haus, hatte sie sich schon einen Liebhaber ins Zimmer geholt. Einmal konnte ich sie dabei überführen: In dem Blumenkasten vor dem Küchenfenster fand ich eine zerdrückte polnische Zigarette.

An Allerheiligen hatte ich Ilse beurlaubt, damit sie zum Grab ihrer Mutter fahren könne. Mit welchem Ergebnis? – Ob sie überhaupt auf dem Friedhof gewesen ist, weiß ich nicht. Aber voller Stolz erzählte sie mir, was sie in den zwei Tagen alles mit Männern erlebt hatte.

Wenige Tage später kam ihr Vater zu mir und beklagte sich bitter, dass ich der Tochter so viel durchgehen lasse. In der Dorfwirtschaft hatte sie nämlich groß geprahlt, in unserem Dorf ginge sie mit dem Oberleutnant Sowieso, dem Leutnant Soundso und anderen Soldaten immer wieder aus. Das war natürlich alles gelogen, zum Ausgehen hatte ich ihr gar keine Gelegenheit gelassen. Nun hatte ich die größte Mühe, ihren armen Vater davon zu überzeugen, um ihn zu beruhigen. Das Mädchen, das wurde mir immer mehr klar, litt an einem übersteigerten Geltungsbedürfnis und war auch recht dreist. Neben all meiner anderen Arbeit hatte ich meine liebe Not damit, ihr gegenüber die Oberhand zu behalten.

Dennoch wollte ich mir am ersten April einen Scherz mit Ilse erlauben. Der ging aber daneben. Die Lebensmittel waren inzwischen im ganzen Land knapp geworden. Obwohl man Marken dazu hatte, konnte man so manches schon lange nicht mehr kaufen. Am ersten April also drückte ich dem Mädchen Geld, Marken und eine Schüssel in die Hand. Damit schickte ich sie zu unserem Lebensmittelgeschäft, mit dem Auftrag, Heringe zu kaufen. Dazu erklärte ich ihr, Frau B., die Ladeninhaberin, habe eine Sonderzuteilung an Heringen bekommen, was natürlich nicht stimmte.

Arglos machte sich Ilse auf den Weg, und ich freute mich schon auf das dumme Gesicht, das sie machen würde, wenn sie von ihrem »Einkauf« heimkam. Schon nach zehn Minuten war sie zurück, mit den begehrten Heringen in der Schüssel! Nun war ich es, die ein dummes Gesicht machte.

Ilse sagte: »Frau B. lässt fragen, wieso Sie etwas von der Sonderzuteilung erfahren hatten. Sie sei doch angewiesen gewesen, die Fische erst in der Karwoche zum Verkauf freizugeben.«

So war also mein schöner Aprilscherz geplatzt. Meine Enttäuschung hielt aber nicht allzu lang an. Im Gegenteil, ich freute mich, dass ich überraschenderweise eine nahrhafte Mahlzeit für meine Familie hatte, von der alle begeistert waren.

Nach zwei Wochen war Ilses Pflichtjahr beendet, und sie kehrte zu ihrem Vater zurück. Ich weinte ihr keine Träne nach. Noch konnte ich nicht ahnen, was bei einem weiteren Mädchen auf mich zukommen würde. Doch davon später. Was aus Ilse Nr. 1 geworden ist, weiß ich nicht, ich habe nie wieder etwas von ihr gehört. Zunächst kam aber Ilse Nr. 2.

Mein nächstes Mädchen für das Pflichtjahr 1942/43 hieß wie die vorige und kam aus einem benachbarten Moseldorf. Ihr Vater war Winzer. Mit dieser Ilse, 1928 geboren, war ich sehr gut bedient. Sie war von zu Hause aus ordentlich angeleitet, freundlich und nett, und wir kamen in allen Dingen gut miteinander aus. Vor allem hatte sie nicht den Drang, sich mit Männern zu treffen oder irgendwelche erfundenen Geschichten zu erzählen. Sie war eine, die die Arbeit selbst sah, ich brauchte sie nicht auf alles zu stoßen.

War mein Mann bisher schon viel mit dem Fahrrad unterwegs gewesen – man hatte ihm die Aufgabe aufgehalst, die Leute auf den Dörfern in Sachen Luftschutz zu unterweisen –, so war er in dieser Zeit oft eine ganze Woche weg und wohnte bei verschiedenen Kostfamilien. Er wurde in Eifel- und Hunsrückdörfer geschickt, um an einklassigen Schulen zu unterrichten. Da mein Mann für den Kriegsdienst – Gott sei Dank – schon zu alt war, musste er die jungen Kollegen vertreten, die man nach und nach eingezogen hatte. Sobald man eine weibliche Lehrperson als Ersatz gefunden hatte, wurde er in ein anderes Dorf geschickt.

In unserer zweiklassigen Schule musste die Kollegin von der Unterstufe zusätzlich die Oberstufe unterrichten. Da mein Mann die ganze Woche über nicht zu Hause war, wusste ich es sehr zu schätzen, dass ich nun »Ilse Nr. 2« hatte. Sie bedeutete mir eine ernstliche Hilfe. Ohne sie wäre ich gar nicht mehr aus dem Haus gekommen. So konnte ich unbesorgt meine Erledigungen machen, weil ich wusste, Haushalt und Kinder waren bestens versorgt. Der Abschied von ihr fiel mir wirklich schwer. Im nächsten Jahr kam eine besondere Perle, wie bereits angedeutet, zu uns ins Haus.

Gertrud, Jahrgang 1929, wurde uns zum Pflichtjahr 1943/44 zugeteilt. Sie stammte aus einem Eifeldorf und war sowohl bei meiner Schwägerin als auch bei meinem Mann zur Schule gegangen. Anscheinend hatte sie aber alles vergessen, was sie gelernt hatte – mit ihr hatte ich wirklich ein zusätzliches Kind zu versorgen. Über Gertrud könnte man ein ganzes Buch schreiben. Weil mir dazu aber die Zeit fehlt und weil die Mühe nicht lohnt, will ich mich auf ein paar Tatsachen und Dialoge beschränken, die ich mir damals spaßeshalber notiert hatte.
Ich erinnere mich an folgenden Wortwechsel:

Ich: »Gertrud, warum gibt man Mehl an die Soße?«
Gertrud: »Weil sie dann besser schmeckt.«
Ich: »Aber Mehl hat doch keinen besonderen Geschmack.«
Gertrud: »Na, aber sie wird dann brauner.«
Das war ihre Antwort, nachdem sie bereits fünf Monate bei mir war.

Nach sieben Monaten kam ich gegen Abend von einer Besorgung zurück. Ich freute mich, dass Gertrud schon von allein auf die Idee gekommen war, den Tisch zu decken. Außerdem hatte sie schon für jeden ein Ei gekocht. Überrascht fragte ich: »Gertrud, wie hast du das denn gemacht?«

»Ei, so, wie Sie mich dat gelernt han«, antwortete sie treuherzig.

Als ich als Erste mein Ei aufschlug – zum Glück hatte ich es über meinen Teller gehalten –, lief mir eine glibbrige Masse auf den Teller. Das Eiweiß war nur ein bisschen glasig und das Eigelb total flüssig. Auf meine erstaunte Frage gab mein Pflichtjahrmädchen schließlich zu, dass das Wasser nur ein bisschen warm gewesen sei.

Als ich mal davon sprach, dass mein Mann im Hunsrück sei, kam von ihr eine so befremdliche Bemerkung, dass ich doch mal nachfragte, ob sie denn wisse, was der Hunsrück überhaupt sei.

»Ei, ein Dorf in der Eifel«, lautete ihre selbstbewusste Antwort.

Ihr Vater arbeitete in Homburg an der Saar und blieb dort immer die ganze Woche über. Gertrud wusste, dass er über Bullay und Trier fahren musste, um dorthin zu gelangen.

Auf meine Frage, wo genau ihr Vater arbeite, antwortete sie: »Er schafft in Hamburg.«

»Wo liegt denn Hamburg?«, wollte ich sie testen.

Antwort: »Bei Trier.«

Nachdem geklärt war, dass der Vater in Homburg an der Saar arbeitete, fragte ich sie, wo die Saar münde. Antwort: »In die Oder.«

Nun holte ich einen Atlas herbei, um ihre Geografie-Kenntnisse etwas aufzumöbeln, und bat sie, Frankfurt am Main zu suchen. Sie suchte und suchte und deutete schließlich auf England. München suchte sie in Norddeutschland.

Einmal erzählte ich von einem schlimmen Gewitter, das wir im letzten Jahr gehabt hatten. Gertrud wollte wissen, ob das im Sommer oder im Winter gewesen sei. »Im Sommer natürlich«, antwortete ich.

»Da han Se aber Glück gehabt«, kam es erleichtert von ihr. »Mein Vater hat nämlich gesagt, wenn es im Winter ein Gewitter gibt, dann gibt es ein Schaltjahr.«

Als ich daraufhin von ihr wissen wollte, was denn ein Schaltjahr sei, zuckte sie nur die Schultern, sie hatte keine Ahnung. Ich war heilfroh, als ich diese »gute Fee« nach Ableistung ihres Pflichtjahres heimschicken konnte.

Nach Gertrud kam Hilde, Jahrgang 1930, zu uns, ein Unterschied wie Tag und Nacht. Wir schrieben das Pflichtjahr 1944/45. Ihre Eltern wohnten in demselben Ort wie die von Martha und Ilse Nr. 2. Zum Glück war sie, wie diese, ein prächtiges Mädchen, mit dem ich nicht den geringsten Kummer hatte. Meine Kinder mochten sie auch sehr gern, vor allem Maria, meine älteste Tochter. Hilde nahm sie an heißen Tagen nämlich immer wieder mal mit zum Baden in der Mosel und brachte ihr dort das Schwimmen bei.

Wenn Hilde spülte, trocknete meine mittlerweile sechsjährige Maria immer bereitwillig ab, denn das

Mädchen erzählte beim Spülen immer so schöne Märchen.

Inzwischen hatte uns der Krieg auch an der Mosel eingeholt. Die Bullayer Brücke war Ziel eines Bombenangriffs geworden, sodass wir nicht mehr auf die Hunsrücker Moselseite gelangen konnten. Es gab immer wieder Fliegeralarm, weswegen wir in unseren Keller flüchten mussten. Dabei war mir Hilde eine unentbehrliche Hilfe. Sie schien mir auch sehr mutig. Immer wieder lief sie in die Wohnung zurück, um dieses und jenes zu holen.

Als es mit den Angriffen noch schlimmer wurde und bereits mehrere Häuser in unserem Dorf zerstört waren, kam mir unser Keller nicht mehr sicher genug vor. Da noch Schnee lag, zogen wir im März 1945 mit dem Schlitten, auf dem unser Gepäck war und unsere Jüngste saß, zu einem Luftschutzkeller im Nachbardorf. Da hieß es für meine größeren Kinder ganz schön tippeln, denn wir waren eine Stunde unterwegs. Am Abend legten wir den Weg wieder zurück. Da es im April immer noch brenzlig, der Schnee aber geschmolzen war, bewältigten wir den Weg mühsam mit einem Handwägelchen.

Hilde war immer tapfer dabei. Sie blieb sogar über ihre Pflichtjahrzeit hinaus bei uns. Da die Moselbrücke bei Bullay nicht mehr passiert werden konnte, war ihr ja der Weg nach Hause abgeschnitten. Außerdem wollte sie mich nicht im Stich lassen.

Als sich unser kleiner Trupp am achten Mai wieder auf den Weg zum Nachbarort machen wollte, riss eine Nachbarin das Fenster auf und rief uns zu:

»Ihr könnt daheimbleiben! Der Krieg ist aus! Die Befreier kommen!«

Gott sei Dank! Erleichtert sanken wir uns alle in die Arme.

Von Roswitha Gruber bereits erschienen

Verjagt von Haus und Hof
304 Seiten
ISBN 978-3-475-54873-4

Schon seit sie fünf Jahre alt ist, hat die Halbwaise Lisi keinen anderen Wunsch als Bäuerin zu werden. Daher sieht sie es als Glücksfall an, dass ihr viele Jahre später der achtzehnjährige Wastl begegnet. Sie verliebt sich auf den ersten Blick in ihn. Das ist kein Wunder, denn er sieht nicht nur blendend aus, er wird auch eines Tages einen ansehnlichen Bauernhof erben. Doch kurz vor der Übergabe stirbt Wastl und Lisi wird mit ihrem gemeinsamen Kind vom Hof gejagt …